DSM-5에 기반한

위기 상담과 트라우마 사건 치료 플래너

The Crisis Counseling and Traumatic Events Treatment Planner, Includes DSM-5 Updates (2nd ed.)

Tammi D. Kolski
Arthur E. Jongsma
Rick A. Myer 공저
오혜영 역

학지사

☕ 역자 서문

지난 27년간 상담 현장에서 일하면서 다양한 위기의 내담자들을 많이 만났습니다. 심각한 학교폭력에 시달리다 한순간 가해자가 된 청소년, 구제역으로 소 떼 백여 마리를 땅에 묻은 부부, 자녀의 자살로 숨조차 쉴 수 없는 고통을 겪는 어머니, 게임 중독에 빠진 아들의 손가락을 부러뜨려 데려온 어머니, 직장에서의 심각한 따돌림을 경험하는 직장인, 범죄 피해자로 가족의 사망을 목격한 청소년, 죽기 직전 마지막으로 상담을 신청한다는 청소년, 끔찍한 성폭력에 노출된 젊은 여성, 스토킹에 수년간 시달린 중년 남성, 직장에서 동료의 자살을 경험한 팀원들, 시위 과정에서 과잉 진압으로 트라우마를 겪은 내담자, 연이은 유산으로 죄인처럼 지내는 내담자, 코로나로 급작스럽게 가족을 잃고 얼굴조차 보지 못한 채 이별해야 했던 내담자, 학교 안에서 일어난 자살 사건으로 혼란에 빠진 학교까지 다양한 위기의 내담자와 집단이 상담실의 문을 두드렸습니다. 그때마다 '어떻게 하면 더욱 신속하고 효과적으로 그들의 위기를 도울 수 있을까? 상담자들이 위기를 다루기 위해 꼭 필요한 개입은 무엇인가?' 하는 질문을 스스로에게 던졌고, 현장에서 많은 날을 고민하며 전문가들과 협력하여 방법을 모색해 왔습니다.

그러던 중에 Jongsma 플래너 시리즈 중 위기와 트라우마 사건 치료 플래너를 접하게 되었고 이 책이 담고 있는 다양한 위기 영역과 목표, 치료적 개입에 매료되었습니다. 이 책은 위기 개입 분야에서 오랫동안 서비스를 제공하고 연구와 교육을 이끌어 온 Kolski와 Myer가 Jongsma와 함께 집필한 책입니다. 아동 학대와 방임, 성인과 아동 자살, 실직, 재난, PTSD, 성폭행, 집단 따돌림을 포함한 학교 트라우마, 돌연사, 범죄 피해자, 응급 서비스 요원들, 유산이나 낙태와 같은 26개의 위기에 대하여 행동적 정의와 목표, 그리고 치료적 개입을 촘촘하게 제시하고 있어 다양한 위기에 대한 구체적이고 실질적인 개입에 목말라하는 현장 전문가들에게 단비와도 같은 책입니다. 1,000개의 행동 정의는 빠르게 사례개념화와 치료 계획을 구성해야 하는 위기 현장의 상담자와 임상가에게 큰 도움이 될 것입니다. 특히 이 책에서 제시하는 단기 목표와 치료적 개입 전략들은 위기 개입과 트라우마 치료에 관한 증거기반 치료와 실천적 방법을 반영하고 있으며 부록에는 이에 대한 상세한 증거기반 문헌들이나 독서치료 목록을 제시하여 필요시 쉽게 참조할 수 있습니다. 또한 내담자의 부정적인 증상에만 초점을 맞추지 않고 위기나 트라우마로부터 성장을 인식하도록 돕는 데까지 초점을 맞추고 있어 최선의 치료에 대한 내담자와 상담자의 욕구를 만족시킬 수 있을 것입니다.

저자들의 의도를 해치지 않으면서 상담자와 임상가들이 현장에서 바로바로 참고가 가능하도록 가능한 한 쉽게 읽히는 데 주안점을 두고 이 책을 번역했습니다. 저자가 소개한 개입에 대하여 추가적 설명이 필요하다고 판단되는 몇몇 경우에는 역자 주를 달아 이해를 도왔습니다. 또한 저자들이 제시한 학교 트라우마(초등학생)와 학교 트라우마(미취학 아동) 장은 내용이 상당 부분 일치하여 하나의 장으로 합쳐 총 26개 위기에 대한 내용을 제시하였습니다. 저자들이 제시한 학교 트라우마(대학), 학교 트라우마(초등학생), 학교 트라우마(청소년), 학교 트라우마(교직원)의 순서를 대학, 청소년, 아동, 교직원 순으로 변경하였습니다. 마지막으로, 각 위기 장마다 일련번호를 부여하고 참고문헌에도 일련번호를 부여하여 찾아보기에 수월하도록 제시하였습니다.

한국에서도 공공기관이나 학교 또는 정부 보조금을 받는 기관에 근무하는 상담자들이 늘어남에 따라 치료의 질과 책무성에 대한 요구가 증가하고 있습니다. 이에 따라 증거기반이나 실증적 지지를 보이는 치료(즉, 여러 연구에서 효과를 입증한 치료)들이 주요해지고 있으며 지자체나 부처, 외부 기관들로부터 보다 효과적이고 고품질의 치료 계획을 신속하게 작성하라는 압력을 경험하고 있습니다. 이 치료 플래너는 이러한 외부의 요구를 충족시킬 수 있는 공식적인 치료 계획을 빠르고 쉽게 개발하는 데 필요한 요소를 제공하고 있습니다. 즉, 이 플래너에는 공공기관 및 개인 치료 환경의 실무자들이 흔히 만나는 위기와 트라우마 사건들에 관하여 확인된 증거기반 치료들(EBTs)과 이와 일치하는 단기 목표 및 치료적 개입 전략들이 포함되어 있습니다.

현대는 위기의 시대입니다. 급변하는 사회 속에서 상상도 못할 위기에 처한 내담자들이 도움을 요청합니다. 그러나 위기 개입에 준비가 되어 있지 않은 상담자들은 이러한 내담자에게 적잖이 당황하고 무력감을 느끼거나 압도당하는 느낌을 보고합니다. 또는 일반 상담처럼 접근하다가 상담자가 더 큰 사건에 휘말리게 되기도 합니다. 위기 개입 및 트라우마 상담은 일반 상담과 달리 즉시, 신속하고 적절한 도움이 제공되어야 하는 상당히 유동적인 과정입니다. 내담자가 처한 환경은 시시각각 변화하여 이에 유연하고 민첩하게 대처와 가이드를 제공해야 현장의 질서가 잡히고 안정이 이루어질 때가 많습니다. 천천히 관계를 형성하고 탐색해 가는 상담의 일반적인 과정은 사치일 수도 있습니다. 상담자는 보다 민감하고 적극적으로 내담자의 상황을 살피고, 빠르고 유동적인 변화 과정에 열려 있어야 하며, 상담자의 다양한 역할에도 더 유연해야 합니다. 실질적인 어려움부터 대처와 사후 개입까지 다양한 요구를 면밀히 살피고 대응할 필요가 있습니다. 제가 만나 본 대부분의 위기 내담자는 위기를 당하여 병리적인 증상들이 일시적으로 나타났을 뿐 빠르고 적절한 개입을 통해 정상성을 회복할 수 있었습니다. 그러나 안타깝게도 적절한 개입 시기를 놓치거나 오랫동안 위기에 노출된 경우에는 내담자뿐 아니라 내담자가 속한 가정, 집단에도 확산적이고 부정적인 영향을 미치는 경우들을 종종 볼 수 있었습니다. 이러한 경우에는 내담자가 속한 가정과 집단에도 치료적 개입이 제공되어야 하며 장기적이고 체계적으로 도울 수 있어야 합니다. Myer가 말했듯이 위기 개입과 트라우마 치료는 과학의 영역이자 모든 치료적 개입 노력의 종합적인 예술 영역입니다. 같은 위기에도 내담자의 증상 패턴, 강점, 취약점, 지지 자원은 다 다르며 치료 과정도 성과도 모두 다르게 나타납니다. 위기를 경험하였지만 건강하게 회복하고, 성장에 이르기까지 인생의 한 시기 동안 저와 상담실에서 함께한 내담자들을 떠올려 봅니다. 그들은 위기를 딛고 더 굳건하고 내공 있는 모습으로 자신의 잠재력을 실현해 가는 경이로움과 건강성을 보여 주었습니다. 위기 개입은 가치 있고 중요한 상담자의 책무이며 인간에 대한 새로운 배움의 영역입니다.

이 책이 나오기까지 도움을 주신 분들에게 감사드립니다. 특히 학지사의 임직원 여러분과 김진환 대표님께 고마운 마음을 전합니다. 이 책을 번역하는 중 하늘나라로 가신, 늘 묵묵히 격려해 주시던 친정아버지께 사랑과 감사를 전합니다. 개인적 위기를 경험한 저의 곁에서 지지와 격려를 보내 준 남편과 아들, 그리고 사랑하는 동료들에게 감사의 말을 전합니다. 이 책이 위기 내담자와 집단을 접하는 현장 전문가들에게 실질적인 도움이 되고, 앞으로 발생할 또 다른 위기들에 대한 개입 아이디어에 일조하기를 희망해 봅니다.

💡 개관

위기 상담과 트라우마 사건 치료 플래너 정보

2001년 이 치료 플래너의 초판이 출판된 이후 전 세계적으로 많은 변화가 있었습니다. 극단적인 테러리스트의 9/11 공격은 전 세계를 충격에 빠뜨렸고, 전문가들에게 어떻게 하면 생존자들을 가장 잘 도울 수 있을 것인가 하는 화두를 남겼습니다. 허리케인 카트리나 재난과 이에 대한 비효율적인 대응은 미국 남부 주를 중심으로 미국 전역에 반향을 일으켰습니다. 버지니아 공대와 노던 일리노이 대학교의 비극은 이들 학교들에 막대한 부담을 주었습니다. 이라크와 아프가니스탄 전쟁은 군인 및 그 가족을 혼란과 위기에 빠뜨렸습니다. 수백 건의 크고 작은 위기와 충격적인 사건이 발생했고, 각각의 위기를 이해하고 사건이 가진 의미를 알려는 사람들이 생겨났습니다. 효과적이고 효율적인 위기 개입과 트라우마 상담에 대한 요구가 그 어느 때보다 높아졌습니다. 동시에 많은 전문가는 조기 개입이 장기적인 정신건강 문제를 예방한다는 사실을 인정하기 시작하였습니다. 무수한 위기 사건들과 함께 조기 개입에 대한 이러한 필요는 이 치료 플래너를 수정하는 촉매제였습니다.

지난 25년 동안 위기 개입 및 트라우마 상담은 정신건강 분야의 다른 전문 분야와 마찬가지로 전문 분야가 되었습니다(Roberts, 2005). 이 분야는 동일한 기본적 개입 기술이 사용되지만 타 유형의 상담과는 매우 다른 방식으로 사용됩니다(James & Gilliland, 2012). 특히 위기 개입과 트라우마 상담은 즉시 도움이 제공되어야 하는 매우 유동적인 과정입니다. 여기에서는 치료적 관계를 만드는 여유로움은 사치가 됩니다. 당신은 더 빨리 일할 준비가 되어 있어야 하고 때로는 내담자에게 지시적이어야 합니다. 끊임없이 변화하고 유동적인 내담자의 요구를 충족시키기 위해서 평가는 전체 개입에 걸쳐 신속하게 사용되어야 합니다(Myer, 2001). 치료적 개입은 비지시적인 것부터 협력적인 것, 지시적인 것까지 다양합니다(James & Gilliland, 2012). 때로는 내담자가 대처 메커니즘을 재활성화하고 회복에 필요한 자원에 접근할 수 있을 때까지 당신에게 의존하는 것을 허용할 준비가 되어 있어야 합니다.

이 책에서 제시하는 단기 목표와 치료적 개입 전략들은 위기 개입과 트라우마 치료에 관한 최신 연구와 실천적 방법들을 반영하고 있습니다. 예를 들어, 일부 목표는 내담자의 부정적인 증상에만 초점을 맞추지 않고 위기나 트라우마로부터 성장을 인식하도록 돕는 데 초점을 맞추고 있습니다. 최선의 실천적 방법으로 여겨지는 초판의 요소는 그대로 유지하고 있습니다. 이번 개정판에는 집단 괴롭힘에 관한 장이 추가되어 총 26개의 장이 있습니다.

이 책은 다른 치료 플래너의 여러 장, 특히 『The Complete Adult Psychotherapy Treatment Planner』(Jongsma, Peterson, & Bruce, 2006), 『The Complete Adolescent Psychotherapy Treatment Planner』(Jongsma, Peterson, McInnis, & Bruce, 2006a) 및 『The Complete Child Psychotherapy Treatment Planner』(Jongsma, Peterson, McInnis, & Bruce, 2006b)의 외상후 스트레스에 관한 장들과 맥을 같이합니다. 그러나 위기나 외상적 사건을 경험한 모든 사람이 외상후 스트레스장애(PTSD)를 가지는 것은 아님을 이해하십시오. 사실, 대다수의 경우는 PTSD를 진단할 만한 증상을 나타내지 않습니다. 따라서 이 책은 모든 사람, 특히 PTSD로 진단할 수 없는 사람들에게도 치료를 제공하는 데 도움이 되도록 고안되었습니다.

치료 플래너에 증거기반 치료를 통합

치료의 질과 책무성에 대한 요구가 증가함에 따라, 증거기반이나 실증적 지지를 보이는 치료(즉, 여러 연구에서 효과를 입증한 치료)가 정신건강 커뮤니티에서 매우 중요해지고 있습니다. 실제로 경험적으로 지지하고 있는 치료법은 많은 지역, 주 및 연방 자금 지원 기관에서 참조하고 있습니다[예를 들면, APA Division 12(임상심리 분과), 물질 남용 및 정신건강 서비스 관리국(SAMHSA), 증거기반 프로그램 및 실천의 국가등록(National Registry of Evidence-based Programs and Practices: NREPP)]. 반면, 어떤 치료들에 대해서는 일부 의료 관리 기관이나 보험 회사에서 치료비 상환을 제한하기 시작했습니다.

따라서 『The Crisis Counseling and Traumatic Events Treatment Planner』의 제2판에서

는 경험적 연구를 통해 어느 정도의 효과성 수준이 입증된 심리적 치료나 치료 프로그램과 일치하는 단기 목표(STOs) 및 치료적 개입 전략들(TIs)을 강조하여 장들을 구성하기 위해 노력했습니다. 이 책의 단기 목표/치료적 개입 전략이 증거기반 치료들에서 확인된 것과 일치한다는 표시로 ▽ 아이콘을 넣었습니다.

이 치료적 개입을 지지하는 경험적 작업에 대한 참조는 부록 B에 포함되어 있습니다. 치료의 이점과 한계를 포함한 증거기반 치료들(EBTs)을 확인할 수 있는 정보로 증거기반 실천에 대한 APA 회장의 Task Force on Evidence-Based Practice(2006), Bruce와 Sanderson(2005), Chambless와 동료들(1996, 1998), Chambless와 Ollendick(2001), Castonguay와 Beutler(2006), Drake, Merrens와 Lynde(2005), Hofmann과 Tompson(2002), Nathan과 Gorman(2007), Stout와 Hayes(2005) 등을 제시하고 있습니다.

이 플래너에는 공공기관 및 개인 치료 환경의 실무자들이 흔히 만나는 위기와 트라우마 사건들에 관하여 확인된 증거기반 치료들(EBTs)과 이와 일치하는 단기 목표 및 치료적 개입 전략들이 포함되어 있습니다. 각 장에서 발견되는 증거기반 치료들(EBTs)의 경험적 지지는 위기나 트라우마 사건의 맥락 내에서 문제를 치료하기 위해 반드시 확립하여야 하는 것이라기보다는 그 장의 그 주제에만 특정된다는 점을 유의할 필요가 있습니다. 인지 행동 치료와 같은 증거기반 치료들이 다양한 문제에 적용될 수 있다는 것을 이해하십시오. 예를 들어, 부정적인 자기-대화를 긍정적인 자기-대화로 수정하기 위한 개별 치료로서 경험적 지지가 확인된 인지 치료와 일치하는 단기 목표 및 치료적 개입 전략들은 이 책의 장 전체에서 찾을 수 있습니다. 따라서 이 책의 많은 장은 아동, 청소년과 성인들이 직면한 일반적인 위기(예: 학교 또는 직장 폭력, 재해)에 특별히 하나의 치료법으로만 초점을 맞춘 연구는 거의 제시하고 있지 않습니다. 이러한 위기 상황에서 인지 재구성 또는 문제 해결 기술과 같은 알려진 다양한 증거기반 기술을 활용하여 문제를 해결하고 도움을 주도록 하고 있습니다.

우리는 치료적 개입을 지지하는 경험적 연구 문헌을 제공할 뿐 아니라 더 나아가 확인된 증거기반 치료 또는 목표와 치료적 개입을 구성하는 치료적 요소들을 기술하는 치료자 중심, 내담자 중심의 책들과 치료 매뉴얼에 대한 문헌도 제공하고 있습니다. 물론, 임상현장에서 유용하게 사용되지만 아직 경험적 지지를 받지 못한 단기 목표 및 치료적 개입들도 있을 수 있습니다. 따라서 숙련된 임상가들이 공통적으로 좋은 치료 방법이라고 여기는 개입들도 포함시켰습니다. 이 책의 궁극적 목표는 다양한 치료 계획 옵션을 제공하는 것입니다. 어떤 개입들은 경험적으로 지지된 것이고 나머지 개입들은 일반적인 임상 경험의 지지를 반영한 것이므로 사용자는 특정 내담자를 위하여 최상의 치료 계획을 구성할 수 있습니다. 증거기반 치료와 관련된 대부분의 단기 목표와 치료적 개입들은 특정한 상황에서 융통성과 적용 가능성을 허용할 정도로 세부적으로 설명되었습니다. 이 시리즈의 모든 플래너와 마찬가지로 각 장에는 치료자의 재량에 따라 단기 목표와 치료적 개입 전략을 추가할 수 있는 옵션도 포함되어 있습니다.

증거기반 치료의 포함 기준

단기 목표와 치료적 개입 전략에 들어가 있는 증거기반 치료들은 다양한 수준의 경험적 증거를 가지고 있습니다. 예를 들어, 어떤 것들은 목표로 하는 그 문제(예: 불안장애에 대한 노출 기반 치료)에 효과적이라는 것이 잘 확립되어 있습니다. 어떤 치료적 개입들은 경험적 지지는 적지만, 그럼에도 효과성이 입증되었습니다. 우리는 경험적 지지가 잘 확립된 것을 포함시키고 있을 뿐 아니라 APA Division 12(임상심리 분과), Drake와 동료들(2003, 2005), Chambless와 동료들(1996, 1998), Nathan과 Gorman(2007)과 같이 증거기반 치료 확인 작업을 수행한 저자들이 정의한 예비 수준 이상의 효과성 입증 수준도 포함했습니다.

효과성 입증을 위해서는 최소한의 우수한 실험설계(예: 무선 배치, 블라인드 배치, 신뢰롭고 타당한 측정, 명확한 포함 및 제외 기준, 최첨단 진단 방법과 적절한 표본 크기 또는 반복 검증) 특징을 갖추고 반복적인 임상 검증이나 임상 시험을 통해 입증이 되어야 합니다. 잘 확립된 증거기반 치료는 전형적인 효과성 연구 유형들 중 하나 이상의 연구로 입증될 뿐만 아니라 독립 표본 집단과 치료 효과를 특정할 수 있는 내담자 집단의 실험 통제 비교 설계와 같은 바람직한 효과성 입증 연구의 특징을 갖추어야 합니다.

마지막으로, 경험적으로 지지되든 그렇지 않든 모든 개입 전략은 개인의 상황, 문화적 정체성, 강점과 취약성에 비추어 특정 내담자에 맞게 적용되어야 합니다. 이 플래너에 포함된 단기 목표와 치료적 개입 전략들은 내담자에 맞추어 적용하게끔 제안하고 허용하도록 기술되어 있습니다.

증거기반 치료의 필수와 선호 조건

필수

- 우수한 실험 설계로 최소 1회 이상의 무선 대조 실험을 통하여 효과성 입증 또는
- 잘 설계된 대규모 임상 반복 검증을 통하여 효과성 입증

선호

- 하나 이상의 연구에서 효과성 입증
- 독립 표본 연구에 의해 효과성 입증
- 치료에 효과적인 내담자 특성 명시
- 치료에 대한 명확한 설명 가능

이 치료 플래너를 사용하는 방법

다음 6단계 진행에 따라 치료 계획을 작성할 때 이 플래너를 사용하십시오.

1. 문제 선정. 내담자는 평가 중 다양한 문제를 꺼내 놓을 수 있지만 상담가나 임상가는 치료 과정에서 초점을 맞춰야 할 가장 중요한 문제를 선정해야 합니다. 일반적으로 1차 문제가 표면화되면 2차 문제도 분명해질 수 있습니다. 일부 다른 문제는 현재 치료가 필요할 만큼 시급하지 않기 때문에 미뤄 두어야 할 수도 있습니다. 효과적인 치료 계획은 선정된 몇 가지 문제만을 다루는 것입니다. 그렇지 않으면 치료가 방향을 잃게 됩니다. 이 플래너 내에서 내담자의 문제 중 가장 정확하게 표현된 문제를 선정하십시오.
2. 문제 정의. 각 내담자는 문제가 자신의 삶에서 행동적으로 나타나는 방식에 있어 독특한 뉘앙스를 나타냅니다. 따라서 치료 초점을 위하여 선정된 문제에는 특정 내담자가 그것을 어떻게 나타내는지에 대한 구체적인 정의가 필요합니다. 증상 패턴은 DSM-5 또는 ICD에서 분류하는 진단 기준 및 코드와 연관되어야 합니다. 이 플래너는 치료자가 직접 목표 진술문을 기록난에 작성할 수도 있고, 행동적으로 정의된 진술문을 선택할 수도 있도록 다양한 진술문을 제공하고 있습니다.
3. **목표 개발.** 치료 계획을 개발하는 다음 단계는 문제 해결을 위하여 광범위한 목표를

설정하는 것입니다. 이러한 진술문들이 측정 가능한 용어로 작성될 필요는 없지만, 치료 절차에서 긍정적인 성과를 나타내는 종합적이고 장기적인 목표가 될 수는 있습니다. 이 플래너는 각 문제의 다양한 장기 목표들에 대한 설명을 제공하고 있지만 실상은 하나의 장기 목표 진술문이 치료 계획에서 요구하는 전부일 수도 있습니다.

4. **단기 목표 구성.** 장기 목표와 달리 단기 목표는 행동적으로 측정 가능한 언어로 명시되어 내담자가 설정한 목표에 도달했을 때 공공기관, 건강관리기관 및 의료기관에서 명확하게 성과를 검토할 수 있도록 해야 합니다. 이 플래너에 제시된 목표는 책무성에 대한 이러한 요구를 충족하도록 설계되었습니다. 같은 문제에 대하여 다양한 치료 계획 가능성을 설계할 수 있도록 다양한 대안이 제시됩니다.

5. **치료적 개입 전략 생성.** 치료적 개입 전략들은 내담자로 하여금 단기 목표 완수를 돕기 위해 고안된 상담가와 임상가의 행위입니다. 모든 단기 목표에 최소한 하나 이상의 치료적 개입 전략이 있어야 합니다. 내담자가 초기 개입에서 목표를 달성하지 못하면 새로운 개입 전략이 계획에 추가되어야 합니다. 치료적 개입 전략은 내담자의 요구와 치료자의 전체 치료 레퍼토리를 기반으로 선택되어야 합니다. 이 플래너에는 광범위한 치료 접근 방식의 치료적 개입 전략들이 들어 있습니다. 또한 치료자가 자신의 훈련과 경험을 반영해서 다른 치료적 개입 전략들을 직접 작성해 보기를 추천합니다.

이 플래너에서는 보조적인 독서치료를 위해 내담자에게 특정 책 목록을 제공할 수 있습니다. 부록 A에는 이러한 독서 자료의 전체 참고문헌 목록이 포함되어 있습니다. 자조 서적에 대한 추가 정보는 정신건강 전문가 Norcross 등(2003)의 『The Authoritative Guide to Self-Help Resources in Mental Health Revised Edition』을 참조할 수 있습니다(뉴욕의 Guilford Press에서 구입 가능).

6. **진단 결정.** 적절한 진단 평가는 내담자가 표현한 임상적 내용을 기반으로 합니다. 상담가와 임상가는 DSM-5에 기술된 정신장애 진단 기준과 내담자가 나타내는 행동, 인지, 감정 및 대인관계 증상을 비교해야 합니다. 이런 식으로 내담자를 진단하는 것에 반대하는 주장도 있지만, 진단은 정신건강 관리의 세계에 엄연히 존재하는 현실이며 제3자 지불인의 상환에 대한 요구사항입니다. 가장 신뢰할 수 있고 유효한 진단을 위해 DSM-5 기준에 대하여 상담가와 임상가의 철저한 지식과 내담자 평가 자료에 대한 완전한 이해가 선행되어야 합니다.

축하합니다! 이 여섯 단계를 완료하고 나면 당신은 내담자에게 즉시 실현하고 제시할 수 있는 포괄적이고 개별화된 치료 계획을 세울 준비가 되었습니다. 예시로 범죄 피해자를 위한 치료 계획을 개관 후반부에 제공하였습니다.

내담자 맞춤형 치료 계획을 위한 마지막 참고사항

효과적인 치료 계획의 한 가지 중요한 측면은 계획이 각 내담자의 문제와 필요에 맞춰져야 한다는 것입니다. 내담자들이 비슷한 문제를 가지고 있더라도 치료자는 치료 계획을 그대로 대량 생산해서는 안 됩니다. 치료 전략을 개발할 때 각 개인의 강점과 약점, 고유한 스트레스 요인, 사회적 네트워크, 가족 환경 및 증상 패턴 등을 고려해야 합니다. 다년간의 임상 경험을 바탕으로 우리는 다양한 치료 전략을 제공했습니다. 이러한 진술문들은 상세한 치료 계획을 개발하기 위해 수천 개의 순열로 조합될 수 있습니다. 상담가와 임상가는 자신의 올바른 판단에 따라 치료 대상에게 가장 잘 맞는 진술을 쉽게 선택할 수 있습니다. 또한 사용자가 기존 진술문에 자신만의 정의, 목표, 단기 목표 및 치료적 개입 전략을 추가할 것을 추천하고 있습니다. 치료 플래너 시리즈의 모든 책과 마찬가지로 이 책 역시 궁극적으로는 내담자, 상담가, 정신건강 공동체에 효과적이고 창의적으로 치료 계획 과정을 촉진시키는 데 도움이 될 것입니다.

참고문헌

APA Presidential Task Force on Evidence-Based Practice. (2006). Evidence-based practice in psychology. *American Psychologist, 61,* 271-285.

Bruce, T. J., & Sanderson, W. C. (2005). Evidence-based psychosocial practices: Past, present, and future. In C. Stout & R. Hayes (Eds.), *The handbook of evidence-based practice in behavioral healthcare: Applications and new directions.* Hoboken, NJ: John Wiley & Sons.

Chambless, D. L., Baker, M. J., Baucom, D., Beutler, L. E., Calhoun, K. S., CritsChristoph, P., Woody, S. R. (1998). Update on empirically validated therapies: II. *The Clinical Psychologist, 51*(1), 3-16.

Chambless, D. L., & Ollendick, T. H. (2001). Empirically supported psychological interventions: Controversies and evidence. *Annual Review of Psychology, 52,* 685-716.

Chambless, D. L., Sanderson, W. C., Shoham, V., Johnson, S. B., Pope, K. S., Crits-Christoph,

P., … McCurry, S. (1996). An update on empirically validated therapies. *The Clinical Psychologist, 49*(2), 5-18.

Castonguay, L. G., & Beutler, L. E. (2006). *Principles of therapeutic change that work*. New York: Oxford University Press.

Drake, R. E., & Goldman, H. (2003). *Evidence-based practices in mental health care*. Washington, DC: American Psychiatric Association.

Drake, R. E., Merrens, M. R., & Lynde, D. W. (2005). *Evidence-based mental health practice: A textbook*. New York: W.W. Norton & Company.

Hofmann, S. G., & Tompson, M. G. (2002). *Treating chronic and severe mental disorders: A handbook of empirically supported interventions*. New York: Guilford Press.

James, R. K., & Gilliland, B. E. (2012). *Crisis intervention strategies* (7th ed.). Belmont, CA: Brooks/Cole.

Jongsma, A. E., Peterson, L. M., & Bruce, T. B. (2006). *The complete adult psychotherapy treatment planner* (4th ed.). Hoboken, NJ: John Wiley & Sons.

Jongsma, A. E., Peterson, L. M., McInnis, W. P., & Bruce, T. B. (2006a). *The adolescent psychotherapy treatment planner* (4th ed.). Hoboken, NJ: John Wiley & Sons.

Jongsma, A. E., Peterson, L. M., McInnis, W. P., & Bruce, T. B. (2006b). *The child psychotherapy treatment planner* (4th ed.). Hoboken, NJ: John Wiley & Sons.

Myer, R. A. (2001). *Assessment for crisis intervention: Triage assessment model*. Pacific Grove, CA: Brooks/Cole.

Nathan, P. E., & Gorman, J. M. (Eds.). (2007). *A guide to treatments that work* (Vol. III). New York: Oxford University Press.

Norcross, J., Santrock, J., Campbell, L., Smith, T., Sommer, R., & Zuckerman, E. (2003). *Authoritative guide to self-help resources in mental health*. Hoboken, NJ: John Wiley & Sons.

Roberts, A. R. (Ed.). (2005). *Crisis intervention handbook: Research, theory, and practice* (3rd ed.). New York: Oxford University Press.

Stout, C., & Hayes, R. (1995). *The handbook of evidence-based practice in behavioral healthcare: Applications and new directions*. Hoboken, NJ: John Wiley & Sons.

〈치료 계획 예시〉

The Crisis Counseling and Traumatic Events Treatment Planner

주요 문제: 범죄 피해자

📄 행동적 정의

1. 직장 내 강도 사건으로 인해 살해 위협, 심각한 부상, 자신에게 일어난 손실 등을 포함한 범죄에 노출되었다.
2. 범죄와 관련된 반복적, 침습적, 충격적인 기억들, 플래시백과 악몽이 나타난다.
3. 범죄가 일어난 후 집중하거나 지시에 따르기가 어렵다.
4. 범죄 후 술이나 다른 기분 전환 물질의 사용이 증가한다.
5. 자신에게 사망이나 상해가 일어날 것이라는 지속적인 두려움이 있다.
6. 범죄 이후 일상생활에 지장을 줄 정도로 타인에 대한 의심과 불신을 경험한다.
7. 사회적 철수와 고립, 특정 장소를 회피하는 행동이 나타난다.
8. 범죄 사건 이후 감정을 조절할 수 없다.
9. 범죄 사건 이후 수면 패턴에 전형적인 문제가 발생한다.

🎯 장기 목표

1. 일상 활동의 재개를 포함하여 위기 이전의 기능 수준으로 회복합니다.
2. 적절한 수준으로 정서적, 행동적, 인지적 기능을 회복합니다.

🕐 단기 목표

1. 객관적인 평가 도구를 수행하는 데 협력합니다.

2. 트라우마 사건에 대한 지각을 탐색합니다.

3. 그 범죄에 관한 사실, 생각, 느낌들을 내담자가 신뢰할 수 있는 가족 및 친구들과 공유합니다.

4. 내담자가 사건 중에 보인 개인적인 행동에 대해 사후 추정이 아닌 확신을 보고합니다.

🗨 치료적 개입 전략

1. 필요한 치료 개입을 위해 위기 및 트라우마 상황에 맞는 평가 도구(예: Triage Asessment Form, Crisis Intervention-Revised, Symptom Checklist 90, Trauma Symptom Checklists)를 내담자에게 실시합니다.

1. 내담자의 안전을 보장합니다. 그리고 내담자가 그 범죄에 대해 내담자 자신이 편안히 이야기할 수 있는 범위 내에서 가능한 한 상세하게 말하게 합니다. 그리고 내담자의 정서적, 행동적, 인지적 반응을 탐색하기 위해 적극적 경청 기술을 사용합니다(또는 Jongsma의 『Adult Psychotherapy Homework Planner 2판』, '고통스러운 기억을 공유하기' 과제를 내줍니다).

1. 내담자가 그 범죄 사건 경험을 공유할 정도로 신뢰하는 가족과 친구들을 파악하도록 돕습니다.

2. 내담자가 전문 치료자, 가족 및/또는 신뢰할 수 있는 친구와 정서적, 인지적 반응을 공유하도록 격려하고 촉진합니다.

3. 내담자가 지역사회의 다른 사람들에게 범죄에 대한 정보를 공개하는 역할극을 합니다. 그리고 이 경험에 대한 반응을 다룹니다.

1. 범죄가 일어나기 전과 범죄가 일어나는 중에 내담자가 경험했던 감정과 생각들을 탐색합니다. 그리고 이러한 위기 상황에서 내담자에게 나타나는 전형적이고 자동적인 행동과 감정적 반응들에 대해 안심시킵니다.

5. 내담자가 그 사건에 대처하는 방식으로 발전시킨 알코올이나 기타 기분 전환 물질 사용의 자가처방적 의존도를 감소시킵니다.

6. 범죄와 관련된 불안 반응을 관리하기 위하여 안정화와 대처 전략들을 배우고 실행합니다.

7. 범죄에 관해 편향적이고 두려운 내담자의 자기-대화를 확인하고 이에 도전하며 현실에 기반한 긍정적인 자기-대화로 대체합니다.

2. 범죄 중에 발생한 사실들과 내담자의 이해할 만한 반응에 초점을 맞추어, 내담자가 보이는 부정적인 자기 평가 관점을 현실적이고 비판단적인 가치판단으로 전환시킵니다.

1. 트라우마 사건에 대처하는 수단으로 그 사건 이후에 내담자에게 나타난 술과 기타 기분 전환 물질의 사용 증가를 평가합니다. 그리고 필요하다면 중독치료를 추천하며, 이 부적응적 대처 행동을 계속해서 모니터링하고 감소하도록 돕습니다.

1. 범죄에 관한 비현실적인 두려움을 관리하는 전략으로 내담자에게 호흡 조절과 같은 스트레스 면역 훈련 전략을 가르칩니다.

1. 사건 관련 두려움을 유발하는 내담자의 도식과 자기-대화를 탐색합니다. 부정적인 편견에 도전합니다. 편견을 수정하고 자신감을 갖기 위한 평가를 하도록 돕습니다(또는 Jongsma의 『Adult Psychotherapy Homework Planner 2판』, '부정적인 사고가 부정적인 정서를 유발한다' 과제를 내줍니다).

2. 내담자가 갖는 범죄에 관한 두려운 자기-대화를 파악하게 하고 현실에 기반한 대안을 만드는 연습을 과제로 내줍니다(예: 일기 쓰기 또는 긍정적인 자기-대화를 플래시 카드로 쓰고 검토하기). 실패에 대한 수정 피드백을 제공하며 성공을 검토하고 강화합니다(또는 Jongsma의 『Adult Psychotherapy Homework Planner 2판』, '긍정적인 자기-대화하기' 과제를 내줍니다).

8. 트라우마에 대한 생각이 현저한 고통을 일으키지 않을 때까지 트라우마 관련 기억에 대하여 실제 유사 상황 노출(in vivo exposure)에 참여합니다.

1. 내담자로 하여금 트라우마 관련 자극에 대한 두려움과 회피의 위계표를 만들도록 돕습니다.

2. 내담자가 그 범죄 사건 중에 경험했던 것과 유사한 반응을 일으키는 자극에 노출하는 연습 과제를 줍니다. 그리고 반응을 기록합니다 (Jongsma의 『Adult Psychotherapy Homework Planner 2판』, '점진적으로 공포감 감소하기' 과제를 내줍니다).

3. 내담자가 선택한 범위 내에서 점차 그 범죄의 세부 수준을 증가시켜 묘사함으로써 내담자에게 트라우마에 대한 상상적 노출을 점진적으로 사용하여 범죄에 대한 불안을 감소시킵니다. 그리고 관련 불안이 안정될 때까지 반복합니다. 진행 과정에서 방해물을 검토하여 해결하고 안정화를 강화합니다.

9. 가족들과 그 범죄 사건에 관해 이야기 나눌 때 건강한 의사소통 기술을 개발합니다.

1. 그 범죄 사건에 관해 이야기할 때 사용할 건강한 의사소통 기술(예: 반영적 경청하기, 눈맞춤하기, 존중하기 등)을 가족에게 가르칩니다.

2. 주장적 의사소통, 긍정적인 피드백 제공하기, 적극적으로 경청하기, 행동 변화를 위해 다른 사람에게 긍정적으로 요청하기, 진실하고 존중적인 태도로 부정적인 피드백을 제공하기 등을 포함한 가족 의사소통 기술을 인지 행동 기법(모델링, 역할극 하기, 교정적 피드백, 긍정적 강화)을 사용하여 가르칩니다.

진단

ICD−9−CM	ICD−10−CM	DSM−5 Disorder, Condition, or Problem
308.3	F43.0	급성 스트레스장애(Acute Stress Disorder)

🎈 차례

🔻 는 이 장에서 선정한 단기 목표/개입 전략들이 증거기반 치료에서 발견된 것과 일치함을 나타냅니다.

1. 급성 스트레스장애

📄 행동적 정의

1. 다른 사람의 죽음에 실제 노출되었거나 자신이나 다른 사람이 심각한 부상을 당하여, 두려움이나 무력감 또는 공포의 강렬한 감정적 반응을 일으킨 적이 있다.
2. 마비, 분리, 비현실감, 이인화, 주의력 감소, 기억 상실 또는 자극을 이해하지 못함, 방향 감각 상실 등의 해리 초기 증상을 경험한다.
3. 사고, 꿈, 환상, 회상 또는 반복되는 이미지로 사건을 재경험한다.
4. 사건의 생생한 회상을 불러일으키는 생각, 감정, 대화, 활동, 장소나 사람과 같은 자극은 현저하게 회피한다.
5. 불안, 판단력 장애, 혼란과 우울의 증상이 나타난다.
6. 수면장애, 과민성, 집중력 저하, 과각성, 과장된 놀람 반응, 안절부절못하는 행동 및 동요와 같은 각성 증가의 증상이 나타난다.
7. 가슴 통증, 흉부 압박감, 발한, 숨가쁨, 혈관수축, 두통, 홍조, 근육 긴장, 위장 장애, 심계항진, 구강 건조 등의 신체적 증상을 경험한다.

___._____

_____

___._____

_____

—·————————————————————————————
————————————————————————————————

🎯 장기 목표

1. 트라우마에 대한 신체적, 인지적, 행동적, 정서적 반응들은 안정화시키고 일상적으로 기능하는 능력은 향상시킵니다.
2. 트라우마 관련 자극으로 인해 일어나는 침습적인 이미지, 기능이나 활동 수준의 변화를 감소시킵니다.
3. 지속적 고통 없이 트라우마 사건을 일상의 생활 경험으로 수용합니다.
4. 트라우마 사건의 가해자를 용서합니다.

—·————————————————————————————
————————————————————————————————
—·————————————————————————————
————————————————————————————————
—·————————————————————————————
————————————————————————————————

🕐 단기 목표

1. 트라우마 사건 환경에서 내담자를 분리합니다. (1)
2. 트라우마 사건 이후 시작된 모든 신체적 상해 또는 신체적 증상을 기술합니다. (2, 3)

3. 해리 증상이 일어나는지를 확인하기 위해 스크리닝 평가를 수행합니다. (4)

👥 치료적 개입 전략

1. 트라우마 사건에 직접 노출되지 않도록 내담자를 분리된 장소로 안내합니다.
2. 의학적 평가를 위해 내담자를 담당 의사, 응급 치료 또는 응급실에 데려가도록 지원합니다.
3. 내담자의 신체가 스트레스에 물리적으로 어떻게 반응하는지를 평가합니다.
4. 내담자의 지남력과 해리 증상 발생 정도를 확인하기 위하여 내담자로 하여금 선별 도구를 완성하게 합니다(예: Mini Mental State Examination

2판, 또는 Dissociative Experiences Scale).

4. 트라우마 사건을 편안히 이야기할 수 있는 범위까지 가능한 한 자세히 묘사하게 합니다. (5, 6)

5. 회기 내에서 내담자가 감정에 압도되었는지 여부에 주목하면서 트라우마 사건 경험을 묘사하게 합니다. 회기가 끝나면 내담자가 사건에 대해 기억하는 사실을 쓰게 합니다. 회기 내에서 내담자의 감정을 다루고 증상 감소를 위하여 지지적인 피드백을 제공합니다.

6. 적합한 기관(법 집행 기관, 의료 전문가, 학교 직원, 친척, 동료)에 정보를 공개하고 트라우마에 대한 내담자의 기억을 검증 및/또는 자세히 설명하기 위해 사건의 사실적 세부 사항을 알고 있는 사람들과 상의합니다.

5. 두려움, 걱정 또는 불안을 조장하는 왜곡된 인지 메시지와 치료에 대하여 이해하고 이를 말로 표현합니다. (7, 8)

7. 트라우마에 대한 부정적인 감정 반응을 강화하는 내담자의 왜곡된 인지 메시지를 탐색하기 위해 트라우마에 대한 사실을 토론합니다.

8. 내담자로 하여금 자신감을 높이고 두려움, 걱정 또는 불안 반응을 줄이는 데 도움이 되는 현실-기반 인지 메시지를 개발하도록 돕습니다.

6. 트라우마 당시 경험했던 감정을 묘사하고 이것이 일상 기능에 어떤 영향을 미쳤는지를 설명합니다. (9, 10, 11)

9. 트라우마 당시의 정서적 반응을 탐색하기 위해 일관된 눈맞춤, 무조건적인 긍정적 존중, 따뜻한 수용으로 개별 회기에서 내담자와의 신뢰를 적극적으로 형성합니다.

10. 트라우마 사건이 환자의 삶에 어떻게 부정적인 영향을 미쳤는지 확인하기 위해 내담자와 함께 증상 발달 타임 라인을 개발합니다.

11. 내담자의 정서적, 인지적, 행동적 기능(예를 들면, Trauma Symtom Inventory-2와 같은 객관적 평가 도구를 사용하여)에 영향을 미치는 증상의 빈도, 강도, 트라우마 반응 기간을 평가합니다.

7. 신체적 스트레스 반응을 줄이기 위한

12. 신체적 스트레스 반응을 개선할 수 있는 일상

행동 전략을 실행합니다. (12, 13)

8. 방해가 되는 원치 않는 사고를 다루기 위해 사고-중지 기술을 배우고 실행합니다. (14, 15)

9. 전문의의 향정신성 약물 평가에 협력합니다. (16, 17)

10. 인지적, 정서적 및/또는 행동적 스트레스 반응을 줄이기 위한 이완 기술을 배우고 실행합니다. (18, 19, 20)

적인 신체 운동(예: 빠르게 걷기, 스텝 에어로빅, 자전거 타기)을 개발하고 강화합니다. 성공을 강화합니다.

13. 신체적 참여를 포함하는 활동을 예약함으로써 긴장을 줄이는 방법을 탐색합니다. 활동 참여를 강화하고 활동을 일상생활에 통합하도록 권장합니다.

14. 내담자가 현재 트라우마나 이전 트라우마 사건에서 플래시백 경험이 있는지를 탐색합니다. 트라우마와 관련된 반복되는 이미지나 기억들을 기록하는 과제를 내줍니다. 그리고 회기 내에서 이를 다룹니다.

15. 원치 않는 생각을 한 즉시 생각을 멈추는 기술(정지 신호를 생각하고 마음속으로만 STOP이라고 외친 다음 즐거운 장면을 상상함)을 실행하도록 내담자에게 가르칩니다. 회기들이 진행되면서 일상생활에서 내담자가 이 기술을 어떻게 사용하는지 모니터링하고 격려합니다.

16. 향정신성 약물 평가를 위해 내담자를 의사에게 의뢰합니다.

17. 의사에게 약물 처방에 관련한 정기적인 자문을 얻기 위해 내담자로부터 개인 정보 공개 동의를 얻습니다.

18. 내담자에게 이완 기술(예: 자기주도적 심상, 점진적 근육 이완, 깊은 리듬 호흡)과 이러한 기술을 일상생활에 적용하는 방법을 가르칩니다.

19. 내담자가 이완 기술을 쉽게 배울 수 있도록 바이오피드백 기술을 활용합니다. 개선을 위한 수정 피드백을 제공하면서 유의사항 준수와 효과를 모니터링합니다.

20. 스트레스 증상을 완화하기 위해 내담자에게 침술요법*을 의뢰합니다. 그리고 성공 여부를 검토합니다.

21. 트라우마 사건에 대한 내담자의 정서적 반응을 줄이기 위해 EMDR 노출 기법을 활용합니다.

11. 트라우마 사건에 대한 감정적 반응을 감소시키기 위해 안구 운동 둔감화 및 재처리 기술(eye movement desensitization and reprocessing: EMDR)을 활용합니다. (21)

12. 트라우마 사건 장소 주변의 지리적 영역을 피합니다. (22)

22. 트라우마 장면 노출로 내담자가 스트레스 반응에 압도되는 것을 피하기 위해 내담자의 사건 장소 노출을 금하고 대안적 경로를 파악하도록 요청합니다.

13. 트라우마 사건을 일상생활에 동화시키면서 사회 및 직업 활동의 참여를 유지합니다. (23)

23. 내담자가 트라우마 사건 이전에 있었던 직장, 사회적 참여 및/또는 일상으로 복귀하도록 격려합니다. 필요한 경우에는 일상생활 속으로 복귀하는 이러한 일상 활동을 점진적이고 단계적으로 그러나 꾸준히 수행합니다.

14. 생존자 죄책감의 감정을 확인하고 이를 긍정적이고 현실적이며 격려하는 자기-대화로 대체합니다. (24, 25, 26)

24. 내담자가 표현하는 생존자 죄책감을 탐색합니다. 그리고 이 죄책감의 촉발 요인인 자기-대화를 탐색합니다.

25. 내담자가 갖는 생존자 죄책감에 대한 하나의 대책으로서 삶을 즐길 수 있는 권리를 신장시킵니다.

26. 내담자에게 죄책감을 유발하는 자기-대화를 찾는 연습 과제를 내줌으로써 생존자 죄책감을 바꿀 수 있도록 돕습니다. 내담자로 하여금 현실에 기반한 대안들을 찾도록 돕습니

* 역자 주: 한의학에 속한 요법 중 하나인 침술은 Denise Millstine에 따르면 현재 미국, 캐나다 등에서 가장 널리 수용되는 보완대체요법의 하나이다.

15. 기념일이나 주요 생활 이벤트(공휴일, 생일, 졸업) 날에 올라올 감정적 반응들로 인한 재발 방지 전략들을 배우고 실행합니다. (27, 28, 29)

16. 불안 반응을 관리하기 위해 사건 현장으로 다시 갑니다. (30, 31, 32)

다. 회기 내에서 생존자 죄책감 감소 효과를 다룹니다.

27. 심리교육, 안정화와 대처 기술 훈련, 자기주장 기술 훈련, 지시적 자기-대화(Meichenbaum의 『Stress Inoculation Training』을 참고하십시오)와 같은 스트레스 예방 교육을 활용하여 내담자로 하여금 미리 스트레스가 가득한 사건들을 성공적으로 다루고 혼란을 최소화하도록 준비를 도와줍니다.

28. 향후 상황이나 환경자극(예: 행사 기념일, 휴일 등)으로 인해 정서적 반응이 증가할 것을 관리하도록 내담자와 이를 확인하고 리허설합니다.

29. 내담자에게 사건의 기념일이나 다른 미래의 주요 사건(예: 휴일, 휴가, 졸업 등)이 다가옴에 따라 트라우마에 대한 부정적인 감정적 반응이 어떻게 증가하는지를 이야기하도록 촉진합니다. 그날에 실행할 활동들을 설계하고 그 활동 과제의 수행 완료를 다룹니다.

30. 내담자가 트라우마 사건의 현장에 노출될 때 발생하는 정서적 반응을 관리하기 위한 계획(예: 안정화 기술 사용하기, 긍정적인 자기-대화, 불안 인내력)을 개발하도록 내담자를 돕습니다.

31. 내담자와 함께 사건 현장으로 이동합니다. 반응을 관리하기 위해 회기 내에서 확인한 그 기술들을 활용하도록 지지하고 격려합니다.

32. 내담자와 함께 개발한 스트레스 반응 감소를 위한 학습된 이완 기술들을 병행하면서 사건 현장에서 노출치료를 사용합니다.

17. 용서에 관한 책을 읽고 용서의 장점에 대하여 더 건강한 관점을 얻습니다. (33)

18. 명확하게 가해자에게 트라우마의 책임을 돌립니다. (34)

19. 트라우마 생존자 자조 집단에 참여합니다. (35)

33. 내담자가 용서에 관한 자기계발서(예: Smedes의 『The Art of Forgiving』 또는 Enright의 『Forgiveness Is a Choice: A Step-by-Step Process for Resolving Anger and Restoring Hope』)를 읽을 것을 권장합니다. 그리고 읽은 내용을 다룹니다.

34. 트라우마 사건의 책임이 가해자에게 있는 경우 내담자로 하여금 가해자에게 편지를 쓰게 합니다. 내담자가 비합리적이고 과도한 책임감에서 벗어나, 자신이 겪은 트라우마로 인한 고통, 분노, 불안과 우울을 표현하도록 격려합니다. 회기 내에서 이 편지를 다룹니다.

35. 내담자가 노출되었던 트라우마의 특성에 초점을 맞춘 자조 집단에 내담자를 연계합니다. 내담자로 하여금 트라우마 사건과 그로 인한 영향에 관하여 자신의 경험을 집단 내 다른 생존자들과 공유하도록 격려합니다.

___ . _____
   _____
___ . _____
   _____
___ . _____
   _____

___ . _____
   _____
___ . _____
   _____
___ . _____
   _____

진단

ICD-9-CM	ICD-10-CM	DSM-5 Disorder, Condition, or Problem
308.3	F43.0	급성 스트레스장애(Acute Stress Disorder)
309.24	F43.22	불안을 동반한 적응장애(Adjustment Disorder With Anxiety)
309.28	F43.23	불안 및 우울 기분을 동반한 적응장애(Adjustment Disorder With Mixed Anxiety and Depressed Mood)
300.02	F41.1	범불안장애(Generalized Anxiety Disorder)
300.21	F40.00	광장공포증(Agoraphobia)
300.01	F41.0	공황장애(Panic Disorder)
301.6	F60.7	의존성 성격장애(Dependent Personality Disorder)
301.50	F60.4	연극성 성격장애(Histrionic Personality Disorder)
———	———	————————————————————
———	———	————————————————————

2. 불안[1]

📋 행동적 정의

1. 통제하기 어렵고 일상의 기능을 방해하는 일련의 사건이나 활동에 대하여 과도하고 비현실적인 걱정을 한다.
2. 운동 긴장(예: 안절부절못함, 피로, 떨림, 근육 긴장)이 있다.
3. 자율신경의 과잉행동(예: 심계항진, 숨가쁨, 구강 건조, 음식 삼키는 것의 어려움, 메스꺼움, 설사)이 있다.
4. 과각성(예: 끊임없이 초조함을 느끼거나, 집중하기 어려움, 잠들지 못하거나 숙면을 취하지 못함, 일반적으로 과민한 상태를 나타냄)이 나타난다.

— . _____

— . _____

— . _____

---

[1] 이 장의 많은 내용(약간의 수정이 포함됨)은 A. E. Jongsma, Jr., L. M. Peterson과 T. J. Bruce의 『The Complete Adult Psychotherapy Treatment Planner 4판』(Hoboken, NJ: John Wiley & Sons, 2006)에서 발췌되었습니다. A. E. Jongsma, Jr., L. M. Peterson과 T. J. Bruce(2006)의 허가를 받아 수록하였습니다.

🎯 장기 목표

1. 일상 기능이 손상되지 않도록 불안의 전반적인 빈도, 강도와 지속 시간을 줄입니다.
2. 자신감과 평온함을 되찾고 불안 수준을 안정시킵니다.
3. 삶의 다양한 불안에 효과적으로 대처하는 능력을 향상시킵니다.

_____

_____

_____

🕐 단기 목표

1. 걱정과 불안 증상들에 대한 현재 및 과거 경험들을 묘사합니다. 기능 손상과 이를 해결하기 위한 시도들을 설명합니다. (1, 2)

2. 걱정과 불안 증상의 평가를 위해 개발된 심리검사를 수행합니다. (3)

▽ 3. 향정신성 약물치료를 위하여 의사나 정신과 의사의 평가에 협조합니다. (4, 5, 6)

🗣 치료적 개입 전략

1. 내담자의 걱정과 불안 증상(예: Anxiety Disorders Interview Schedule for DSM-5: Client Interview Schedule)의 유형, 빈도, 강도 및 지속 시간에 대하여 초점, 과도함, 통제 불가능성을 평가합니다.

2. 불안 증상이 공황 발작 및/또는 불안 발작과 일치하는지 탐색합니다.

3. 내담자의 걱정과 불안 증상의 특성과 정도를 평가하는 데 도움이 되는 내담자 보고 측정도구를 실행합니다(예: Beck Anxiety Inventory; Penn State Worry Questionnaire; State-Trait Anxiety Inventory).

4. 불안을 유발할 수 있는 모든 의학적 상태(예: 저혈당, 약물중독/금단, 갑상선 질환 등)를 확인하고 이를 치료하기 위해 내담자를 의사에게

의뢰합니다. ▽

5. 향정신성 약물 상담을 위해 내담자를 의사나 정신과 의사에게 의뢰합니다. ▽

6. 처방 의사나 정신과 의사와 정기적으로 상의하기 위해 내담자에게 정보 공개 동의를 얻습니다. 내담자의 향정신성 약물 순응도, 부작용 및 효과를 모니터링합니다. ▽

▽ 4. 불안과 치료의 인지적, 생리적, 행동적 요소에 대해 이해하고 이를 말로 표현합니다. (7, 8)

7. 전형적으로 일반화된 불안이 비현실적 위협에 대한 과도한 걱정, 긴장의 다양한 신체 표현, 과도한 각성과 과잉 경계에 어떻게 관여하는지를 논의합니다. 그리고 위협적인 것을 회피하는 것이 어떻게 이 문제를 유지하도록 상호작용하는지에 대해 논의합니다(Craske와 Barlow의 『Mastery of Your Anxiety and Worry: Workbook 2판』을 참고하십시오). ▽

8. 걱정, 불안, 증상들과 회피를 어떻게 치료 목표로 삼을지, 어떻게 내담자로 하여금 효과적으로 걱정을 관리하도록 돕고, 과도한 각성과 불필요한 회피를 줄이도록 도울 수 있을지 치료 목표에 대해 논의합니다. ▽

▽ 5. 전반적인 불안을 줄이고 불안 증상을 관리하기 위한 안정화 기술을 배우고 실행합니다.

(9, 10, 11, 12)

9. 내담자에게 이완 기술(예: 점진적 근육 이완, 느린 횡격막 호흡, 심상 유도하기, 명상)을 가르칩니다. 이완과 긴장을 더 잘 구별하는 방법을 알려 줍니다. 내담자에게 이러한 기술을 일상생활에 적용하는 방법을 가르칩니다(예: Bernstein과 Borkovec의 『New Directions in Progressive Relaxation Training: A Guidebook for Helping Professionals』, Rygh와 Sanderson의 『Treating Generalized Anxiety Disorder: Evidenced Based Strategies, Tools, and Techniques』). 그리고 개선

을 위한 수정 피드백을 제공하며 성공을 검토하고 강화합니다. ▽

10. 이완 기술을 배우는 데 있어 내담자의 성공을 촉진하기 위해 바이오피드백 기술을 활용합니다. ▽

11. 내담자를 위하여 일상적인 신체 운동을 개발하고 강화합니다. 내담자에게 운동 프로그램(예: Leith의 『Exercising Your Way to Better Mental Health』)을 읽고 시행하도록 권장합니다. 그리고 읽은 내용을 다룹니다. ▽

12. 내담자에게 안정화 전략 또는 전반적인 불안을 줄이는 방법에 관한 책을 읽도록 지정합니다(예: Craske와 Barlow의 『Mastery of Your Anxiety and Worry: Workbook 2판』, Smith의 『When I Say No I Feel Guilty』). 그리고 읽은 내용을 다룹니다. ▽

▽ 6. 과도한 비합리적 걱정과 불안 증상을 지속시키는 데 인지 편향이 하는 역할을 이해하고 이를 말로 표현합니다. (13, 14)

13. 전형적으로 비현실적인 걱정은 위협이 일어날 가능성은 과대평가하고 현실적인 요구들을 다루는 내담자의 능력은 과소평가하거나 간과한다는 것을 보여 주는 예들을 토론합니다(또는 Jongsma의 『Adult Psychotherapy Homework Planner 2판』, '과거의 성공적인 불안 대처'를 숙제로 내줍니다). ▽

14. 비합리적인 걱정과 지속적인 불안 증상에 관한 인지 편향들을 확인하고 추적하기 위해 자동적 사고 기록을 사용하는 방법을 내담자에게 가르칩니다. 생각에 도전하고 인지 편향을 보다 현실적인 메시지로 대체하도록 도와줍니다. ▽

▽ 7. 편향되고 두려움에 찬 자기-대화를 확인하고, 도전하고 긍정적이고 현실적이며 격려하는 자기-대화로 대체합니다. (15, 16, 17)

15. 내담자의 두려운 반응을 중재하는 내담자의 도식과 자기-대화를 탐색합니다. 편견에 도전합니다. 왜곡된 메시지를 현실에 기반한 대안으로, 비합리적인 두려움에 대처하는 데 자신감을 높일 수 있는 긍정적인 자기-대화로 대체하도록 도와줍니다. ▽

16. 두려운 자기-대화를 파악하고 긍정적이고 격려하는 자기-대화로 대체하기 위해 자동 사고 기록지를 사용하는 방법(Melemis의 『I Want to Change My Life: How to Overcome Anxiety』)을 내담자에게 가르칩니다. 개선을 위한 수정 피드백을 제공하여 성공을 검토하고 강화합니다. ▽

17. 회기가 진행되는 사이에 불안 반응이 성공적으로 관리된 때와 두려운 자기-대화를 파악하고 현실에 기반한 대안을 만든 때를 기록하는 숙제를 내담자에게 내줍니다(Jongsma의 『Adult Psychotherapy Homework Planner 2판』, '자기패배적인 사고들을 기록하고 대체하기'를 참조하십시오). 실패에 대한 수정 피드백을 제공하면서 성공을 검토하고 강화합니다. ▽

▽ 8. 불안 반응을 줄이기 위해 노출 기법을 활용합니다. (18, 19)

18. 내담자로 하여금 걱정은 두려운 문제를 회피하는 한 형태이며 만성적인 긴장을 유발한다는 개념을 통찰하도록 돕습니다. ▽

19. 내담자에게 최악의 결과나 걱정을 생생하게 상상해 보고, 그와 관련된 불안이 약해질 때까지(최대 30분) 이에 계속 머물도록 요청합니다. 그리고 최악의 경우에 관한 대안들을 현실에 기반하여 만들어 봅니다. 그것들을 다룹니다(Craske와 Barlow의 『Mastery of Your

9. 고민을 현실적으로 다루기 위한 문제 해결 전략들을 배우고 실행합니다. (20)

10. 미래에 일어날 수 있는 불안 증상을 관리하기 위하여 재발 예방 전략을 배우고 실행합니다. (21, 22, 23, 24)

Anxiety and Worry: Workbook 2판』을 참고하십시오). ▽

20. 문제 해결 전략들, 즉 문제를 구체적으로 정의하고, 이를 해결하기 위한 해결책들을 만들고, 이 해결책들의 장단점을 평가하고, 계획을 실행하고, 계획을 재평가하고 수정하는 것과 같은 전략들을 가르칩니다. ▽

21. 내담자와 함께 경과(lapse)와 재발(relapse)의 구분에 대해 논의합니다. 경과는 걱정, 불안 증상, 회피 충동의 초기 상태로 일시적으로 퇴행(실수)이 일어나는 것이고 재발은 너무 두려워서 회피하는 패턴을 지속하기로 결정을 내리는 것임을 논의합니다. ▽

22. 경과가 발생할 수 있는 미래 상황이나 환경을 다루기 위해 내담자와 함께 확인하고 리허설을 해 봅니다. ▽

23. 내담자로 하여금 가능한 자신의 삶에서 치료에서 배운 전략들(예: 인지 재구성, 이완 기법, 노출, 문제 해결 전략)을 잘 수립하고 긴급한 걱정이 생길 때마다 이를 해결하기 위해 일상적으로 이 전략들을 사용하라고 가르칩니다. ▽

24. 내담자가 향후에 사용할 수 있도록 대처 전략들과 기타 중요한 정보들이 기록된 **대처 카드** (예: "깊게 호흡하고 이완하라", "비현실적인 걱정에 도전하라", "문제-해결을 사용하라", "불안이 지나가게 하라")를 개발합니다. ▽

11. 불안 극복에 관한 책을 읽습니다. (25)

25. 내담자에게 불안 극복에 관한 자기계발서나 심리교육 책을 읽게 합니다(예를 들면, Craske 와 Barlow의 『Mastery of Your Anxiety and Worry: Workbook 2판』, Bourne의 『The Anxiety

and Phobia Workbook 5판』, Marks의 『Living with Fear: Understanding and Coping with Anxiety』). 읽은 내용을 검토합니다. 성공을 강화하거나 개선을 위한 수정 피드백을 제공합니다. ▽

12. 불안을 유발하는 일상생활 스트레스 요인을 해결하기 위해 지역사회 자원을 활용합니다. (26)

26. 내담자에게 불안 증상을 일으키는 사회적 스트레스 요인 해결에 도움이 되도록 지역사회 자원들(복지부, 주택 프로그램, 재정 지원 자원들 등)을 소개합니다. 얻은 정보를 검토하고 규정 준수를 모니터링합니다.

13. 불안을 유지하는 데 드는 비용 편익을 분석합니다. (27)

27. 내담자에게 부정적 사고, 두려움, 불안의 이점과 단점 목록을 작성하여 걱정의 비용과 편익을 평가하도록 요청합니다(예: Burns의 『Ten Days to Self-Esteem』에서 비용편익 분석연습을 해 봅니다). 완성된 과제를 다룹니다.

14. 매일 식단에서 중추신경 자극제를 피합니다. (28)

28. 중추신경계에 대한 자극 효과가 있기 때문에 식단에서 각성제(예: 카페인, 니코틴, 일반의약품, 비타민)를 피하는 것이 중요하다는 것을 내담자에게 교육합니다. 영양사에게 의뢰하여 권장 사항 준수 여부와 내담자가 각성제 섭취/사용을 자제하는지 검토하고 모니터링합니다.

15. 불안 반응을 감소시키기 위해 역설적 개입 기법을 활용합니다. (29)

29. 역설적 개입(Haley의 『Ordeal Therapy』를 참조하십시오)을 개발합니다. 내담자로 하여금 문제(예를 들면, 불안)를 일으키도록 격려하고 매일 특정 시간대(내담자가 다른 일을 하고 싶어 하는 낮/밤 시간대)에 정해진 시간만큼 특정한 방식으로 그 불안이 일어나도록 일정표를 작성합니다.

16. 현재 불안의 근거가 되는 과거와 현재의 주요한 삶의 갈등을 파악합니

30. 내담자로 하여금 핵심적인 미해결된 삶의 갈등들을 인식하고 해결을 위한 작업을 시작하

다. (30, 31, 32)

17. 불안 증상에 영향을 미치는 물질 사용을 포함하여 화학적 의존의 생물심리사회적 병력에 대하여 솔직하고 빠짐없이 정보를 제공하게 합니다. (33, 34, 35)

18. 직장, 가족, 학교와 사회 활동에 계속 참여하게 합니다. (36, 37)

19. 불안 극복 지지 집단에 참여합니다. (38)

도록 돕습니다.

31. 내담자의 과거 정서적 고통과 현재 불안의 역할에 대한 통찰을 강화합니다.

32. 내담자에게 계속해서 걱정을 야기하는 과거 및 현재 삶의 핵심 갈등 목록을 개발하고 다루도록 요청합니다.

33. 내담자에게 화학적 의존성 문제가 있는지 평가합니다. 마리화나나 처방전 없이 살 수 있는 약물, 불안 증상을 자가 치료하는 데 사용되는 약초 등의 사용을 포함합니다.

34. 내담자의 화학적 의존성 발달에 기여한 가족적, 정서적, 사회적 요인을 이해하도록 돕기 위해 생물심리사회적 병력을 사용합니다.

35. 맑은 정신 상태를 유지하고 확립하도록 내담자를 약물 의존 치료 및/또는 12단계 중독 집단치료에 의뢰합니다.

36. 불안 증상에 초점을 두고 직장, 가족, 학교, 사회 활동을 회피하거나 도피하기보다는 사회 활동에 참여하도록 내담자를 돕습니다.

37. 내담자가 자신의 불안 증상을 관리하고 정상적인 책임성을 계속 갖게 됨으로써 삶을 더 만족스럽고 충만하게 하는 방법들 몇 가지를 나열하도록 요청합니다. 성공을 위해 검토하고 수정 피드백을 제공합니다.

38. 내담자를 불안으로 고통받는 사람들을 위한 지지 집단에 안내합니다. 내담자가 다른 사람을 돕기 위해 자신의 불안이 어떻게 나타나는지를 나누게 하고 또한 다른 사람의 말을 경청함으로써 자신의 불안에 더 잘 대처하는 방법을 배우도록 격려합니다.

_____ · _____   _____ · _____
        _____   _____

_____ · _____   _____ · _____
        _____   _____

_____ · _____   _____ · _____
        _____   _____

📝 진단

ICD-9-CM	ICD-10-CM	DSM-5 Disorder, Condition, or Problem
309.24	F43.22	불안을 동반한 적응장애(Adjustment Disorder With Anxiety)
300.02	F41.1	범불안장애(Generalized Anxiety Disorder)
300.00	F41.9	명시되지 않는 불안장애(Unspecified Anxiety Disorder)
308.3	F43.0	급성 스트레스장애(Acute Stress Disorder)
300.21	F40.00	광장공포증(Agoraphobia)
300.01	F41.0	공황장애(Panic Disorder)
300.23	F40.10	사회불안장애(사회공포증)[Social Anxiety Disorder (Social Phobia)]
300.29	F40.xxx	특정 공포증(Specific Phobia)
301.82	F60.6	회피성 성격장애(Avoidant Personality Disorder)
301.83	F60.3	경계성 성격장애(Borderline Personality Disorder)
301.50	F60.4	연극성 성격장애(Histrionic Personality Disorder)
_____	_____	_____
_____	_____	_____

The Crisis Counseling and Traumatic Events Treatment Planner

3. 집단 괴롭힘 피해자

📑 행동적 정의

1. 해를 입히거나, 모욕을 주거나, 위협하려는 의도에 의해서 반복적이고 직접적인 신체적, 정서적 또는 사회적 학대 행위를 당한 적이 있다.

2. 고의적인 배제를 포함하여 간접적인 따돌림을 받은 적이 있다. 즉, 이름 부르기, 협박하기나 힘을 남용하기, 조종하기, 소문 퍼뜨리기, 위협적인 말이나 제스처, 모습 등을 경험하였다.

3. 사회적 불안정성, 사회적 철수, 고립이 증가하고, 무망감, 방어할 수 없음, 존엄성 상실 등이 나타난다.

4. 공포, 괴롭힘, 협박 또는 편집증적(특히 학교나 직장과 같은 특정 환경과 관련된) 감정을 표현한다.

5. 자존감이 낮아지고, 우울, 쉽게 울음을 터뜨림, 자살/살인 사고, 신체적 고통 호소, 식사/수면 패턴 변화 등의 증거를 보인다.

6. 따돌림, 괴롭힘, 거부, 협박, 혼자 남겨짐, 위협감, 신뢰감 감소 등의 감정을 말로 표현한다.

7. 소지품이 파손되거나 분실 또는 '잃어버린' 것으로 나타난다.

8. 보호용 무기(총, 칼 등)를 휴대하거나 휴대하려고 시도한다.

9. '희생자'의 신체 언어가 나타난다. 즉, 어깨를 구부리고 머리를 늘어뜨리고 눈을 마주

치지 않고 미소를 짓지 않는다.

10. 결석이 증가하고 집중력 부족으로 학업 성적이 악화되었다.

11. 이메일, SNS 메시지, 채팅방, 웹사이트나 게임 사이트, 휴대전화로 전송된 디지털 메시지나 이미지 등으로 사이버 폭력이 발생했다고 보고한다.

12. 학대적이거나 수용적이지 않은 사람들을 향하여 직접적인 분노감과 적대감을 표현한다.

— • _____
_____
_____

— • _____
_____
_____

— • _____
_____
_____

◎ 장기 목표

1. 안전을 보장하기 위해 필요한 법적 조치를 취하고 집단 괴롭힘으로부터 벗어날 계획을 수립합니다.

2. 집단 괴롭힘이 시작되기 전의 기능 수준으로 돌아갑니다.

3. 장기간의 심리적 고통이 발생할 위험성을 줄이고, 집단 괴롭힘의 영향으로부터 회복하기 위해 심리적, 사회적 지원을 받습니다.

4. 주장적인 개인 특성을 증가시켜서 위해와 위협을 당할 두려움을 극복합니다.

— • _____
_____
_____

— • _____
_____
_____

— • _____
_____
_____

단기 목표

1. 집단 괴롭힘의 역사, 성격, 강도와 그로 인한 반응들을 묘사합니다. (1, 2, 3)

2. 집단 괴롭힘이 시작된 이후 경험한 감정적 반응들을 묘사하고 집단 괴롭힘이 얼마나 내담자의 일상 기능을 망가뜨렸는지 묘사합니다. (4, 5, 6, 7)

치료적 개입 전략

1. 집단 괴롭힘의 역사를 수집합니다. 괴롭힘이 시작된 시기, 괴롭힘 행위의 가담자들, 집단 괴롭힘이 개인, 사회, 직업, 학업 기능뿐 아니라 정서적 상태에 미친 영향을 파악합니다.

2. 내담자에게 날짜, 기간, 상황과 사람을 포함하여 집단 괴롭힘의 특정 사건 목록을 작성하도록 요청합니다. 집단 괴롭힘이 계속 발생하는 경우라면 내담자에게 집단 괴롭힘 사건에 대한 일기나 일지를 작성하도록 격려합니다.

3. 내담자와 함께 또래 관계의 이력을 검토하고 내담자가 폭력에 취약하다고 느꼈던 사람이나 상황을 파악합니다.

4. 집단 괴롭힘으로 인한 증상의 심각성을 판단하기 위해 내담자에게 선별 도구(예: Trauma Symptom Inventory-2)를 작성하게 합니다.

5. 집단 괴롭힘이 내담자의 일상생활 활동을 얼마나 바꾸었는지, 내담자가 폭력을 맞닥뜨리지 않기 위해, 굴욕이나 피해를 피하기 위해 일상생활 활동이 어떻게 변했는지를 함께 토론합니다. 정서적, 신체적 취약성의 느낌을 다룹니다.

6. 내담자가 집단 괴롭힘에 대처하기 위해 이미 사용했던 조치를 확인합니다(학교나 직장에서 내담자가 누구와 이야기를 나누었는지, 가해자와 대화를 시도했는지, 보호 용구를 휴대했는지 등). 내담자가 고립감을 느끼거나 사회적으로 '적합하지' 않다고 느끼는지를 탐색합니다. 이 반응들을 다룹니다.

3. 자살 충동을 포함하여 불안이나 우울
증의 증상을 말로 표현합니다. (8, 9)

4. 편향되고 두려운 자기-대화를 확인
하고 이에 도전하고 긍정적이고 현실
적이며 격려하는 자기-대화로 대체
합니다. (10, 11, 12)

7. 내담자의 집, 가족들, 친구들이나 지원 체계에
암묵적이거나 명시적으로 피해가 발생했는지
를 평가합니다. 다른 사람들의 실제적인 피해
수준을 평가하고 지시된 대로 필요한 권고 예
방 조치를 취합니다. 모든 관련자의 안전을 해
결할 수 있는 방법을 확인합니다.

8. 우울 및/또는 불안 증상과 자살 위험의 정도
를 평가하기 위해 내담자에게 자기 보고 척도
[예: Beck Depression Inventory-II 또는 General
Anxiety Disorder-7(GAD-7)]를 시행합니다.
결과를 평가하고 내담자에게 피드백을 제공
합니다.

9. 내담자의 자살 가능성을 평가하고 모니터링합
니다. 내담자가 자해할 것으로 판단되면 필요
에 따라 정신과에 입원을 의뢰합니다.

10. 내담자에게 회기들이 진행되는 사이에 정서
적 고통을 성공적으로 관리했을 때를 기록하
는 과제를 내줍니다. 또한 두려운 자기-대화
를 파악하고 현실에 기반한 대안들을 만들었
을 때를 기록하는 과제를 내줍니다(Jongsma의
『Adult Psychotherapy Homework Planner 2판』,
'자기패배적인 사고들을 기록하고 대체하기'를 참
조하십시오). 성공을 검토하고 강화하며 실패
에 대한 수정 피드백을 제공합니다.

11. 두려운 자기-대화를 알아내고 추적하기 위
해 자동적 사고 기록을 사용하는 방법에 관
한 내담자 교육을 실시합니다. 두려움을 촉
발하는 자기-대화에 도전하고, 이를 긍정적
이고 힘을 실어 주는 인지 메시지들로 대체
하여 자존감과 자신감을 높입니다. 두려움,

걱정이나 불안 반응의 감소를 촉진합니다.

12. 내담자가 부적응적인 자기-대화를 인식하고, 편견에 도전하고, 발생하는 감정에 대처하고, 회피를 극복하고, 자신의 성취를 강화하는 지시적 자기-대화 절차를 가르칩니다. 진행 과정을 검토하고 강화합니다. 장애물을 해결합니다.

5. 인지적, 정서적 및/또는 행동적 스트레스 반응을 줄이기 위한 행동 전략들을 활용합니다. (13, 14, 15)

13. 신체적 활동을 포함하는 건설적인 사회 활동(예: 여가 스포츠, 자원봉사 기회, 지역사회의 행사)에 참여함으로써 내담자의 고통이 감소하는지 탐색합니다. 긍정적인 사회 기술들을 사용하여 자신감을 얻게 하고, 유사한 관심사를 가진 다른 사람들과 관계를 발전시키는 활동에 내담자가 참여하는 것을 강화합니다.

14. 내담자로 하여금 우울과 불안 감정을 감소시키는 행동 대처 전략을 개발하도록 돕습니다 (예: 사회적 참여 활동 증가하기, 일기 쓰기, 수면 개선하기, 균형 잡힌 식단 짜기, 술이나 약물 사용 피하기, 카페인이나 니코틴 섭취 줄이기, 마사지 요법에 참여하기, 운동 루틴을 만들기). 회기 내에서 성공을 강화합니다.

15. 내담자가 나중에 사용할 수 있도록 대처 전략들과 기타 중요한 정보가 기록된 '대처 카드'를 개발합니다(예: "너는 안전하다", "호흡 속도를 조절하라", "자신을 믿으라", "두려움이 지나가게 하라", "지지자에게 전화하라").

6. 자신감을 높이고 폭력 상황을 관리하기 위하여 주장기술들을 배우고 실행합니다. (16, 17, 18)

16. 내담자에게 주장적 의사소통 기술(Peterson의 『How to Express Your Ideas and Stand Up for Yourself at Work and in Relationships』을 참조하십시오)을 가르치고 역할극을 합니다. 이 기

술을 일상생활 상황과 위협 상황에서 사용하도록 격려합니다.

17. 내담자에게 공공 지역에서 폭력 가해자가 접근할 때 자신 있게 사용할 수 있도록 주장적 기술(예: 눈을 맞추기, 자세, 개인 공간 확보하기, 적극적인 경청, I-메시지, 망가진 녹음기 기법)*을 가르칩니다. 그리고 주장을 사용할 때에는 자신감 대 무력감을 생각합니다.

18. 숙달감과 자신감을 높이고 취약성을 줄이기 위해 내담자를 자기방어를 위한 수업, 태보 또는 가라테 등에 의뢰합니다.

7. 사이버 괴롭힘이 발생하고 있는지 확인하고 사이버 괴롭힘을 없애기 위해 문제 해결 전략을 실행합니다. (19, 20)

19. 내담자가 온라인에 포스트된 사이버 괴롭힘 자료, 토론, 가십/루머에 참여하거나 반응하지 않게 합니다. 내담자가 괴롭힘을 당했던 디지털 매체에 접속하고 사이트 웹 마스터에게 사이버 폭력 사건을 보고하게 합니다. 사이버 폭력이 일어난 증거를 위해 통신 장치에서 수신한 디지털 자료를 인쇄합니다.

20. 사이버 폭력의 표적이 되고 있는 내담자에게 가족/친구들이 긍정적이고 확언적인 전자 메시지들을 보냄으로써 내담자를 지원하도록 요청합니다. 소셜 네트워킹 사이트에 대하여 부모의 통제/모니터링을 부과하여 사이버 폭력의 표적이 되는 내담자를 지원하도록 합니다.

---

* 역자 주: 망가진 녹음기 기법(broken record technique)은 마치 망가진 녹음기처럼 동일한 문구나 문장을 부드럽지만 단호하게 반복하여 말함으로써 추가 토론을 막는 대화 전략이다. 부정적인 공손함 전략 또는 논쟁이나 권력 투쟁을 피하는 행동적 주장 기법이다.

8. 고통스러울 때 신체적, 정서적 지원을 제공할 수 있는 사람들을 파악합니다. (21, 22)

9. 집단 괴롭힘은 가해자의 책임이라는 개념을 가지고 내담자로 하여금 자기-비난을 확인하고 도전하며 대체하게 합니다. (23, 24, 25, 26)

21. 집단 괴롭힘이 중단될 때까지 내담자에게 지원 체계(예: 학교 직원, 고용 지원 프로그램의 직원, 친구, 가족)와 매일 소통하도록 격려합니다. 괴롭힘이 발생하는 경우 지원 체계에 알리기 위해 언어적, 비언어적으로 소통하는 방식을 지원 체계(예: 수신호를 사용하기 또는 신체 언어 사용하기)와 논의합니다. 일상적인 커뮤니케이션에서 내담자의 조치를 모니터링합니다.

22. 내담자가 자신이 처한 괴롭힘 상황에 대해 가족이나 친구에게 알리도록 가족 또는 집단치료 회기를 제공합니다. 가족/친구에게 내담자를 보호하는 데 도움이 되는 방법과 법 집행 기관 또는 학교 직원에게 연락해야 하는 경우에 대해 교육합니다.

23. 내담자가 집단 괴롭힘의 책임이 본인에게 있다고 믿는지를 평가합니다. 내담자가 폭력의 심각성을 최소화하거나 변명하려는 것에 맞서고 도전합니다.

24. 내담자가 죄책감/자기-비난을 표현할 때, 폭력은 가해자에게 책임이 있는 것이며 가해자가 자신에게 저지른 범죄 행동이라고 관점을 바꾸어 줍니다. 집단 괴롭힘이 일어나고 있으며 내담자가 원인이 아니라는 점을 명확히 함으로써 내담자가 자기-통제감을 다시 획득하도록 돕습니다.

25. 내담자가 폭력에 대하여 한 반응들 중 긍정적인 행동과 말을 파악합니다. 그리고 자신의 행동 결과로 어떤 긍정적 결과가 발전했는지 확인합니다. 내담자의 자신감과 자기주장에

관한 긍정적인 진술의 사용을 강화합니다.

26. 내담자에게 폭력에 의해 촉발된 자기-비난 메시지들을 확인하는 과제를 내줍니다. 그리고 현실에 근거해 가해자를 비난하는 대안적 메시지를 만들도록 합니다. 회기 내에서 성공을 검토하고 강화하며, 실패에 대한 수정 피드백을 제공합니다.

10. 걱정들을 현실적으로 다룰 수 있는 문제 해결 전략들을 배우고 실행합니다. (27, 28)

27. 내담자에게 문제를 구체적으로 정의하고, 문제 해결을 위한 해결책들을 찾고 각 해결책의 장단점을 평가하고, 계획을 실행하고, 계획을 재평가 및 수정하는 방법을 가르칩니다.

28. 내담자에게 현재 문제를 해결하는 과제 (Craske와 Barlow의 『Mastery of Your Anxiety and Worry: Workbook 2판』을 참조하십시오)를 내줍니다. 성공을 검토하고 강화하며 개선을 위한 수정 피드백을 제공합니다.

11. 계속되는 괴롭힘으로부터 보호하기 위한 안전 계획을 개발합니다. (29)

29. 신체적, 정서적 안전을 확립하고 유지하기 위해 취해야 할 조치를 자세히 설명하는 서면 안전 계획을 개발함으로써 내담자를 돕습니다(예: 접근 금지 명령 보내기, 대안적인 경로 사용하기, 학교 관계자 또는 법 집행 기관과 협력하기, 괴롭힘에 반응하지 않고 도움을 요청하기 위해 지지자 쪽으로 걸어가기 등).

12. 학교, 법 집행 기관 또는 직장 당국의 조사에 협조합니다. (30)

30. 내담자에게 학교, 경찰, 또는 직장에 집단 폭력이나 괴롭힘에 대한 보고서를 제출하고 당국과 협력하도록 격려합니다. 내담자에게 자신의 안전을 확보하고 유지해야 할 필요성을 상기시켜 공개에 대한 두려움, 절망감 등과 같은 모든 저항에 맞서게 합니다.

13. 가해자와 내담자가 접촉할 가능성을 줄이기 위해 일상 루틴을 변화시킵 니다. (31, 32)

31. 내담자로 하여금 일주일 동안 신체활동/협 회/집단 등에 참석하거나 활동하는 일상 시 간을 탐색하도록 합니다. 회기 내에서 내담 자의 일상 스케줄을 검토하고 대안(예: 집에 서 다른 시간에 출발/도착하기, 다른 시간에 활동 에 참석하기, 수업 일정 변경하기)을 평가합니 다. 대안적인 일상 루틴을 사용할 때 내담자 의 안전 조치를 모니터링합니다.

32. 학교, 직장 및 기타 활동에서 대안적인 경로 를 파악하도록 내담자를 돕습니다. 가해자와 접촉 가능성을 낮추기 위해 이러한 대체 경 로를 사용하도록 격려합니다. 대체 경로를 사용할 때 내담자의 안전 조치를 모니터링합 니다.

14. 고통 없이 사회, 학업 및 직업 활동 에 계속 참여합니다. (33)

33. 괴롭힘이 시작되기 전의 직장, 학교, 사회 활 동 및/또는 일상으로 돌아가도록 내담자를 격려합니다. 이러한 활동을 점차적으로, 그 러나 필요하다면 꾸준히, 일상생활에 포함시 켜 나갑니다.

___ . _____   ___ . _____
_____   _____

___ . _____   ___ . _____
_____   _____

___ . _____   ___ . _____
_____   _____

📝 진단

ICD–9–CM	ICD–10–CM	DSM–5 Disorder, Condition, or Problem
308.3	F43.0	급성 스트레스장애(Acute Stress Disorder)
309.0	F43.21	우울 기분을 동반한 적응장애(Adjustment Disorder With Depressed Mood)
300.02	F41.1	범불안장애(Generalized Anxiety Disorder)
300.4	F34.1	지속성 우울장애(Persistent Depressive Disorder)
296.2x	F32.x	주요우울장애, 단일 삽화(Major Depressive Disorder, Single Episode)
296.3x	F33.x	주요우울장애, 재발성 삽화(Major Depressive Disorder, Recurrent Episode)
V61.10	Z63.0	배우자나 친밀 동반자와의 관계 고충(Relationship Distress with Spouse or Intimate Partner)
309.81	F43.10	외상후 스트레스장애(Posttraumatic Stress Disorder)
301.0	F60.0	편집성 성격장애(Paranoid Personality Disorder)
301.83	F60.3	경계성 성격장애(Borderline Personality Disorder)
301.6	F60.7	의존성 성격장애(Dependent Personality Disorder)
___	___	___
___	___	___
___	___	___

The Crisis Counseling and Traumatic Events Treatment Planner

4. 아동 학대/방임

📋 행동적 정의

1. 지속적인 신체적 학대의 증거가 되는 회복 시기가 각기 다른 상처, 타박상이 있다.
2. 영아 시기에 성장 장애(연령 기준 5백분위수 미만의 체중) 또는 마구 흔들어서 2차적으로 발생한 뇌손상이 있었다는 의료 문서가 있다.
3. 양육자가 기본적인 주거, 음식, 감독, 의료적 돌봄 또는 지원을 제공하지 않는다.
4. 성적 학대의 증거가 되는 속옷/성기 부위의 혈액, 성병 또는 질이나 항문의 찢어짐 등이 있다.
5. 자신, 부모, 법 집행 기관, 의료 전문가, 교육자 및/또는 아동 보호 서비스 등이 양육자 역할을 하는 사람의 고의적 상해 또는 상해 위협을 보고한다.
6. 학대 상황을 재현하는 반복적인 놀이가 나타난다.
7. 아동의 정상적인 사회적, 심리적 발달을 저해하는 부모나 다른 양육자의 강압적, 비하적 또는 냉담한 행동이 있다.
8. 연장자에 의해 성적 행위나 자료(예: 인쇄된 이미지, 컴퓨터 이미지, 비디오 콘텐츠)에 부적절하게 노출되었다.
9. 성적인 행동에 대해 나이에 맞지 않는 지식 및/또는 관심이 있다.
10. 기분 및/또는 정서의 현저한 변화(예: 우울증, 불안, 과민성)가 있다.
11. 엄지손가락 빨기, 유뇨증, 부모에게 달라붙기 등 생활연령에 맞지 않는 행동이 있다.

12. 악몽을 꾸고 잠들기 어려워한다.

13. 학대에 대한 반복적이고 침습적인 기억이 있다.

14. 학대와 관련된 상황을 회피한다. 학대자로 의심되는 사람이 주위에 있을 때 두려움을 보인다.

15. 학대 기억을 촉발시키는 학대자나 상황에 노출되었을 때 적대감, 분노, 및/또는 공격성의 반응이 폭발적으로 나타난다.

16. 이전에는 즐거움의 원천이었던 또래, 가족, 학교 활동에서 철수가 나타난다.

— . _____
_____

— . _____
_____

— . _____
_____

🎯 장기 목표

1. 아동의 안전을 확립하고 유지합니다.

2. 가족 내에서 적절한 경계를 유지하는 데 필요한 기술을 개발합니다.

3. 학대가 있기 전의 심리적, 정서적, 사회적, 교육적 기능 수준으로 회복합니다.

4. 더 이상 지속적인 고통이나 퇴행 없이 학대 사건을 일상생활 경험 속으로 수용합니다.

5. 동료, 배우자, 내담자 자신의 자녀 등으로 학대의 악순환이 일어나는 것을 예방합니다.

— . _____
_____

— . _____
_____

— . _____
_____

🕐 단기 목표

1. 학대의 성격, 빈도 및 강도를 묘사합니다. (1, 2, 3, 4)

2. 학대 또는 방임과 관련된 의학적 평가와 증거 수집에 협조합니다. (5, 6)

🧠 치료적 개입 전략

1. 안심, 연민과 신뢰를 제공함으로써 아동과의 관계를 적극적으로 발전시킵니다. 연령에 맞는 용어와 면담 전략(예: 바닥에 앉기, 장난감 사용 등)을 사용하여 라포를 형성합니다.

2. 적절한 기관/개인(아동 보호 서비스, 법 집행 기관, 의료 전문가, 학교 직원, 친척)에 아동의 부모나 보호자에 대한 정보를 공개합니다. 학대에 대한 아동의 기억을 입증 및/또는 정교화하기 위하여 학대에 대한 사실적인 세부사항을 알고 있는 사람들과 상의합니다.

3. 여러 번의 조사로 발생할 수 있는 추가 트라우마 및/또는 기억의 조작을 예방하기 위해 법 집행 기관 또는 아동 보호 서비스와 협력하여 아동에 대한 학대 평가(학대에 대한 묘사, 학대가 발생한 시기/장소, 학대가 개인, 사회, 가족 및 교육 활동에 미치는 영향)를 조정하고 평가합니다.

4. 부모의 영향 없이 아동이 자유롭게 표현하고 주장할 수 있게 하기 위해서, 먼저 부모가 참석한 상태에서 아동과 관계를 형성한 다음 학대를 더 알아보기 위해 아동과 별도로 단독으로 만납니다.

5. 의학적 평가를 위해 아이를 소아과 의사, 긴급 치료 또는 응급실로 데려가는 것을 도와줍니다.

6. 증거 수집 및 상해 평가를 위해 아동을 아동 성적 학대 평가 훈련을 받은 소아과 의사에게 의뢰합니다. 양육자가 평가 및 치료의 유의사항을 준수하는지 모니터링합니다.

3. 지속적인 학대로부터 보호하기 위하여 안전 계획에 협력합니다. 당국의 조사에 협력합니다. (7, 8, 9, 10)

7. 아동의 신체적, 정서적 안전을 확립하고 유지하기 위하여 안전 조치(예: 아동 보호 서비스 또는 기타 법 집행 기관에 신고하기, 임시 보호하기, 사생활 존중하기, 아동 앞에서 노골적인 성적 행동 중단하기 등)의 세부사항이 담긴 서면 안전 계획을 개발합니다.

8. 아동에게 안전과 보호를 위한 생활 환경을 제공할 의지와 능력이 있는 아동의 가족/지원 시스템과 함께 상의합니다. 내담자에게 안전이 확립될 때까지 그들(가족/지원 시스템)과 함께 이동할 것을 권장합니다. 유의사항과 진전 상황을 모니터링합니다.

9. 아동이 법 집행 또는 보호 서비스 기관들의 조사에 협력하도록 격려합니다. 내담자에게 자신의 안전을 확보하고 유지해야 할 필요성을 상기시킴으로써 보복에 대한 두려움, 절망감 또는 무력감 등과 같은 그 어떤 저항에도 맞서도록 격려합니다.

10. 식구 중 다른 자녀나 구성원이 암묵적이든 직접적으로든 학대자로부터 위협을 받은 적이 있는지를 탐색합니다. 그리고 다른 사람들에게 나타난 상해의 현실적인 수준을 평가합니다. 위협의 영향을 받은 사람들에게는 자문을 제공하고 모든 우려사항에 대하여 안전을 확보할 수 있는 방법을 확인합니다.

4. 학대 당시 경험한 감정들을 묘사합니다. 그리고 학대가 아동의 일상적인 기능에 얼마나 손상을 일으켰는지를 설명합니다. (11, 12, 13, 14)

11. 아동이 학대에 대한 정서적 반응(공포, 배신, 분노 등)을 표현하도록 돕기 위해 지속적인 눈맞춤, 무조건적인 긍정적 관심, 놀이 치료 기법 등을 통해 아동과 적극적으로 신뢰 수준을 구축합니다(Kaduson와 Schaefer의 『101 Favorite

Play Therapy Techniques』를 참조하십시오). 그리고 그 정서 반응들을 다룹니다.

12. 아동의 정서적, 인지적, 행동적 기능에 영향을 미치는 트라우마 반응의 빈도, 강도 및 기간을 평가합니다(예를 들면, Trauma Symptom Checklist for Children, Childhood Trauma Questionnaire, Reynolds Child Depression Scale과 Child Behavior Checklist와 같은 객관적 도구를 사용합니다).

13. 학대가 시작되었다고 보고된 시기와 일치하는 아동의 행동이나 기분 변화를 파악하기 위하여 학교 또는 보육 담당자와 연락할 수 있도록 부모나 보호자로부터 정보 공개 동의를 얻습니다.

14. 학대가 다시 발생할 것이 두려워 학대자와 마주치는 것을 피해 오는 동안 아동의 삶에 학대가 얼마나 부정적인 영향을 미쳤는지를 알아보는 증상 발달 시간표를 아동과 함께 작성해 봅니다.

5. 두려움, 걱정 또는 불안을 촉진하는 인지 메시지를 파악하고 대체합니다. (15, 16, 17)

15. 학대의 부정적인 정서적 반응을 강화시키는 아동의 왜곡된 인지 메시지를 탐색하기 위해 학대 사실에 대하여 논의합니다.

16. 아동으로 하여금 적응 행동을 증가시키고 두려움, 걱정, 불안을 감소시키며 자신감을 북돋는 현실-기반 인지 메시지들을 개발하도록 돕습니다.

17. 학대에 대한 왜곡된 인지를 파악하고 추적하기 위해 아동에게 표현 예술 기법(그림 그리기, 페인팅, 콜라주, 조각하기)을 사용하는 방법을 가르칩니다. 학대와 관련된 인지적 왜곡

을 보다 현실적인 메시지로 대체하도록 돕습니다.

6. 학대의 책임이 가해자에게 있다는 것을 받아들임으로써 아동이 자기-비난을 확인하고 도전하고 대체하게 합니다. (18, 19, 20)

18. 아동이 학대에 대한 책임이 자신에게 있다고 믿는지를 평가합니다. 학대에 대하여 스스로를 비난하는 내담자의 어떤 자기-대화라도 직면하고 도전합니다. 현실에 기반한 대안적 사고(학대는 내담자가 통제할 수 없는 상황에서 발생한 범죄이며 가해자에게 책임이 있다)를 개발합니다. 회기들이 진행되는 사이에서 성공을 검토하고 강화하며 실패에 대한 교정 피드백을 제공합니다.

19. 아동(또는 부모)이 조금이라도 학대의 심각성을 최소화하거나 정당화하려 한다면 이에 대해 직면하고 도전합니다.

20. 아동이 학대에 대한 책임을 가해자에게 둔다면, 가해자에게 편지를 쓰게 합니다. 아동이 비합리적이고 부당한 죄책감을 느끼지 않도록, 또한 학대로 인해 생긴 아동의 수치심, 분노, 무력감, 두려움, 우울감을 표현하도록 격려합니다. 회기 내에서 이 편지를 다룹니다.

7. 원치 않는 침습적 사고를 관리하기 위해 사고-중지법을 배우고 실행합니다. (21, 22)

21. 아동이 학대에 대하여 약간이라도 플래시백 경험들을 갖고 있는지 탐색합니다. 그리고 학대와 관련된 반복적인 이미지나 기억들을 그리거나 쓰도록 과제를 내줍니다. 회기 내에서 이를 다룹니다.

22. 원치 않는 생각이 떠오르면 즉시 사고 중지법(정지 신호를 생각하고 마음속으로 STOP을 외친 다음 즐거운 장면을 상상하는 것)을 실행하도록 아동에게 가르칩니다. 회기들이 진행되는 사이에 아동의 일상생활에서의 기법 적용

을 모니터링하고 격려합니다(또는 Jongsma의 『Adult Psychotherapy Homework Planner 2판』, '사고-중지법을 사용하기'를 아동과 부모가 함께 작업하도록 과제로 내줍니다).

8. 인지, 감정 및/또는 행동 스트레스 반응을 줄이기 위한 이완 기술을 배우고 실행합니다. (23, 24, 25)

23. 아이에게 이완 기술(예: 심호흡 운동, 점진적 근육 이완, 요가, 바이노럴 사운즈,* 시각화 기술)을 가르치고 이 기술들을 일상생활에 적용하는 방법을 가르칩니다.

24. 학대에 대한 세부 기억들(예: 소리, 시각, 냄새, 감정, 접촉/신체적 접촉 등)을 그래픽으로 묘사하게 합니다. 증상을 줄이기 위해 가장 낮은 수준의 불안을 유발하는 기억부터 시작하여 탈감화 노출 절차를 실행합니다. 성공을 강화하고 개선을 위한 수정 피드백을 제공합니다.

25. 급성 스트레스장애 및/또는 외상후 스트레스장애의 징후와 증상이 있는지 아동을 모니터링합니다. 그에 따라 치료하십시오(이 책의 외상후 스트레스장애 및/또는 급성 스트레스장애를 참조하십시오).

9. 정서적 고통을 경감시키는 행동적 전략들을 실행합니다. (26)

26. 정서적 고통을 경감시키기 위해 대처 전략(예를 들면, 일기 쓰기, 그림 그리기, 숙면 취하기, 이완 훈련 적용하기, 운동하기, 균형 잡힌 식사하기, 상담에 참여하기)을 개발하도록 아동을 돕습니다.

---

* 역자 주: 바이노럴 사운즈는 특정 뇌파 상태를 유도하기 위해 자기 최면 및 바이오피드백 활동에 사용된다. 1839년 프로이센의 물리학자이자 기상학자인 Heinrich Wilhelm Dove는 서로 다른 주파수의 두 톤이 동시에 왼쪽 귀와 오른쪽 귀에 보내질 때 뇌가 처음 두 주파수 사이의 수학적 차이를 나타내는 세 번째 톤을 인식한다는 것을 발견했다. 낮은 톤의 주파수를 듣는 것이 뇌파 활동을 늦추고 불안이나 긴장을 낮추며 개인의 통증을 완화하는 데 도움이 된다는 연구가 있다. 출처: https://www.healthline.com/health/binaural-beats

10. 아동이 더 이상 부적절한 성적 · 공격적 행동을 나타내지 않고 사회적 · 교육적 활동에 계속 참여하게 합니다. (27, 28)

11. 고통이 느껴질 때 아동에게 신체적, 정서적 지지를 제공할 수 있는 사람들을 파악합니다. (29, 30)

12. 학대받은 경험이 있는 아동을 위한 지지 집단에 아동을 참여시킵니다. (31)

13. 부모들은 자녀를 효과적으로 훈육할 수 있는 갈등 해결 기술을 배우고 실행합니다. (32, 33, 34, 35)

27. 아동에게 좋은 신체적 접촉과 나쁜 접촉에 대해 가르칩니다(Connor의『Good Touch, Bad Touch: Learning About Proper and Improper Touches』를 참조하십시오).

28. 아동이 스스로 취약하다고 느꼈던 상황들을 확인하고 또래와 가족 관계의 역사를 아동과 함께 검토합니다.

29. 아동이 지지적으로 느끼고 의지할 수 있는 사람들을 확인하기 위해 생태 지도를 그려 보게 합니다. 이 지도를 검토하고 지지적인 사람들과 더 빈번하게 소통하도록 격려합니다. 회기 내에서 진전을 검토하고 저항과 불이행을 다룹니다.

30. 안전하지 않음, 두려움, 불안 등의 감정을 경감시키기 위해 아동으로 하여금 지지체계들과 일상적으로 소통하도록 격려합니다.

31. 유사한 학대 경험을 가진 아동들에게 초점을 둔 지지 집단에 이 아동을 연계합니다. 아동에게 그 그룹 안에서 다른 사람들과 학대 경험과 그 영향을 나누도록 격려합니다.

32. 자녀의 안전과 적절한 부모 훈육방법을 확립하고 유지하는 데 필요한 기술(예: parentinginformed.com, Parents Anonymous, Parentingclass.net, Cline과 Fay의『Discipline With Love and Logic』을 참조하십시오)을 개발하는 치료에 부모들을 의뢰합니다. 부모의 출석 준수를 모니터링하고 참여 거부나 결석의 경우 이를 직면시킵니다. 필요에 따라 아동 보호 서비스에 불이행 사실을 알립니다.

33. 부모에게 비폭력적 훈육 방법들(예: 타임아 웃 사용하기, 누릴 수 있는 특권을 제거하기, Phelan의 『1-2-3 Magic: Effective Discipline for Children 2-12』를 사용하기)을 교육하고 함께 역할극을 해 봅니다. 성공을 강화합니다.

34. 부모에게 효과적인 훈육에 관한 자기 도움 책 을 읽도록 권장하고(Phelan의 『1-2-3 Magic: Effective Discipline for Children 2-12』, Cline과 Fay의 『Parenting With Love and Logic』, Leman의 『Making Children Mind Without Losing Yours』), 읽은 내용을 다룹니다.

35. 공동 회기에서 효과적인 훈육 연습을 강화시 키기 위해 부모에게 효과적인 분노 관리 기술 (벗어나기, 심호흡하기, 10까지 세기, 안아 주기 대 때리기의 가치 비교, 정중한 의사소통, 공격적 이지 않은 주장하기, 타협하기)을 교육합니다. 개선을 위해 모델링, 역할극, 행동 리허설을 사용합니다.

14. 부모는 자신의 심리사회적 스트레스 요인을 현실적으로 다루기 위하여 효과적인 문제 해결 전략을 배우고 실행합니다. (36, 37)

36. 특정 사회적 스트레스 요인(한정된 재정 상태, 고립감, 기본적인 욕구의 결핍)과 관련하여 문 제 해결 전략을 가르칩니다. 문제 해결을 위 한 해결 방안들을 만들고 이 방안들의 장단 점을 평가합니다. 행동 계획을 세우고 실행 합니다. 계획을 재평가하고 수정합니다.

37. 부모를 지역의 복지 부서에 의뢰하여 사회적 스트레스 요인을 해결하는 데 도움이 되는 지역사회 자원들(주택 프로그램, AFDC, WIC 등)을 알아보게 합니다. 얻어진 정보를 검토 합니다. 유의사항을 준수하는지 모니터링합 니다.

15. 부모는 자신이 학대받았던 아동기 경험과 현재 자신의 학대 행위 사이의 관계를 이해하고 이를 말로 표현합니다. (38, 39)

38. 감정적, 언어적, 신체적, 성적인 학대 및/또는 근친상간이 포함된 과거의 관계를 파악하기 위해 부모들을 가계도 그리기에 참여시킵니다. 그리고 이 관계들이 자신의 자녀를 학대하는 데 어떻게 영향을 미쳤는지 토론합니다.

39. 학대 행위의 이유를 파악하도록 한 부모의 어린 시절 경험을 탐색합니다. 그리고 행동에 대한 적절한 한계와 경계를 가르칩니다.

_____

_____

_____

📝 진단

ICD-9-CM	ICD-10-CM	DSM-5 Disorder, Condition, or Problem
309.81	F43.10	외상후 스트레스장애(Posttraumatic Stress Disorder)
308.3	F43.0	급성 스트레스장애(Acute Stress Disorder)
309.0	F43.2x	적응장애(Adjustment Disorder)
995.52	T74.02XA	아동 방임, 확인됨, 초기 대면(Child Neglect, Confirmed, Initial Encounter)
995.52	T74.02XD	아동 방임, 확인됨, 후속 대면(Child Neglect, Confirmed, Subsequent Encounter)
995.53	T74.22XA	아동 성적 학대, 확인됨, 초기 대면(Child Sexual Abuse, Confirmed, Initial Encounter)

995.53	T74.22XD	아동 성적 학대, 확인됨, 후속 대면(Child Sexual Abuse, Confirmed, Subsequent Encounter)
307.47	F51.5	악몽장애(Nightmare Disorder)
313.81	F91.3	적대적 반항장애(Oppositional Defiant Disorders)
___	___	_____
___	___	_____

The Crisis Counseling and Traumatic Events Treatment Planner

5. 범죄 피해자 트라우마

📄 행동적 정의

1. 누군가 다른 사람에게 일어난 실제 죽음이나 살해 위협 또는 심각한 상해나 자신에게 일어난 손실(예: 납치, 차량 절취, 가택 침입/강도, 성폭행), 또는 직장 위기(예: 강도, 인질, 폭탄 위협)와 같은 범죄에 노출되었다.
2. 운동이나 친교 행사와 같은 학교 활동에 참여하거나 출석한 후 갑자기 학생이 사망하였다.
3. 범죄와 관련된 반복적이고 침습적이고 충격적인 기억, 플래시백 및 악몽이 있다.
4. 범죄 사건 후 자살 또는 타해에 대한 생각을 선동하거나 공개하는 행위가 나타난다.
5. 범죄 사건 후 집중하거나 지시에 따르기가 어렵다.
6. 범죄 사건 후 술이나 기타 기분 전환 물질의 사용이 증가한다.
7. 자신에게 죽음이나 상해가 일어날 것이라는 지속적인 두려움이 있다.
8. 범죄 사건 후 일상생활에 지장을 줄 정도로 타인에 대한 의심과 불신을 경험한다.
9. 사회적 위축 및 고립이 있으며 특정 장소를 회피한다.
10. 범죄 사건 후 정서 조절이 안 된다.
11. 다른 사람이 사망한 범죄에서 자신이 살아남은 것에 대한 죄책감이 있다.
12. 범죄 사건 후 전형적인 수면 패턴의 문제가 나타난다.

13. 가슴 통증, 흉부 압박감, 식은땀, 숨가쁨, 근육 긴장, 두통, 배탈, 심계항진, 구강 건조
등의 신체적 증상이 있다.

— . _____

_____

— . _____

_____

— . _____

_____

🎯 장기 목표

1. 일상 활동 재개를 포함하여 위기 이전의 기능 수준으로 회복합니다.
2. 적절한 수준으로 정서적, 행동적, 인지적 기능을 회복합니다.
3. 신체적 불편감이 줄어듭니다.
4. 미래에 대한 의미를 새롭게 정립합니다.
5. 자신과 가족의 안전감을 회복합니다.
6. 건강하고 적절한 관계를 새롭게 형성합니다.

— . _____

_____

— . _____

_____

— . _____

_____

🕐 단기 목표

1. 사고로 인한 부상 치료를 위해 의료 서비스를 요청합니다. (1, 2)

2. 법 집행 기관에 신고합니다. (3)

3. 충격적인 사건에 대한 내담자의 지각을 탐색합니다. (4)

4. 신뢰할 수 있는 가족 및 친구들과 범죄 사건에 대하여 사실, 생각과 느낌들을 나눕니다. (5, 6, 7)

5. 사건 중에 했던 자신의 행위에 대해 사후 추정으로 보고하기보다는 자신에 대한 확신감을 가지고 보고하게 합니다. (8, 9)

🗨 치료적 개입 전략

1. 내담자가 응급 구조 요원이나 응급 병원, 치료 시설의 즉각적인 치료를 받을 수 있도록 돕습니다.

2. 의학적 평가 및 치료를 위해 내담자를 의사에게 의뢰합니다.

3. 필요한 경우 내담자가 현지 법 집행 기관에 사건 보고서를 제출하도록 의뢰하고 지원합니다.

4. 내담자의 안전을 보장합니다. 그리고 내담자가 범죄 사건의 상세한 내용을 이야기하는 동안 가능한 한 편안하게 이야기하게 합니다(또는 Jongsma의 『Adult Psychotherapy Homework Planner 2판』, '고통스러운 기억을 공유하기' 작업 과제를 줍니다). 정서적, 행동적, 인지적 반응을 탐색하기 위해 적극적 경청 기술을 사용합니다.

5. 내담자가 범죄 사건 경험을 나눌 수 있는 믿을 만한 가족과 친구들을 확인하도록 도와줍니다.

6. 내담자가 전문 치료자, 가족 및/또는 신뢰할 수 있는 친구와 정서적, 행동적, 인지적 반응을 나누도록 격려하고 촉진합니다.

7. 지역사회의 다른 사람들에게 범죄에 대한 정보를 공개하기 위해 내담자와 역할-연기를 해 봅니다. 이 연습에 대한 반응들을 다룹니다.

8. 범죄 사건 전과 범죄가 진행되는 동안 내담자가 경험한 느낌과 사고를 탐색합니다. 그리고 내담자의 반응들은 이러한 위기 상황에서 나타나는 전형적인 자동적 행동과 정서적 반응들이라고 안심시킵니다.

9. 범죄 사건 중 일어난 사실들과 이해 가능한 내담자의 반응들에 초점을 맞춤으로써 내담자

로 하여금 자신에 대한 부정적인 평가에서 현실적이고 비판단적인 가치 판단으로 관점을 전환하게 합니다.

6. 사건에 대처하는 방법으로 술이나 기타 기분 전환 물질에 의존하는 내담자의 자가처방적 약물 사용 방식을 감소시킵니다. (10)

10. 내담자에게서 트라우마에 대처하는 수단으로 트라우마 사건 이후 술이나 기타 기분 전환 물질 사용이 증가하는지를 평가합니다. 이러한 부적응적 대처 행동을 계속 모니터링하고 억제하며 필요한 경우 중독치료를 의뢰합니다.

▽ 7. 범죄로 인한 불안한 반응들을 관리하기 위해 안정화와 대처 전략들을 학습하고 실행합니다. (11)

11. 범죄 사건에 대한 내담자의 비현실적 두려움을 관리하기 위해 이완 및 호흡과 같은 스트레스 면역 훈련 기술을 가르칩니다. ▽

▽ 8. 범죄 사건에 대한 편향적이고 두려운 자기-대화를 확인하고 도전하며 현실에 기반한 긍정적인 자기-대화로 대체합니다. (12, 13)

12. 사건 관련 두려움을 유발하는 내담자의 도식과 자기-대화를 탐색합니다. 부정적인 편견에 도전합니다. 그리고 편견을 수정하고 자신감을 갖게 하는 가치 판단을 형성하도록 도움을 줍니다(또는 Jongsma의 『Adult Psychotherapy Homework Planner 2판』, '부정적인 사고가 부정적인 정서를 유발한다' 과제를 내줍니다). ▽

13. 내담자에게 범죄 사건에 대한 두려운 자기-대화를 확인하게 하고 현실에 기반한 대안을 만드는 숙제(예: 일기 쓰기 또는 긍정적인 자기-대화가 있는 플래시 카드를 쓰고 검토하기 등)를 내줍니다. 성공을 검토하고 강화하고 실패에 대한 수정 피드백을 제공합니다(또는 Jongsma의 『Adult Psychotherapy Homework Planner 2판』, '긍정적인 자기-대화하기'를 숙제로 내줍니다). ▽

▽ 9. 트라우마에 대한 생각이 현저한 고통을 일으키지 않을 때까지 관련 기억에 대한 실제 유사 상황

14. 내담자로 하여금 트라우마 관련 자극에 대한 두려움과 회피의 위계표를 만들도록 돕습니다. ▽

노출(in vivo exposure)에 참여
합니다. (14, 15, 16)

15. 내담자가 그 범죄 사건 중에 경험했던 것과 유사한 반응을 일으키는 자극에 노출하는 연습 과제를 줍니다. 그리고 반응을 기록합니다 (Jongsma의 『Adult Psychotherapy Homework Planner 2판』, '점진적으로 공포감 감소하기' 과제를 내줍니다). ▽

16. 내담자가 선택한 범위 내에서 점차 그 범죄의 세부 묘사를 늘려 가면서 트라우마에 대한 상상적 노출을 사용하여 범죄에 대한 불안을 감소시킵니다. 관련 불안이 안정될 때까지 반복합니다. 진행 과정에서 방해물을 검토하여 해결하고 안정화를 강화합니다. ▽

▽ 10. 가족들과 그 범죄 사건에 관해 이야기 나눌 때 보다 건강한 의사소통 기술을 개발합니다. (17, 18)

17. 범죄 사건에 관해 이야기할 때 사용할 건강한 의사소통 기술(예: 반영적 경청하기, 눈맞춤하기, 존중하기 등)을 가족에게 가르칩니다. ▽

18. 주장적 의사소통, 긍정적인 피드백 제공하기, 적극적으로 경청하기, 행동 변화를 위해 다른 사람에게 긍정적으로 요청하기, 진실하고 존중적인 태도로 부정적인 피드백을 제공하기 등을 포함한 가족 의사소통 기술을 인지 행동 기법(모델링, 역할극, 교정적 피드백, 긍정적 강화)으로 가르칩니다. ▽

11. 지역사회에서 제공하는 자조 그룹에 참석합니다. (19)

19. 내담자에게 자원봉사 기회(예: Crime Stopper, Block Watch, Victims of Violent Crime Agency와 같은 지역사회 자원)뿐만 아니라 지역사회에 기반한 집단과 온라인 자조 집단을 소개합니다.

12. 적당한 시기에 일반적인 일상으로 돌아갑니다. (20, 21, 22)

20. 적절한 식습관과 개인 위생 습관을 유지하는 것의 중요성에 대해 내담자를 교육합니다. 그리고 이를 달성할 수 있는 방법을 계획하도록

돕습니다.

21. 내담자의 수면 패턴에 대해 탐색하고 숙면을 돕는 전략들을 제시합니다(예: 일기 쓰기, 이완 기법).

22. 내담자가 즐겁게 일상 활동을 재개하도록 돕습니다.

13. 범죄 사건과 관련된 비합리적인 죄책 감의 해결을 언어화합니다. (23, 24)

23. 내담자가 가질 수 있었던 것, 해야 했던 것 또는 되어야 한다고 여기는 것에 대해 질문함으로써 내담자의 후회를 탐색합니다.

24. 범죄 사건에 대한 내담자의 비합리적인 죄책 감을 반박하고 비합리적인 생각을 탐색하여 현실적인 생각으로 대체합니다.

14. 과거의 범죄 사건보다는 현재에 초점을 맞춥니다. (25, 26)

25. '왜'라는 질문에 답을 찾고자 하는 내담자의 욕구는 인정합니다. 그러나 내담자의 초점을 '왜'라는 질문에서 그 질문 이면에 깔린 정서를 확인하는 방향으로 관점을 전환하게 합니다.

26. 내담자의 위험 지각을 논의합니다. 그리고 현재의 깨어 있는 느낌을 표현하고 안전한 느낌을 유지하는 데 초점을 맞춥니다.

15. 범죄로 인한 재정적 결과에 건설적으로 대응하는 계획을 실행합니다. (27, 28, 29)

27. 범죄 사건이 내담자의 재정적 손실에 미친 영향에 대해 탐색합니다(예: 소득 감소, 청구서 지불, 대출 모기지론 등).

28. 내담자로 하여금 경제적 지원의 자원들(예: 생명 보험, 가족 및 친구, 정부의 피해자 프로그램 등)을 알아보도록 돕습니다.

29. 내담자에게 경제적 필요를 충족하는 방법에 대한 계획을 작성하도록 요청합니다(예: 채권자에게 청구서 지불 연장을 요청하기 위해 연락한다). 내담자와 함께 계획을 검토합니다.

16. 현재의 정서적 고통을 감소시키기 위해 이전에 사용했던 건강한 스트레스 관리 전략들을 확인하고 실행합니다. (30)

17. 범죄 사건으로 인해 얻게 된 긍정적인 결과를 알아봅니다. (31)

18. 애도가 일상생활에 지장을 준다면 정신건강 서비스 이용에 동의합니다. (32, 33, 34)

▽EBT 19. 트라우마에 대하여 지속적인 기능장애 반응이 있는지를 판단하기 위해 객관적인 평가를 수행하는 데 협력합니다. (35, 36)

30. 다른 트라우마 사건들을 경험했던 내담자의 이력을 탐색하고 당시에 사용했던 건강한 대처 메커니즘을 발견합니다. 현재 사건에 이러한 전략을 사용하도록 격려합니다.

31. 범죄 사건 이후 나타난 긍정적인 회복 및 탄력성과 같은 긍정적인 변화들(예: 가족이 더 가까워짐, 미래에 대해 더욱 감사하기)을 탐색하고 알아보기 위해 내담자와 함께 재구성을 사용합니다.

32. 내담자에게 범죄 사건 경험으로 인한 플래시백, 우울증, 자살 사고와 기타 공존질환이 나타난다면 추가적인 치료가 필요함을 교육합니다.

33. 내담자에게 사용 가능한 정신건강 서비스 목록을 제공합니다.

34. 내담자에게 위기 및 트라우마로부터 회복에 관한 팸플릿과 참고자료를 제공합니다.

35. 회복 과정을 모니터링하기 위해 위기 및 트라우마 상황을 측정하는 평가 도구들(예: Triage Assessment Form: Crisis Intervention-Revised, Symptom Checklist-90-Revised, Trauma Symptom Checklist 또는 치료 가이드)을 내담자에게 실시합니다. ▽EBT

36. 필요하다면 내담자의 자살 및 살인 위험성 평가를 수행합니다. ▽EBT

___. _____
_____

___. _____
_____

___. _____
_____

___. _____
_____

— . _____   — . _____

_____   _____

📝 진단

ICD-9-CM	ICD-10-CM	DSM-5 Disorder, Condition, or Problem
V62.82	Z63.4	단순 사별(Uncomplicated bereavement)
296.2x	F32.x	주요우울장애, 단일 삽화(Major Depressive Disorder, Single Episode)
300.02	F41.1	범불안장애(Generalized Anxiety Disorder)
305.00	F10.10	경도 알코올사용장애(Alcohol Use Disorder, Mild)
308.3	F43.0	급성 스트레스장애(Acute Stress Disorder)
309.0	F43.21	우울 기분을 동반한 적응장애(Adjustment Disorder With Depressed Mood)
309.81	F43.10	외상후 스트레스장애(Posttraumatic Stress Disorder)
_____	_____	_____
_____	_____	_____

6. 응급 서비스 요원들(ESPs)이 겪는 중대 사고들

📄 행동적 정의

1. 근무 중인 동료가 심각하게 다치거나 사망하였다.

2. 동료가 자살하거나 예상치 못하게 사망하였다.

3. 응급 서비스 활동 결과로 민간인이 심각하게 다치거나 예기치 않게 사망하였다.

4. 장기적인 구조 활동/영웅적 노력 이후에 환자가 사망하였다.

5. 다수의 사망자나 대량 살상 사건을 경험하였다.

6. 구금 중인 대상자(예: 감옥/교수형)가 총살, 자살 또는 치명적인 무력을 사용하였다.

7. 응급 서비스를 제공한 후 감정을 조절할 수 없다.

8. 응급 서비스 활동 제공 후 충격, 불신, 혼란, 무력감, 통제력 상실 등의 반응 및/또는 과민성, 불안, 절망, 두려움, 분노 등을 일으키는 생존자 죄책감이 있다.

9. 두통, 메스꺼움, 흔들거림/떨림, 피로, 배탈, 설사 및/또는 혈압 상승과 같은 건강상의 변화를 경험한다.

10. 전형적인 수면 패턴의 장애, 정상적인 식욕의 부진 문제와 기타 일상적인 활동에서의 장애가 생긴다.

11. 결혼 불화, 가정 폭력 및/또는 아동 학대 등의 원인이 되는 가족들 간의 긴장이 증가한다.

12. 응급 서비스 활동 후 술이나 기타 기분 전환 물질 사용이 지속적이고 현저하게 증가

한다.

13. 사건에 대한 생각, 꿈, 플래시백이나 반복되는 이미지로 사건을 재경험한다.

14. 응급 서비스 제공 이후 이인화, 기억력 손상 및/또는 짧은 주의 지속 시간 등을 경험한다.

15. 정상적인 일상 업무의 책임과 활동에서 위축되어 사기가 저하되었다.

16. 의사결정 기술에 대한 자신감이 감소한다.

17. 의사소통에 대한 저항이 나타나거나 '블랙' 유머를 과도하게 사용한다.

— . _____
  _____
  _____
— . _____
  _____
  _____
— . _____
  _____

🎯 장기 목표

1. 일상 활동 재개를 포함하여 위기 이전의 기능 수준으로 회복합니다.

2. 적절한 수준의 정서적, 행동적, 인지적 기능을 회복합니다.

3. 신체적 불편감이 줄어듭니다.

4. 미래에 대한 의미를 새롭게 수립합니다.

5. 자신과 동료에게 안전감이 회복됩니다.

6. 직무 수행 능력에 대한 자신감을 회복합니다.

— . _____
  _____
  _____
— . _____
  _____
  _____
— . _____
  _____

🕐 단기 목표

🔻 1. 트라우마로 역기능 반응이 나타나는지 여부를 판단하기 위하여 객관적인 평가 도구를 수행하는데 협력합니다. (1)

2. 사건에 대한 내담자의 지각을 탐색하고 말로 표현하게 합니다. (2, 3)

3. 사고로 발생한 신체적 부상이나 증상을 확인합니다. (4)

4. 사고 중에 자신이 취한 행동에 대해 사후 추정을 하기보다는 확신감을 가지고 보고하게 합니다. (5, 6)

🗣 치료적 개입 전략

1. 내담자에게 필요한 개입을 안내하기 위해, 위기 및 트라우마 상황 측정을 위한 평가 도구를 사용하여 사건에 대한 응급 서비스 요원들(ESPs)의 정서적, 행동적, 인지적 반응을 평가합니다(예: Triage Assessment Form: Crisis Intervention-Revised, Symptom Checklist-90-Revised, Trauma Symptom Checklist, Traumatic Life Events Questionnaire, Trauma Symptom Inventory-2, Beck Depression Inventory-II). 🔻

2. 응급 서비스 요원들(ESP)의 안전을 보장합니다. 그리고 적극적 경청 기술을 사용하여 감정적, 행동적, 인지적 반응을 탐색합니다. 내담자가 편안히 말할 수 있는 범위 내에서 가능한 한 상세하게 트라우마를 설명하게 합니다(또는 Jongsma의 『Adult Psychotherapy Homework Planner 2판』, '고통스러운 기억을 공유하기' 과제를 내줍니다).

3. ESP가 전문 치료자, 가족 및/또는 신뢰할 수 있는 친구와 정서적·인지적 반응을 공유하도록 격려하고 촉진합니다.

4. 내담자가 받았던 의료 서비스를 탐색하고 필요한 경우 ESP를 의사에게 의뢰합니다.

5. ESP에게 사고가 일어나기 전과 사고 중 내담자의 행동을 유발한 생각의 과정을 공유하도록 요청합니다. 그리고 내담자가 잘 훈련되었기 때문에 그러한 자동적 행동을 할 수 있었다고 안심시킵니다.

6. ESP가 사고가 일어나는 동안 언제 자신의 수행을 부정적으로 평가하는지를 직면하게 합

니다. 그리고 실제 발생한 사실들과 합리적이고 전문적인 대응에 초점을 맞춤으로써, 보다 현실적이고 비판단적으로 자신을 바라보도록 가치 판단의 관점을 전환합니다.

5. 사건에 대처하는 방법으로 술이나 기타 기분 전환 물질에 의존하는 내담자의 자가처방적 약물 사용 방식을 감소시킵니다. (7)

7. 사고 이후 트라우마에 대한 대처 수단으로 술이나 기타 기분 전환 물질 사용이 증가한다면 이에 대해 ESP를 평가합니다. 이러한 부적응적 대처 행동을 지속적으로 모니터링하고 억제시킵니다. 필요한 경우 중독 치료에 의뢰합니다.

▽ᴱᴮᵀ 6. 그 사건에 대한 반응을 관리하기 위해 안정화와 대처 전략들을 실행합니다. (8)

8. 스트레스 예방부터 두려움 관리까지 ESP에게 이완, 호흡 조절, 내적 모델링(즉, 전략의 성공적인 사용을 상상하기) 및/또는 역할극(즉, 치료자 또는 신뢰할 수 있는 친구와 함께)을 숙달감을 느낄 만큼 가르칩니다. ▽ᴱᴮᵀ

▽ᴱᴮᵀ 7. 편향적이고 두려움에 찬 자기-대화를 알아내어 도전하고 현실에 기반한 긍정적인 자기-대화로 대체합니다. (9, 10)

9. ESP로 하여금 자신의 도식과 자기-대화를 통해 사건 관련 두려움들을 탐색하게 합니다. 부정적인 편견에 도전하고 이 편견들을 수정하여 자신감을 갖게 하는 가치 판단을 형성하도록 도움을 줍니다(또는 Jongsma의 『Adult Psychotherapy Homework Planner 2판』, '부정적인 사고가 부정적인 정서를 유발한다'를 과제로 내줍니다). ▽ᴱᴮᵀ

10. ESP에게 숙제를 할당합니다(예: 두려움에 찬 자기-대화를 나열하고 현실에 기반한 대안들이 포함된 메모 카드 만들기). 성공을 검토하고 강화하며 실패에 대한 수정 피드백을 제공합니다(또는 Jongsma의 『Adult Psychotherapy Homework Planner 2판』, '긍정적인 자기-대화 하기'를 과제로 내줍니다). ▽ᴱᴮᵀ

8. 동료들과 그 사건에 대한 느낌과 지각을 토론합니다. (11, 12)

9. 친구, 가족, 동료와의 교류를 통해 고립과 위축을 방지합니다. (13, 14)

10. 내담자의 정서적 고통을 감소시키기 위하여 현재 실행 가능한 과거 건강한 스트레스 관리 전략들을 알아봅니다. (15)

11. 트라우마 사건으로부터 얻게 된 건강하고 건설적인 결과들을 알아냅니다. (16)

▽ᴱᴮᵀ 12. 향후 나타날 트라우마 관련 반응을 관리하기 위하여 재발 방지 전략들을 실행합니다. (17, 18)

11. 트라우마 사건에 대해 서로 이야기 나눌 수 있도록 트라우마 피해자(가급적 다른 ESP들)를 위한 집단 치료에 해당 ESP를 의뢰합니다. 집단은 구조화된 집단(예: 심리적 디브리핑 집단)이나 과정 집단일 수 있습니다.

12. 트라우마 사건으로부터의 회복에 초점을 맞춘 비구조화된 ESP 자조 집단에 ESP를 의뢰합니다.

13. 해당 ESP가 다른 ESP들과 적절하게 상호작용할 수 있는 친교 기회(예: 오찬)를 갖도록 돕습니다.

14. ESP가 회복 기간 중에 자신을 지지해 주고 신뢰할 수 있는 가족, 친구 및/또는 기타 사회 시스템에 접촉하도록 돕습니다.

15. 해당 ESP가 경험한 다른 트라우마 사건 이력들을 탐색합니다. 그리고 당시에 사용되었던 건강한 대처 메커니즘들을 평가합니다. 그리고 현재 사건에 이러한 전략들을 사용하도록 격려합니다.

16. 사건 이후 나타난 긍정적 회복 및 탄력성과 관련하여 건강하고 건설적인 변화들(예: 가족과 더욱 가까워짐, 미래에 대한 감사가 많아짐)을 탐색하고 알아보기 위해 재구성을 사용합니다.

17. 재발이 일어날 수 있는 미래 상황 또는 환경을 파악하고 이러한 촉발 상황의 관리를 해당 ESP와 함께 리허설합니다. ▽ᴱᴮᵀ

18. 향후 촉발 상황에서 사용 가능한 대처 전략들과 기타 중요한 정보(예: "스스로 속도를 조절하라", "너는 관리할 수 있다", "천천히 호흡하라")가 담긴 '대처 카드'를 개발합니다. 이 카드는 해

13. 트라우마 사건에 대해 이야기할 때에는 가족 구성원들로 하여금 건설적인 의사소통 기술을 사용하게 합니다. (19)

14. 사망한 동료의 장례식에 참석합니다. (20)

15. 일상적인 루틴 활동에 다시 참여합니다. (21)

16. 내담자로 하여금 자신의 회복 과정을 모니터링하고 트라우마에 대한 부적응 반응이 나타나면 상담을 받게 합니다. (22, 23, 24)

당 ESP에 의해 쓰인 것이어야 합니다.

19. ESP가 느끼는 스트레스가 많은 업무에 대해 해당 ESP가 가족 구성원들과 이야기 나눌 때 사용할 수 있는 건강한 의사소통 기술(예: 반영적 경청하기, 눈맞춤하기, 존중하기 등)을 가르치기 위해 ESP의 가족 구성원을 만납니다.

20. 애도 과정을 촉진하기 위해 해당 ESP에게 동료의 장례식에 참석하도록 격려합니다. 이후 내담자의 반응을 탐색하고 다룹니다.

21. ESP로 하여금 일상 활동에서 즐거움을 주는 루틴을 파악하도록 돕고 이러한 활동을 재개하도록 격려합니다. 후속 활동을 모니터링합니다.

22. 트라우마 사건에서 회복이 되지 않았을 때 나타나는 심리적 공존질환들에 대해 ESP를 교육합니다. 부적응 반응들이 지속되는 경우(예: 수면장애, 과민성, 지나친 경계심, 우울증, 생존자 죄책감 등)에는 상담받을 계획을 세우도록 합니다.

23. 위기 및 트라우마 사건으로부터의 회복에 관한 팸플릿 및 기타 참고자료를 제공합니다.

24. 해당 ESP에게 이용 가능한 상담 의뢰 자원 목록을 제공합니다.

📝 진단

ICD-9-CM	ICD-10-CM	DSM-5 Disorder, Condition, or Problem
V62.82	Z63.4	단순 사별(Uncomplicated Bereavement)
V62.2	Z56.9	고용과 관련된 기타의 문제(Other Problem Related to Employment)
V61.10	Z63.0	배우자나 친밀 동반자와의 관계 고충(Relationship Distress with Spouse or Intimate Partner)
296.2x	F32.x	주요우울장애, 단일 삽화(Major Depressive Disorder, Single Episode)
300.21	F40.00	광장공포증(Agoraphobia)
300.01	F41.0	공황장애(Panic Disorder)
300.02	F41.1	범불안장애(Generalized Anxiety Disorder)
305.00	F10.10	경도 알코올사용장애(Alcohol Use Disorder, Mild)
308.3	F43.0	급성 스트레스장애(Acute Stress Disorder)
309.0	F43.21	우울 기분을 동반한 적응장애(Adjustment Disorder With Depressed Mood)
309.81	F43.10	외상후 스트레스장애(Posttraumatic Stress Disorder)

The Crisis Counseling and Traumatic Events Treatment Planner

7. 우울

📄 행동적 정의

1. 트라우마 사건 결과와 관련된 우울한 기분이 있다.

2. 식욕 부진, 체중 감소가 있다.

3. 활동에 대한 흥미나 즐거움이 감소하였다.

4. 짜증을 부리고 성마르다.

5. 이유 없이 통제할 수 없는 울음을 터뜨리거나 눈물을 흘린다.

6. 불면증 또는 수면 과다가 있다.

7. 에너지 부족/피로가 있다.

8. 정기적으로 목욕, 샤워, 옷 갈아입기 및/또는 양치질을 하지 않는다.

9. 집중력이 떨어지고 우유부단하다.

10. 감정이 제한되고 둔마되어 나타난다.

11. 사회적 철수가 있다.

12. 자살 사고 및/또는 행동을 한다.

13. 무망감, 무가치함이나 부적절한 생존자 죄책감이 있다.

14. 낮은 자기-존중감을 보인다.

15. 미해결된 애도 이슈가 있다.

16. 기분과 관련된 환각 또는 망상이 있다.

17. 만성이나 재발성 우울증으로 항우울제를 복용했거나 입원했거나 외래 치료를 받은 병력이 있다.

18. 과거의 상실(사망, 이혼, 별거 등)과 실수에 대한 반추가 있다.

— . _____

_____

— . _____

_____

— . _____

_____

🎯 장기 목표

1. 우울한 기분이 완화되고 병전의 효과적인 기능 수준까지 회복됩니다.

2. 우울 증상을 완화시키고 재발을 예방하는 데 도움이 되는 자신과 세계에 대한 건강한 인지적 패턴 및 신념들을 개발합니다.

3. 현재의 갈등이나 문제들을 효과적으로 해결할 수 있는 건강한 대인관계를 개발합니다.

4. 기분을 정상화하고 이전의 적응적인 기능 수준으로 회복하기 위하여 상실에 대해 적절하게 애도합니다.

— . _____

_____

— . _____

_____

— . _____

_____

⏰ 단기 목표

1. 현재와 과거의 우울 경험을 표현합니다. 그리고 우울이 내담자의 기능에 미친 영향과 이를 해결하려고 했던 시도들을 표현합니다. (1, 2)

2. 가능하다면, 우울 기분의 원천을 언어적으로 확인합니다. (3, 4, 5)

3. 우울의 정도를 평가하기 위하여 심리검사를 수행합니다. (6)

4. 자살 시도 이력과 현재 자살 충동을 말로 표현합니다. (7)

👥 치료적 개입 전략

1. 현재와 과거의 기분 삽화의 형태, 빈도, 강도, 기간(예를 들면, 임상 인터뷰가 포함된 환자 건강 설문지로)을 평가합니다.

2. 내담자의 과거 우울 삽화를 검토합니다. 그리고 과거 우울 삽화에서 사용했던 대처 메커니즘은 무엇이었는지 검토합니다. 이 중 성공적이었던 것들을 탐색하고 내담자가 이를 반복할 수 있도록 격려합니다.

3. 내담자에게 자신을 우울하게 하는 것에 관한 리스트를 작성하도록 요청합니다.

4. 우울의 느낌을 명확히 하고 그 원인에 대한 통찰을 얻기 위해 내담자에게 우울의 느낌들을 나누도록 격려합니다.

5. 내러티브 접근을 사용하여 내담자로 하여금 그 문제에 이름을 붙여서 외재화하도록 합니다(Monk, Winslade, Crocket과 Epston의 『Narrative Therapy in Practice: The Archaeology of Hope』를 참조하십시오).

6. 우울증과 자살 위험의 정도를 평가하기 위해 자가 보고 측정(예: Beck Depression Inventory-II 또는 Beck Hopelessness Scale)을 시행합니다. 결과를 평가하고 내담자에게 피드백을 제공합니다.

7. 자살 충동과 행동에 대한 내담자의 과거력과 현재 상태를 탐색합니다(Jongsma, Peterson과 Bruce의 『The Complete Adult Psychotherapy Treatment Planner 4판』, '자살 사고' 챕터를 참고하십시오).

5. 더 이상 자해사고가 없다고 진술합니다. (8, 9)

▽ 6. 향정신성 약물치료를 위해 의사 또는 정신과 의사의 평가에 협조합니다. (10, 11)

▽ 7. 우울을 지지하는 자기–대화를 파악하고 대체합니다.

(12, 13, 14, 15)

8. 내담자의 자살 가능성을 평가하고 모니터링합니다.

9. 내담자가 자신을 해할 가능성이 있다고 판단되는 경우 필요에 따라 정신과 입원을 연계합니다.

10. 의사나 정신과 의사에게 의뢰하여 내담자에게 우울증의 기질적 원인이 있는지 평가합니다. 기질적 원인이 아니라면 필요하다고 판단되는 경우 향정신성 약물의 필요성을 평가하여 처방을 받습니다. ▽

11. 정기적으로 처방 의사 또는 정신과 의사와 상의하기 위하여 내담자로부터 정보 공개 동의를 얻습니다. 내담자의 향정신성 약물 순응도, 부작용 및 효과를 모니터링합니다. ▽

12. 내담자에게 자동 사고 기록지를 사용하여 우울에 관한 왜곡된 인지를 확인하고 추적하는 방법을 가르칩니다. 그리고 인지적 왜곡에 도전하고 대체합니다. ▽

13. 내담자에게 우울한 느낌과 관련된 자동적 사고 일지를 매일 기록하도록 과제를 부과합니다(예: Jongsma의 『Adult Psychotherapy Homework Planner 2판』, '부정적 사고가 부정적 정서를 유발한다', Beck, Rush, Shaw와 Emery의 『Cognitive Therapy of Depression 2판』, '역기능적 사고들의 일상 기록'). 우울한 사고 패턴에 도전하고 현실에 기반한 사고로 대체하도록 일지 내용을 다룹니다. ▽

14. 자기–확신감을 북돋고 적응적 행동을 증가시키는 내담자의 긍정적이고 현실에 기반한 인지 메시지를 강화합니다(예: Burns의 『Ten

Days to Self-Esteem』이나 Jongsma의 『Adult Psychotherapy Homework Planner 2판』, '긍정적으로 자기-대화하기'를 참조합니다). ▽

15. 내담자로 하여금 우울한 자동적 사고들을 가설/예측으로 취급하게 합니다. 그리고 현실에 기반한 대안적 가설/예측을 만들어 보게 합니다. 이 두 가지 모두 내담자의 과거, 현재 및/또는 미래 경험들로 검증하는 '행동 실험'을 수행하게 합니다. ▽

▽ 8. 우울을 극복하기 위한 행동 전략을 활용합니다. (16, 17, 18)

16. 내담자로 하여금 우울을 감소시키기 위한 대처 전략(예: 신체 운동을 더 많이 늘리기, 내부에 덜 집중하기, 사회적 활동에 더 많이 참여하기, 더 많이 주장하기, 공유의 욕구를 더 느끼기, 분노를 더 많이 표현하기)을 개발하도록 돕습니다. 회기 내에서 성공을 강화합니다. ▽

17. 내담자로 하여금 즐거움과 숙달 가능성이 높은 활동을 계획하게 하여 '행동 활성화'에 참여시킵니다(Jongsma의 『Adult Psychotherapy Homework Planner 2판』, '즐거운 활동을 파악하고 일정 만들기'를 참조하십시오). 내담자의 일상생활에서 적응을 돕기 위해 필요에 따라 행동 리허설, 역할 연기, 역할 바꾸기를 사용합니다. 성공을 강화합니다. ▽

18. 내담자가 일상적인 활동(예: 청소, 요리, 쇼핑)에서 더 많은 책임을 맡게 하는 자기-신뢰 훈련을 실시합니다. 성공을 강화합니다. ▽

9. 내담자가 고통을 느낄 때 지지를 해 줄 수 있는 사람들을 파악합니다. (19, 20)

19. 내담자가 지지를 요청할 수 있는 사람들을 확인하기 위해 내담자로 하여금 생태 지도를 그리게 합니다. 내담자가 지지적인 사람들과 자주 소통할 수 있도록 격려하면서 생태 지도를

검토합니다.

20. 내담자의 종교적/영적 신념을 탐색하고 이를 지지 자원으로 사용하도록 격려합니다. 접촉 빈도와 접촉 시 유의사항을 모니터링합니다.

▽ 10. 우울에 영향을 미치는 과거와 현재, 관계를 둘러싼 갈등을 파악합니다. (21)

21. 내담자의 과거와 현재 관계에서 중요한 사람들의 대인관계 목록을 평가합니다. 그리고 애도, 대인관계 분쟁, 역할 변화, 관계적 결핍과 같은 잠재적인 우울 주제들의 증거를 평가합니다(Weisman, Markowitz와 Klerman의 『Comprehensive Guide to Interpersonal Psychotherapy』를 참조하십시오). ▽

▽ 11. 우울에 기여하는 미해결된 애도 이슈를 말로 표현합니다. (22)

22. 내담자의 현재 우울에 기여하는 미해결된 애도 이슈가 하는 역할을 탐색합니다(Jongsma의 『Adult Psychotherapy Homework Planner 2판』, '해결되지 않은 슬픔/상실'을 참조하십시오). ▽

12. 애도 과정을 촉진하기 위해 애도의 감정을 표현합니다. (23)

23. 게슈탈트 빈 의자 기법을 활용하여 내담자로 하여금 상실과 관련된 감정(슬픔, 분노, 배신감, 버림, 안도감 등)을 말로 표현하면서 고인과 이야기하게 합니다. 부정적인 감정을 표현하는 것이 자연스러운 애도와 슬픔의 과정을 통하여 어떻게 자신을 긍정적으로 변화시키는지 내담자와 함께 살펴봅니다.

▽ 13. 대인관계 문제를 해결하기 위해 문제 해결 및/또는 갈등 해결 기술을 배우고 실행합니다. (24, 25, 26)

24. 우울감 완화에 도움이 되도록 내담자에게 갈등 해결 기술[예: 공감, 적극적 경청, 나 메시지(I-Message), 정중한 의사소통, 공격적이지 않은 주장, 타협]을 가르칩니다. 모델링, 역할극, 행동 리허설을 사용하여 현재의 여러 갈등을 해결합니다. ▽

25. 내담자로 하여금 위로와 지지를 사용함으로써 대인관계 문제와 관련된 우울을 해결하도

록 돕습니다. 갈등을 촉발시키는 인지적, 정서적 트리거에 대한 설명을 통하여, 그리고 적극적인 문제 해결을 통하여 대인간 우울을 해결하도록 돕습니다(또는 Jongsma의 『Adult Psychotherapy Homework Planner 2판』, '대인 갈등에 문제 해결 전략 적용하기'를 과제로 내줍니다). ▽

26. 공동 회기들을 진행하여 내담자의 대인관계 갈등을 해결하도록 돕습니다. ▽

▽ 14. 우울 감소 기술로서 규칙적인 운동 요법을 시행합니다. (27, 28)

27. 내담자를 위한 일상적인 신체 운동을 개발하고 강화합니다. ▽

28. 내담자에게 운동 프로그램 자료를 읽고 실행하도록 추천합니다(예: Leith의 『Exercising Your Way to Better Mental Health』). 그리고 읽은 내용을 다룹니다. ▽

▽ 15. 재발 방지 기술을 배우고 실행합니다. (29)

29. 내담자로 하여금 재발의 조기 경고 징후를 파악하도록 돕습니다. 또한 치료 중에 학습한 기술을 검토하고, 도전 과제를 관리하기 위한 계획을 작성하는 등 재발 방지 기술들을 숙달해 갑니다. ▽

16. 우울증 극복에 관한 책을 읽습니다. (30)

30. 내담자에게 우울 대처에 관한 자기-도움 서적을 읽도록 격려합니다(예: Burns의 『Feeling Good: The New Mood Therapy 개정판』이나 Knaus의 『The Cognitive Behavioral Workbook for Depression: A Step-by-Step Program』). 그리고 읽은 내용을 다룹니다.

17. 다른 사람들로부터의 독촉을 최소화하고 스스로 개인 위생 및 청결관리를 위한 일상 돌봄의 증거를 보여 줍니다. (31)

31. 일상적인 청결과 위생관리를 위해 내담자를 모니터링하고 재지시합니다.

18. 자신, 타인, 미래에 대한 희망적이고 긍정적인 진술을 더 많이 표현합니다. (32, 33)

19. 급성적 위기를 해결하기 위한 행동 계획을 개발합니다. (34, 35, 36)

20. 억압된 정서, 즉 분노, 무력감, 상처와 우울한 기분의 관계를 말로 표현합니다. (37)

32. 내담자에게 자신과 미래에 대해 매일 적어도 하나 이상의 긍정적인 확신 문장을 작성하도록 과제를 내줍니다.

33. 내담자에게 우울에 대해 더 많이 가르칩니다. 약간의 슬픔은 감정의 정상적인 변화로 받아들일 수 있도록 가르칩니다.

34. 내담자가 갑작스러운 위기 상황을 효과적으로 해결하기 위해 취할 수 있는 행동 계획을 개발하도록 돕습니다. 다양한 해결책을 실행하기 위해 모델링, 역할 연기, 행동 리허설을 사용하도록 합니다. 개선을 위한 수정 피드백을 제공하며 저항에는 직면합니다.

35. 문제를 구체적으로 정의하고, 문제를 해결하기 위한 방안 만들기, 방안의 평가, 계획 실행하기, 계획 재평가와 개선을 포함하는 문제 해결 전략을 가르칩니다.

36. 내담자에게 현재 문제를 해결하는 과제를 내줍니다(Craske와 Barlow의 『Mastery of Your Anxiety and Worry: Workbook 2판』을 참조하십시오). 성공을 검토하고 강화하며 개선을 위한 교정 피드백을 제공합니다.

37. 과거에 표현되지 않은(억압된) 분노(및 무력감) 또는 상처와 현재의 우울 간 연관성을 설명합니다.

___ . _____
_____

___ . _____
_____

___ . _____
_____

___ . _____
_____

___ . _____
_____

___ . _____
_____

📝 진단

ICD-9-CM	ICD-10-CM	DSM-5 Disorder, Condition, or Problem
309.0	F43.21	우울 기분을 동반한 적응장애(Adjustment Disorder With Depressed Mood)
V62.82	Z63.4	단순 사별(Uncomplicated Bereavement)
296.xx	F31.xx	제I형 양극성장애(Bipolar I Disorder)
296.89	F31.81	제II형 양극성장애(Bipolar II Disorder)
301.13	F34.0	순환성장애(Cyclothymic Disorder)
300.4	F34.1	지속성 우울장애(Persistent Depressive Disorder)
296.3x	F33.x	주요우울장애, 재발성 삽화(Major Depressive Disorder, Recurrent Episode)
295.70	F25.0	조현정동장애, 양극형(Schizoaffective Disorder, Bipolar Type)
295.70	F25.1	조현정동장애, 우울형(Schizoaffective Disorder, Depressive Type)
301.83	F60.3	경계성 성격장애(Borderline Personality Disorder)
301.50	F60.4	연극성 성격장애(Histrionic Personality Disorder)
_____	_____	_____
_____	_____	_____

The Crisis Counseling and Traumatic Events Treatment Planner

8. 재난

📄 행동적 정의

1. 자연 재해(예: 토네이도, 허리케인, 홍수, 눈보라, 화산 폭발, 지진, 산불, 가뭄 등)를 경험한다.

2. 인재 또는 기술 재해(예: 방화, 항공기 추락, 화학 물질 유출, 테러리스트 공격, 폭발 등)를 경험한다.

3. 사회적 재해/건강 재해(예: 전쟁, 경제 불황, 전염병 등)를 경험한다.

4. 가정, 지역사회 및/또는 개인의 재산 파괴나 붕괴로 일상생활에 심각한 및/또는 장기간의 혼란을 초래한다.

5. 충격에 대한 정서적 반응, 불신, 혼란, 무기력감, 통제력 상실 및/또는 과민성, 불안, 절망, 두려움 및/또는 분노를 유발하는 죄책감을 경험한다.

6. 감정을 조절하지 못하여 일상 활동에 지장을 초래한다.

7. 전형적인 수면 패턴 장애, 정상적인 식욕과 기타 일상 활동에서의 장애가 나타난다.

8. 결혼 불화, 가정 폭력 및/또는 아동 학대 등을 초래하는 가족들 간의 긴장이 증가한다.

9. 재난 이후 술이나 기타 기분 전환 물질 사용이 장기간 유의하게 증가한다.

10. 아동과 청소년에게서 퇴행적 행동, 가족 내부의 특징적인 상호작용 변화, 가족 외부와의 특징적인 사회적 상호작용 변화, 공격적인 행동의 증가, 위험을 감수하는 행동 등이 나타난다.

11. 생각, 꿈, 플래시백이나 반복적인 이미지들로 재난을 재경험한다.

12. 생각, 느낌, 대화, 활동, 장소나 사람들과 같이 재난을 회상하게 하는 자극을 현저하
게 회피한다.

— . _____

_____

— . _____

_____

— . _____

_____

🎯 장기 목표

1. 일상 활동 재개를 포함하여 위기 이전의 기능 수준으로 회복합니다.
2. 적절한 수준의 정서적, 행동적, 인지적 기능을 나타냅니다.
3. 신체적 불편감이 감소합니다.
4. 미래에 대한 의미를 새롭게 정립합니다.
5. 자신과 가족에 대한 안전감을 회복합니다.
6. 공동체 의식을 경험합니다.

— . _____

_____

— . _____

_____

— . _____

_____

📖 단기 목표

1. 안전한 지역에 머무르고 필요한 의료 서비스를 받습니다. (1, 2)

2. 자원봉사 재해 구호 요원들로 하여금 최대 효과를 나타내는 방향으로 구호하게 합니다. (3, 4)

3. 내담자로 하여금 잠을 잘 수 있고 음식, 의복과 같은 기본 생필품을 받을 수 있는 대피소를 찾아서 이용하게 합니다. (5, 6)

4. 가족, 친구, 이웃과 직장 동료들을 찾아 소통합니다. (7)

5. 내담자/가족들이 사건에 대하여 인지하는 것을 탐색하도록 허용합니다. (8, 9)

📖 치료적 개입 전략

1. 내담자가 안전하지 않은 지역(예: 붕괴된 건물, 침수 지역, 전선 피복이 벗겨진 구역)에 들어가는 것을 제한하기 위해 법 집행 기관 및 재난 구조 요원과 협력합니다.

2. 의료적 평가와 지원을 위해 내담자를 응급 처치소 및/또는 응급실로 안내합니다.

3. 그들이 필요로 하는 곳까지 자원봉사자를 안내할 사람을 지정합니다.

4. 필요에 따라 자원봉사자에게 교육을 제공합니다. 내담자에게 지원을 제공하기 위하여 자원봉사자에게 서면 지침을 제공합니다.

5. 의복, 식품, 개인 위생 용품과 일상 기능에 필요한 기타 물품 확보를 위해서 자선 단체(예: 미국 적십자, 종교 단체, 재난 구호 단체, 사회복지 기관)가 세운 대피소까지 갈 수 있도록 내담자에게 교통편을 제공합니다.

6. 대피소 목록을 작성하고 게시하며 대피소를 사용하는 내담자를 파악합니다.

7. 내담자가 가족과 친구들에게 연락 메모를 남길 수 있도록 커뮤니케이션 게시판을 게시합니다.

8. 편안함을 가지고 내담자가 트라우마의 상세한 부분을 가능한 많이 설명할 수 있도록, 내담자의 억제된 감정적, 인지적 반응의 표현을 촉진하는 적극적 경청 기술을 사용합니다(또는 Jongsma의 『Adult Psychotherapy Homework Planner 2판』, '고통스러운 기억을 공유하기' 과제를 내줍니다).

6. 잃어버린 애완동물을 찾기 위해 동물 보호소에 연락합니다. (10)

7. 사건에 대처하는 방법으로 술이나 기타 기분 전환 물질에 의존하는 내담자의 자가처방적 약물 사용 방식을 감소시킵니다. (11)

▽ 8. 재난에 대한 반응을 관리하기 위해 안정화와 대처 전략을 실행합니다. (12, 13)

▽ 9. 내담자로 하여금 재난에 대한 편향되고 두려움에 찬 자기-대화를 파악하게 하고, 이에 도전하고, 현실에 기반한 긍정적인 자기-대화로 대체하게 합니다. (14, 15)

9. 재난이 발생했을 때 내담자가 무엇을 보고 듣고 신체적으로 느꼈는지 탐색합니다.

10. 재난 이후 애완동물 보호소에 연락할 수 있도록 내담자를 돕습니다.

11. 트라우마 대처 수단으로서 사건 이후 술이나 기타 기분 전환 물질의 사용 증가가 나타나는지 내담자를 평가합니다. 이러한 부적응적 대처 행동을 계속 모니터링하고 억제하며 필요한 경우 중독치료에 의뢰합니다.

12. 두려움을 다루기 위해 이완, 호흡 조절, 내적 모델링(예: 전략의 성공적인 사용을 상상하기) 및/또는 역할 연기(예: 치료자나 신뢰할 수 있는 친구와 함께)와 같은 스트레스 예방 전략을 사용하도록 내담자를 훈련합니다. ▽

13. 내담자와 함께 재난에 대한 체계적 둔감법을 사용합니다. 내담자가 경험한 재난의 높은 두려움 수준까지 단계적으로 노출을 사용합니다. 그러나 이 재난 단계의 세부 내용은 내담자가 선택한 것이어야 합니다. 관련 불안이 감소하고 안정될 때까지 반복합니다. 진행 상황을 검토하고 강화합니다. ▽

14. 내담자로 하여금 두려움에 찬 자기-대화를 파악하고 현실에 기반한 대안을 만드는 연습 과제(예: 일기 쓰기)를 하게 합니다. 성공을 강화하고 실패에 대한 수정 피드백을 제공합니다(또는 Jongsma의 『Adult Psychotherapy Homework Planner 2판』, '긍정적인 자기-대화하기'를 과제로 내줍니다). ▽

15. 사건과 두려움을 매개하는 내담자의 도식과 자기-대화를 탐색함으로써 부정적인 편견에

도전합니다. 내담자로 하여금 편견을 수정하고 자기-확신감을 형성하게 하는 가치판단을 하도록 돕습니다(또는 Jongsma의 『Adult Psychotherapy Homework Planner 2판』, '부정적인 사고가 부정적인 정서를 유발한다'를 과제로 내줍니다).

▽ 10. 재난에 대해 가족 구성원과 논의할 때 건강한 의사소통 기술을 사용합니다. (16, 17)

16. 재난에 대해 논의할 때 사용할 건설적인 의사소통 기술(예: 반영적 경청하기, 눈맞춤하기, 존중하기 등)을 내담자의 가족 구성원에게 가르칩니다. ▽

17. 주장적 의사소통하기, 긍정적으로 피드백 제공하기, 적극적으로 경청하기, 행동 변화를 위해 타인에게 긍정적으로 요청하기, 정직하고 정중하게 부정적인 피드백하기와 같은 아동과의 의사소통 기술을 보호자에게 가르치기 위해 모델링, 역할 연기, 교정적 피드백과 긍정적 강화를 사용합니다. ▽

▽ 11. 가족 내에서 정직하고 존중하며 긍정적으로 감정과 생각을 직접적으로 표현하는 빈도를 증가시킵니다. (18)

▽ 12. 문제 해결과 갈등 해결 기술을 배우고 실행합니다. (19, 20)

18. 새로 배운 의사소통 기술을 사용하고 기록하기 위해 가족에게 연습 과제를 부과합니다. 회기 내에서 개선을 위한 교정 피드백을 제공하면서 그 결과들을 다룹니다. ▽

19. 의사소통, 갈등 해결 및/또는 문제 해결 기술을 사용하여 해결할 수 있는 갈등을 파악하도록 가족을 돕습니다. ▽

20. 가족 문제 해결 기술들을 가르칩니다(예: 문제를 정확히 파악하고, 가능한 해결책을 브레인스토밍하고, 각 해결책의 장단점을 나열하고, 해결책을 선택 및 실행하고, 그 결과를 평가하고, 필요하다면 해결책을 수정합니다). 이 과정을 가족 갈등 문제에 적용하는 역할극을 해 봅니다. ▽

13. 내담자를 위한 지지 집단에 참여하여 사건에 대한 내담자의 느낌과 인식을 토론합니다. (21)

14. 재난으로 인해 얻을 수 있었던 긍정적인 결과를 알아봅니다. (22)

15. 재난 현장(가정, 직장, 학교 등)으로 돌아갑니다. (23)

16. 청소를 시작하고, 물건을 분류하고, 집, 직장, 학교 및 지역사회를 재건하기 시작합니다. (24, 25)

▽ᴱᴮᵀ 17. 재난 피해자에게 도움을 줄 수 있는 민간 및 정부 기관과 접촉합니다. (26, 27)

21. 생존자들이 경험을 공유할 수 있도록 자발적인 참여로 이루어진 지지 집단을 구성하도록 돕습니다. 내담자가 집단 참여를 고려하도록 격려합니다.

22. 긍정적인 회복 및 탄력성과 관련하여 재난 이후에 나타난 긍정적인 변화(예: 가족이 더욱 가까워짐, 미래에 대한 감사가 증가함)를 탐색하고 확인하기 위해 내담자/가족과 재구성을 사용합니다.

23. 재난으로 붕괴된 가정/직장/학교로 돌아갈 때 내담자와 동반합니다. 파괴된 것을 처음 봤을 때 내담자의 반응을 다룹니다.

24. 안전이 보장된다면, 내담자가 무너진 돌무더기에서 귀중하고 꼭 필요하다고 여기는 물건을 찾도록 격려합니다. 발견한 물품을 일시적으로 보존하는 방법에 대해 내담자를 교육합니다(예: 물품에서 진흙/그을음을 잠시 씻어 내고, 비닐봉지에 보관하고, 적절하게 복원하는 시점까지 밀봉하여 냉동고에 보관합니다).

25. 내담자/가족과 함께 집, 직장 또는 학교에서 소지품을 청소하고, 수리 및/또는 분류하기 위한 계획을 수립합니다. 마주하는 모든 물건에 대하여 멈추거나, 청소하거나, 분류하거나, 회상해야 할 필요는 없다고 조언합니다.

26. 내담자/가족이 다양한 조직[예: 연방 및 주 응급 관리 기관(FEMA, SEMA), 종교 기반 조직, 재해 구호 기관, 보험 회사]으로부터 지원 및/또는 보상을 받도록 도움이 되는 정보를 제공합니다. ▽ᴱᴮᵀ

18. 긍정적이고 건강한 복원 활동에 참여합니다(예: 다른 내담자 돕기, 지역사회 청소하기). (28)

19. 고인을 위한 추도식에 참석하고 참여합니다. (29, 30)

20. 적절한 시기에 일반적인 일상으로 돌아갑니다. (31, 32)

21. 과거나 미래보다는 현재에 초점을 맞추도록 합니다. (33)

22. 재난과 소득 상실로 인한 재정적 어려움을 공유합니다. (34)

27. 지원 및/또는 보상 서류 작성에 대해 잘 알고 있으며 이 지루한 절차에서 정서적인 지지를 제공할 수 있는 사람에게 내담자/가족을 의뢰합니다.

28. 미디어와 자원봉사자들이 떠나면 내담자/가족이 다른 사람을 돕도록 격려합니다. 복원 기간 동안 서로 주고받는 작은 친절들이 서로의 사기를 진작하고 공동체 의식을 갖게 할 것이라는 점을 내담자에게 교육합니다.

29. 고인을 추모하고 기억하기 위한 추도식과 추모 사이트를 마련하도록 돕습니다.

30. 내담자/가족에게 감정에는 옳고 그름이 없으며 애도 반응은 상실에 대한 정상적인 반응이라는 점을 분명히 알려 줍니다.

31. 수면 패턴이나 적절한 식습관과 청결관리를 유지하는 것이 중요하다는 것을 내담자에게 교육합니다. 이를 유지하기 위한 방식으로 일기 쓰기나 이완 기법과 같은 방법들을 제안합니다.

32. 내담자/가족이 건강하고 즐거운 일상 활동을 재개하도록 돕습니다.

33. '왜'라는 질문에 답을 찾고자 하는 내담자의 욕구는 이해하지만, 질문의 초점을 '왜'에서 그 이면에 깔린 감정들을 파악하는 것으로 방향을 바꾸도록 안내합니다.

34. 재난이 내담자의 가계 재정 상황에 미치는 영향(예: 소득의 상실, 청구서 지불, 모기지 대출 등)에 대해 알아보고 경제적 지원이 가능한 자원들을 확인합니다(예: 생명 보험, 가족 및 친구들, 정부 보조금 프로그램 등).

23. 향후 재난 대비 계획을 수립합니다.
(35)

24. 지역사회 안에서 안전감이 높아졌다
는 것을 보고합니다. (36)

25. 애도가 일상생활에 지장을 줄 경우
정신건강 서비스 이용에 동의합니
다. (37, 38, 39)

▽ 26. 트라우마와 관련해 지속적인 기
능장애 반응이 있는지를 판단
하기 위해 평가에 협력합니다.
(40, 41)

35. 내담자로 하여금 재난 대비 계획을 개발하도
록 하여 사전 준비성과 안전감을 높이고 무
력감을 줄이는 데 도움을 줍니다. 계획에는
다음을 포함합니다: 회의 장소, 전원을 꺼야
할 가전 제품과 서비스의 체크리스트, 거주
지 모든 방에서 밖으로 탈출할 수 있는 두 개
의 탈출 경로 등. 훈련을 통해 계획을 실천하
도록 격려합니다.

36. 위기 계획(예: 통신, 비상 경보 장치, 외부 기관의
물류 참여, 비상 대응자의 참여)의 실행을 검토
함으로써, 계획을 수정하도록 지역과 사회적
기관들을 돕습니다. 내담자를 포함한 지역사
회의 주민들과 이 내용에 대해 소통합니다.

37. 내담자에게 트라우마성 재난에서 추가 개입
이 필요한 심리적 공존질환(예: 플래시백, 우울
증, 자살 사고 등)에 대해 교육합니다.

38. 내담자에게 이용 가능한 정신건강 연계 자원
의 목록을 제공합니다.

39. 내담자에게 애도와 사별에 관한 팸플릿과 참
고자료를 제공합니다.

40. 위기 및 트라우마 상황을 측정하기 위해 설
계된 평가 도구들을 내담자에게 실시합니다
[예: Triage Assessment Form: Crisis Intervention-
Revised, Symptom Checklist 90-Revised,
Trauma Symptom Inventory-2, Traumatic Life
Events Questionnaire, Family Crisis Oriented
Personal Evaluation Scales (F-COPE), Beck
Depression Inventory-II]. 위기에 놓여 있는
내담자를 파악합니다. 회복 과정을 모니터링
하고, 치료를 안내합니다. ▽

41. 필요하다면 내담자에게 자살 및 살해 위험성
    평가를 실시합니다. ▽

___ · ___   ___ · ___
_____   _____
_____   _____
___ · ___   ___ · ___
_____   _____
___ · ___   ___ · ___
_____   _____

📝 진단

ICD-9-CM	ICD-10-CM	DSM-5 Disorder, Condition, or Problem
V62.82	Z63.4	단순 사별(Uncomplicated Bereavement)
V62.2	Z56.9	고용과 관련된 기타의 문제(Other Problem Related to Employment)
296.2x	F32.x	주요우울장애, 단일 삽화(Major Depressive Disorder, Single Episode)
300.21	F40.00	광장공포증(Agoraphobia)
300.01	F41.0	공황장애(Panic Disorder)
300.02	F41.1	범불안장애(Generalized Anxiety Disorder)
305.00	F10.10	경도 알코올사용장애(Alcohol Use Disorder, Mild)
308.3	F43.0	급성 스트레스장애(Acute Stress Disorder)
309.0	F43.21	우울 기분을 동반한 적응장애(Adjustment Disorder With Depressed Mood)
309.81	F43.10	외상후 스트레스장애(Posttraumatic Stress Disorder)
___	___	
___	___	

The Crisis Counseling and Traumatic Events Treatment Planner

9. 가정 폭력

📄 행동적 정의

1. 배우자나 동거 파트너로부터 두려움, 안전하지 못함 및/또는 사회적 철수/회피의 느낌을 동반한 신체적 상해, 위협이나 언어적 학대를 받았다는 자기-보고가 있다.

2. 배우자/파트너에 의한 신체적 폭행(예: 때리기, 던지기, 밀치기, 질식시키기, 감금하기 등) 증거인 타박상, 부상 및/또는 신체적 장애가 있다.

3. 배우자/파트너에 의한 언어적 학대(예: 위협하기, 협박하기, 경멸적으로 말하기, 광범위한 욕설을 사용하기, 관계에서 모든 잘못된 것에 대해 책망하기 등)가 있다.

4. 배우자/파트너에 의한 정서적 또는 심리적 학대(예: 스토킹, 통제하기, 가족/지원 체계와 접촉을 금지하기, 돈/자원에 접근을 제한하기 등)가 있다.

5. 배우자/파트너에 의한 성폭행(예: 동의 없는 성교, 항문 성교, 성교 거부 시 가해 등)이 있다.

6. 우울한 기분, 과민성, 불안, 수면장애, 집중력 저하, 안절부절못함 등이 있다.

7. 눈맞춤이 적거나 없음, 자기 비하하는/책망하는 진술, 무력감, 무망감, 사회적 철수 등으로 입증되는 낮은 자존감이 나타난다.

8. 마비, 분리에 대한 주관적인 감각, 또는 정서적인 반응의 부재함 등이 나타난다.

9. 학대적인 관계를 상기시키는 사람과 활동을 회피한다.

— · _____

_____

— · _____

_____

— · _____

_____

🎯 장기 목표

1. 관계로부터 오는 모든 신체적, 정서적, 성적 또는 언어적 학대를 없앱니다.
2. 안전을 보장하기 위해 필요한 법적 조치를 취하고 배우자/파트너에 대한 법적 행위를 이어서 진행합니다.
3. 현재와 미래의 관계에서 신체적, 정서적 안전을 유지하기 위한 기술을 개발합니다.
4. 학대 이전의 심리적, 정서적, 사회적, 직업적 기능 수준으로 되돌아갑니다.
5. 희망이 없는 피해자가 아니라 회복탄력성을 가진 생존자로서 그 폭행 사건을 일상생활 경험 속으로 수용합니다.

— · _____

_____

— · _____

_____

— · _____

_____

⏱ 단기 목표

1. 가정 폭력의 역사, 특성, 빈도 및 기간을 설명합니다. (1, 2)

2. 폭행과 관련된 의학적 평가와 증거 수집에 협조합니다. (3, 4)

3. 학대 이후 경험한 정서적 반응과 일상적인 기능 손상을 묘사합니다. (5, 6)

4. 살해 사고를 포함하여 불안이나 우울의 증상을 말로 표현합니다. (7, 8)

🗣 치료적 개입 전략

1. 내담자를 별도로 만나 이야기를 합니다. 무조건적인 긍정적 관심을 제공하고, 개방형 질문으로 물으며, 지지적이고 비판단적인 태도를 유지함으로써 관계를 형성합니다.

2. 내담자에게 그동안 지속되어 온 신체적, 정서적, 언어적 또는 성적 학대의 내력을 수집합니다. 그리고 학대가 시작된 시기를 판단하기 위해 현재 학대가 시작되기 전의 상황과 과거 학대 사건의 내력을 수집합니다.

3. 상해에 대한 증거 수집과 평가를 위해 내담자를 가정 폭력 검사 훈련을 받은 의사에게 의뢰합니다. 내담자가 평가와 치료의 유의사항을 준수하는지 모니터링합니다.

4. 의학적 평가를 위해 내담자가 의사, 응급 케어 또는 응급실에 갈 수 있도록 돕습니다.

5. 죄책감, 수치심, 무력감, 두려움, 분노 및/또는 자기-비난을 포함하여 학대와 관련한 내담자의 감정들을 탐색합니다.

6. 학대가 내담자의 삶에 어떻게 부정적으로 영향을 미쳤는지 확인하기 위해 내담자와 함께 증상 시간표를 작성합니다. 이때 내담자가 충돌이나 취약해지는 것, 수치심 등을 피하려고 일상 활동을 어떻게 변화시켜 왔는지를 포함합니다.

7. 우울 및/또는 불안 증상과 살해 위험의 정도를 평가하기 위해 내담자에게 자기 보고 척도[예: Beck Depression Inventory-II, General Anxiety Disorder-7 (GAD-7), Beck의 Beck Hopelessness Scale, Conflict Tactics Scales, Revised (CTS2)]를

실시합니다. 결과를 평가하고 내담자에게 피드백을 제공합니다.

8. 내담자의 자살이나 살해 가능성을 평가하고 모니터링합니다. 필요에 따라 정신과 입원을 준비합니다.

5. 두려움, 걱정이나 불안을 조장하는 인지 메시지를 파악하고 대체합니다. (9, 10, 11)

9. 학대로 인한 부정적인 감정적 반응들을 강화시킬 수 있는 내담자의 왜곡된 인지 메시지를 탐색하기 위해 학대 사실(폭행 사진, 의료/경찰 문서, 과거 폭력 이력 등을 검토합니다)을 논의합니다.

10. 내담자로 하여금 자기-확신감과 적응적 행동을 증가시키고, 두려움, 걱정이나 불안 반응을 줄이는 현실에 기반한 인지 메시지를 개발하도록 돕습니다(Jongsma의『Adult Psychotherapy Homework Planner 2판』, '긍정적인 자기-대화하기'를 참조하십시오).

11. 내담자로 하여금 자동 사고 기록지를 사용하여 학대에 대한 왜곡된 인지를 파악하고 추적하는 방법을 가르칩니다. 내담자로 하여금 그 사고에 도전하고 학대와 관련된 인지 왜곡을 보다 현실적인 메시지로 대체하도록 도와줍니다.

6. 가정 폭력 주기에 대하여 이해하고 이를 말로 표현합니다. (12, 13, 14, 15)

12. 내담자에게 가정 폭력의 주기에 대해 교육합니다(예: 긴장-고조의 단계, 심한 구타 단계, 그 후 따라오는 진정, 사랑 단계/밀월 단계). 무망감 사고 패턴에 도전하고 현실에 기반한 사고로 대체하게 합니다.

13. 학대자가 후회를 표현하거나, 감정적인 괴로움을 나타내거나, 폭행 후 용서를 구하면서 어떻게 내담자의 희망을 조작하는지를 기록하도록 내담자를 가르칩니다. 회기가 진행

되는 동안 성공을 검토하고 강화하며 실패에 대한 교정 피드백을 제공합니다.

14. 내담자의 패배주의적인 자동적 사고를 하나의 가설/예측으로 받아들이고, 현실에 기반한 대안적인 가설/예측을 만들어 봅니다. 이 두 가지 가설 모두 내담자의 과거, 현재 및/또는 미래의 경험들에서 검증되도록 행동 실험을 수행합니다.

15. 내담자에게 가정 폭력의 주기에 관한 자기-도움 책을 읽도록 권장합니다(예: Walker의 『The Battered Woman Syndrome 3판』, NiCarthy의 『Getting Free: You Can End Abuse and Take Back Your Life』 또는 Hightower의 『Anger Busting 101: The New ABCs for Angry Men & the Women Who Love Them』).

7. 폭행에 대한 책임은 가해자에게 있다는 것을 이해함으로써 내담자로 하여금 자기-비난을 파악하고 도전하며 대체하도록 합니다. (16, 17, 18)

16. 내담자가 죄책감, 수치심, 무력감, 두려움, 분노 및/또는 자책을 표현할 때, 내담자로 하여금 폭행은 범죄이며 비난받을 대상은 자신에게 폭행을 행사한 가해자라는 관점으로 전환하도록 안내합니다.

17. 폭행의 심각성에 대하여 이를 최소화하거나 변명하려는 내담자의 어떠한 반응에도 직면하고 이의를 제기합니다. 그리고 가해자의 참회를 학대가 다시는 일어나지 않을 것이라 믿으며, 폭행의 책임이 내담자에게 있다는 의미로 받아들이고 믿고 있는 것은 아닌지 평가합니다.

18. 내담자에게 일기 쓰기 연습 과제를 내줍니다. 즉, 내담자로 하여금 폭행의 책임을 자기에게 돌리는 자기-대화를 파악하고 현실에 기반한 대안적 사고(학대는 내담자의 통제를

벗어난 것이고 자신에게 가해진 폭력이며 비난의 화살을 가해자에게 돌려야 한다)를 만들어 내는 과제를 내줍니다. 각 회기에서 성공을 검토하고 강화하며 실패에 대한 교정 피드백을 제공합니다.

8. 폭행이 친밀감이나 성적 관계에 미친 부정적인 영향을 감소시키기 위해 내담자로 하여금 문제 해결 전략을 배우고 실행하게 합니다. (19, 20, 21, 22)

19. 내담자에게 일어난 모든 학대 행위(예: 질투, 통제하기, 빠른 약속, 비현실적인 기대, 고립, 타인을 비난하기, 과민증, 동물 학대, 엄격한 성역할, 재물 손괴 등)의 목록을 작성하도록 돕습니다. 이 목록을 검토하고 앞으로 다른 학대 관계가 나타나지 않도록 강화합니다.

20. 가정 폭력이 일어날 징후가 보일 때 사용할 수 있는 문제 해결 전략을 가르칩니다. 가정 폭력을 해결하기 위한 방안을 찾고 방안의 장단점을 평가합니다. 하나의 방안을 선택하여 실행하고 취했던 방안에 대해 재평가하고 개선을 도모합니다.

21. 내담자가 느끼는 친밀감/성관계의 어려움을 성 파트너와 개방적으로 소통하도록 격려합니다. 갈등을 해결하기 위해 모델링, 역할극, 행동 리허설을 사용합니다.

22. 학대가 발생하지 않았더라면 내담자의 삶이 어떠했을지를 함께 탐색합니다. 반응을 검토하고 그러한 삶을 살기 시작하도록 각 단계를 격려합니다.

9. 자기-확신감을 높이기 위해 자기 주장 기술을 배우고 실행합니다. (23, 24, 25)

23. 위협감을 느낄 때 자신감을 가지고 사용할 수 있는 주장적 기법을 알려 줍니다. 물리적으로 안전하게 여겨지는 경계 유지(눈맞춤, 자세, 개인적인 공간 확보, 적극적인 경청, 망가진 녹음기 기법 등)에 강조점을 둔 주장 기술을

10. 과거 학대 경험과 현재 학대 행위를 견디는 것 사이에 관련성이 있다는 것을 이해하고 말로 이를 표현합니다. (26, 27)

11. 약물 사용이 폭력에 어떻게 기여하는지를 알아보기 위해 내담자로 하여금 화학적 의존의 생물심리사회적 병력에 관한 정보를 솔직하고 빠짐없이 제공하게 합니다. (28, 29, 30)

내담자에게 가르칩니다. 성공을 위해 리허설, 역할 연기 및 역할 바꾸기를 사용합니다.

24. 내담자로 하여금 학대자에게 느끼는 양가감정과 관계의 종결에 대해 이야기하도록 격려합니다. 변화에 대해 내담자가 가지는 비현실적 기대에 직면하게 하고 향후 학대로부터 자신을 보호할 책임감을 가지도록 강조합니다.

25. 내담자가 자신감과 성취에 관한 긍정적인 진술을 할 때에는 이를 언어적으로 강화합니다.

26. 학대 행위를 용인하도록 가르쳤던 내담자의 어린 시절 경험을 탐색합니다. 행동에 대하여 적절한 한계와 경계를 가르칩니다.

27. 감정적, 언어적, 신체적, 성적 학대 및/또는 근친상간(어린 시절 부모나 다른 성인 간의 학대를 목격한 것도 포함시킵니다)이 있었던 과거 관계들을 파악하기 위해서 가계도를 그리는 작업에 내담자를 참여시킵니다. 이러한 것이 현재 학대 발생 시 내담자로 하여금 어떻게 참아 내도록 작용했는지에 대해 토론합니다.

28. 내담자에게 화학적 의존성이 있는지 평가합니다. 폭력이 일어나기 전이나 폭력 중에 또는 폭력 삽화 후의 화학적 물질 사용이 내담자에게 미친 영향에 대해 교육합니다. 유의사항을 준수하도록 모니터링합니다.

29. 내담자로 하여금 화학적 물질 의존 발달에 기여한 가족적, 정서적, 사회적 요인을 이해하도록 돕기 위해 생물심리사회적 병력을 사용합니다.

30. 금주를 실행하고 유지하기 위해 내담자를 약물 의존에 대한 치료 및/또는 12단계 집단 프

로그램에 의뢰합니다.

12. 지속적인 학대로부터 내담자를 보호하기 위한 안전 계획을 개발합니다. (31, 32)

31. 신체적, 정서적 안전을 확립하고 유지하기 위해 취할 조치(예: 경찰에 신고서 제출하기, 보호 명령 또는 개인 접근 금지 명령 얻기, 폭행당한 여성을 위한 쉼터 이용하기, 거주지로부터 벗어나기, 지원 담당자에게 연락하기, 무선 전화기 구입하기, 탈출 경로 확인하기 등)가 상세하게 담긴 서면 계획을 개발합니다.

32. 어떤 가족 구성원/지원 체계가 내담자에게 안전하고 보호적인 생활 환경을 제공할 의지와 능력이 있는지에 대해 내담자와 논의합니다. 내담자의 안전이 확보될 때까지는 이들과 함께 움직이도록 권장합니다. 유의사항 준수와 진행 상황을 모니터링합니다.

13. 당국의 조사에 협조합니다. (33, 34)

33. 내담자로 하여금 조사를 위해 법 집행 기관과 협력하도록 격려합니다. 학대 피해자가 이용할 수 있는 법적 자원(예: 변호사, 법률 지원, 피해자 변호 프로그램들)을 활용하게 합니다. 내담자에게 자신의 안전을 확보하고 유지할 필요성을 상기시켜 줌으로써 보복에 대한 두려움, 절망감 또는 무력감 등과 같은 모든 심리적 저항에 맞서게 합니다.

34. 학대자가 내담자의 가족/자녀, 친구들이나 지원 체계에 암묵적이거나 명시적으로 피해를 입혔는지에 대해 평가합니다. 그리고 이들에 대한 현실적인 피해 수준을 평가합니다. 사전 예방 조치에 필요한 자문을 받습니다. 조금이라도 아동 학대가 의심되는 경우에는 아동 보호 기관에 반드시 신고한다는 것을 포함하여 관련된 모든 사람의 안전을

14. 내담자가 고통스러울 때 내담자에게 신체적, 정서적 지지를 해 줄 수 있는 사람들을 파악합니다. (35)

15. 성폭력 피해자 지지 집단에 참여합니다. (36)

16. 트라우마 사건을 일상생활 속으로 수용하며 사회 및 직업 활동에 계속 참여하게 합니다. (37, 38, 39)

해결할 수 있는 방법을 확인합니다.

35. 내담자가 의지할 수 있는 사람들을 파악하기 위해 생태 지도를 그리는 작업에 내담자를 참여시킵니다. 생태 지도를 검토하고, 안전하지 못하다는 느낌이나 무기력감, 불안감을 줄이기 위해 내담자로 하여금 지지적인 사람들과 자주 소통하도록 격려합니다.

36. 가정 폭력 피해자에 초점을 둔 지지 집단에 내담자를 의뢰합니다. 내담자로 하여금 자신이 당한 학대 경험과 그 영향을 집단의 다른 생존자들과 나누도록 격려합니다.

37. 직장에서나 사회적 또는 가족 간의 상호 작용에서 가정 폭력이 내담자의 기능에 미친 부정적인 영향(예: 전화 사용 억제하기, 사회/가족 기능이 현저히 떨어지는 것, 낮은 생산성, 자신을 고립시키기 등)을 극복할 수 있는 방법을 파악하도록 돕습니다.

38. 내담자로 하여금 폭행을 경험하기 전의 직장, 사회 참여 및/또는 일상으로 되돌아가도록 격려합니다. 필요하다면 이러한 활동을 점진적이고 꾸준하게 단계를 밟아 진행합니다.

39. 가해자로부터 경제적 독립을 촉진하기 위하여 내담자를 직업 교육 프로그램 또는 고용 기회/기관에 의뢰합니다.

___ . _____

___ . _____

___ . _____

___ . _____

___ . _____

___ . _____

📋 진단

ICD-9-CM	ICD-10-CM	DSM-5 Disorder, Condition, or Problem
308.3	F43.0	급성 스트레스장애(Acute Stress Disorder)
309.24	F43.22	불안을 동반한 적응장애(Adjustment Disorder With Anxiety)
309.0	F43.21	우울 기분을 동반한 적응장애(Adjustment Disorder With Depressed Mood)
309.28	F43.23	불안 및 우울 기분을 동반한 적응장애(Adjustment Disorder With Mixed Anxiety and Depressed Mood)
305.00	F10.10	경도 알코올사용장애(Alcohol Use Disorder, Mild)
303.90	F10.20	중등도 또는 고도 알코올사용장애(Alcohol Use Disorder, Moderate or Severe)
300.4	F34.1	지속성 우울장애(Persistent Depressive Disorder)
300.02	F41.1	범불안장애(Generalized Anxiety Disorder)
296.2x	F32.x	주요우울장애, 단일 삽화(Major Depressive Disorder, Single Episode)
296.3x	F33.x	주요우울장애, 재발성 삽화(Major Depressive Disorder, Recurrent Episode)
V61.11	Z69.11	배우자나 동반자 신체적 폭력의 피해자에 대한 정신건강 서비스를 위한 대면(Encounter for Mental Health Services for Victim of Spouse or Partner Violence, Physical)
995.81	T74.11XA	배우자나 동반자 신체적 폭력, 확인됨, 초기 대면(Spouse or Partner Violence, Physical, Confirmed, Initial Encounter)
995.81	T74.11XD	배우자나 동반자 신체적 폭력, 확인됨, 후속 대면(Spouse or Partner Violence, Physical, Confirmed, Subsequent Encounter)
309.81	F43.10	외상후 스트레스장애(Posttraumatic Stress Disorder)
301.82	F60.6	회피성 성격장애(Avoidant Personality Disorder)
301.83	F60.3	경계성 성격장애(Borderline Personality Disorder)
301.6	F60.7	의존성 성격장애(Dependent Personality Disorder)
_____	_____	
_____	_____	

10. 실직

📄 행동적 정의

1. 고용주의 조직 개편(축소)으로 일자리를 잃었다.
2. 갑작스럽고 예상치 못하게 고용이 종료되었다.
3. 현재 업무를 계속할 수 없게 하는 신체 건강상의 변화(예: 부상, 질병, 사지 절단)가 있다.
4. 차별(예: 성별, 연령, 인종, 장애, 외모)이나 상사와의 개인적 갈등으로 인하여 부당 해고를 당하였다.
5. 역할의 정체성을 상실하였다.
6. 고용이 종료된 후 집중하기와 지시 따르기에 어려움이 있다.
7. 실직 후 술이나 기타 기분 전환 물질의 사용이 증가하였다.
8. 고용 종료 후 일상적인 기능을 방해할 정도로 다른 사람에 대한 의심과 불신을 경험하고 있다.
9. 사회, 여가 및/또는 직업 활동에서 철수와 고립이 나타난다.
10. 실직 후 감정을 조절할 수 없다.
11. 실직 후 식습관, 수면 패턴, 개인 위생 등에서의 문제가 특징적으로 나타난다.
12. 가슴 통증, 흉부 압박감, 숨가쁨, 근육 긴장, 두통, 배탈, 심계항진, 구강 건조와 같은 신체적 증상이 있다.

—ㆍ_____

_____

—ㆍ_____

_____

—ㆍ_____

_____

🎯 장기 목표

1. 위기 이전의 기능 수준으로 회복합니다.
2. 적절한 수준의 정서적, 인지적, 행동적 기능을 회복합니다.
3. 신체적 불편감이 감소합니다.
4. 미래에 대한 의미를 다시 정립합니다.
5. 재정적 필요를 충족시키기 위한 계획을 개발합니다.
6. 건강하고 적절한 가족 관계를 다시 형성합니다.

—ㆍ_____

_____

—ㆍ_____

_____

—ㆍ_____

_____

⏱ 단기 목표

▽ 1. 실직에 대한 정서적, 행동적, 인 지적 반응을 평가하는 데 협력합 니다. (1)

2. 실직과 관련된 분노의 감정을 말로 표현합니다. (2, 3, 4)

3. 실직에 관한 상황과 그와 관련된 감 정을 개방적이고 솔직하게 묘사합니 다. (5, 6, 7, 8)

🗣 치료적 개입 전략

1. 내담자에게 필요한 개입을 안내하고자 위기와 트라우마 상황 평가를 위해 제작된 검사도구를 내담자에게 실시합니다[예: Triage Assessment Form: Crisis Intervention-Revised, Symptom Checklist-90-Revised, Trauma Symptom Checklist, Traumatic Life Events Questionnaire, Family Crisis Oriented Personal Evaluation Scales (F-COPE)]. ▽

2. 단계적 축소 기법(예: 주의 집중하기, 공감적 경 청하기, 감정 반영하기, 부당한 측면에 동의하기, 논쟁 피하기, 침착함을 유지하기, 안심시키기 등) 을 실행하면서, 실직에 대한 내담자의 감정을 탐색하며 실직과 관련된 사람들에 대한 공격 적이거나 폭력적인 행위를 예방합니다.

3. 내담자의 분노가 공격성을 유발하는 통제 불 가능한 격노에 근접하는지를 평가합니다. 필 요한 경우에는 내담자를 법 집행 기관이나 행 동 관리 훈련을 받은 사람에게 연결합니다.

4. 법률체계에서 폭력 위협으로 간주되는 경우에 는 이 내담자가 지목하는 피해자에게 알립니다.

5. 내담자와 눈을 적절하게 맞추고 명확하고 천천 히 말하며, 내담자와 같은 높이(예를 들면, 앉거 나 서서)에서 말함으로써 라포를 형성합니다.

6. 내담자로 하여금 실직을 둘러싼 상황을 설명 하게 하고 실직과 관련하여 내담자의 다양한 범위의 감정을 탐색하게 합니다. 내담자의 정 서적 반응은 실직의 여파로 나올 수 있는 반응 이며 여기에는 옳고 그른 감정이 없다고 안심 시켜 줍니다.

7. 감정을 계속해서 억누르면 감정의 힘이 커지고 파괴적으로 변할 가능성이 있음을 내담자에게 교육합니다. 실직과 관련한 감정 표현을 촉진합니다.

8. 내담자가 사건에 대하여 정서적 또는 인지적 반응에 압도당하고 있는지 평가합니다. 만약 그렇다면, 지속적인 상담에 의뢰합니다.

4. 실직 경험을 함께 나눌 수 있는 신뢰할 만한 가족과 친구들을 파악합니다. (9, 10)

9. 내담자로 하여금 자신의 사회 네트워크에서 신뢰할 수 있는 사람들을 나열하도록 돕습니다. 내담자가 신뢰할 수 있는 전문가, 가족 및/또는 친구들과 자신의 정서적 및 인지적 반응을 공유하도록 격려하고 촉진합니다.

10. 내담자가 지역사회의 사람들에게 실직에 대하여 공개하는 역할극을 해 봅니다. 이 연습에서의 반응들을 다룹니다.

5. 실직에 대처하는 방법으로 술이나 기타 기분 전환 물질에 의존하는 내담자의 자가처방적 약물 사용 방식을 감소시킵니다. (11)

11. 실직 후 실직에 대처하는 수단으로 술이나 기타 기분 전환 물질 사용 증가가 나타나는지 내담자를 평가합니다. 이러한 부적응적 대처 행동을 계속 모니터링하고 억제하게 합니다. 필요한 경우 중독치료에 내담자를 의뢰합니다.

6. 실직과 수입 손실이 재정적으로 미치는 영향을 내담자와 공유합니다. (12, 13)

12. 실직으로 인한 내담자의 경제적 손실(예: 소득 손실, 청구서 지불, 모기지 대출 상환)에 대해 탐색합니다.

13. 내담자로 하여금 실직 관련 준비와 의사결정을 할 수 있도록 돕습니다(예: 신용카드 회사, 모기지 대출 기관, 전기나 가스 공사, 실업 사무소 등에 연락하기).

7. 실업자가 이용할 수 있는 지역사회와 정부의 자원을 파악하고 이를 말로 표현합니다. (14, 15, 16)

14. 내담자를 지역사회 기반 서비스(예: 가톨릭 자선 단체나 구세군과 같은 종교 기반 기관들, 실업 사무소, 직업 재활 서비스, 푸드 팬트리 등)로 안

내합니다.

8. 실업 보험 혜택을 신청합니다. (17)

9. 사회보장 장애 신청서를 제출합니다. (18)

▽ 10. 실직과 관련한 반응들을 다루기 위해 안정화와 대처 전략들을 배우고 실행합니다. (19)

▽ 11. 실직에 대한 편향적이고 두려움에 찬 자기-대화를 확인하고 도전하며 현실에 기반한 긍정적인 자기-대화로 대체합니다. (20, 21, 22)

15. 보조금을 제공하는 다양한 정부 프로그램(예: 사회보장 제도, 근로자 재해보장, 실업 보험 등)에 대한 정보를 제공합니다. 각 프로그램의 수혜 기준에 대해 알려 줍니다.

16. 내담자가 실직과 구직을 위한 온라인 지원을 찾는 데 도움을 줍니다.

17. 내담자로 하여금 실업 보험금 신청서를 작성하도록 돕습니다.

18. 내담자가 사회보장 장애 신청서를 작성하도록 돕고 평가 과정 동안 내담자를 옹호합니다.

19. 숙련감을 느낄 때까지 이완, 호흡 조절, 내적 모델링(예: 전략을 성공적으로 사용하는 것을 상상하기) 및/또는 역할 연기(예: 치료자나 신뢰할 수 있는 친구와 함께)와 같은 스트레스 관리 전략을 가르칩니다. ▽

20. 실직 사건과 두려움을 매개하는 내담자의 도식과 자기-대화를 탐색합니다. 부정적인 편견에 도전합니다. 그리고 편견을 수정하고 자신감을 갖게 하는 가치판단을 형성하도록 도움을 줍니다(또는 Jongsma의 『Adult Psychotherapy Homework Planner 2판』, '부정적인 사고가 부정적인 정서를 유발한다' 과제를 내줍니다). ▽

21. 긍정적인 자기-대화와 같은 인지 행동 기술을 사용하여 내담자로 하여금 실직에 대한 생각들을 정리하도록 돕습니다. ▽

22. 내담자로 하여금 부정적인 자기-대화를 파악하고 현실에 기반한 긍정적인 대안을 만들도록 연습 과제(예: 일기 쓰기)를 할당합니다(또

는 Jongsma의 『Adult Psychotherapy Homework Planner 2판』, '긍정적인 자기-대화하기'를 과제로 내줍니다). 성공을 검토하고 강화하며 실패에 대한 교정 피드백을 제공합니다. ▽

12. 실직을 둘러싼 사건들과 관련하여 불안 수준 감소를 보고합니다. (23)

23. 내담자에게 실직과 관련된 사건들을 가지고 상상적 노출을 경험하게 합니다. 이때 실직 관련 사건들은 내담자가 선택한 것으로 낮은 수준부터 불안이 높은 수준까지 실직 사건의 세부 단계들에 대하여 상상적 노출을 경험하게 합니다. 관련 불안이 감소하고 안정될 때까지 반복합니다. 진행 상황을 검토하고 강화합니다. ▽

13. 고용과 해고의 법적 권리에 대해서는 변호사의 자문을 받습니다. (24)

24. 내담자를 고용노동법 전문 변호사에게 의뢰하여 실직 사유와 가능한 법적 대안들을 검토하도록 합니다.

14. 현재 직업이나 고용 분야에 머무르는 것의 장단점을 나열해 봅니다. (25)

25. 내담자가 현재 직업이나 고용 분야에 머무르는 것의 장단점을 나열하고 고려하도록 안내합니다.

15. 구직 과정에 관한 책을 읽습니다. (26)

26. 내담자에게 구직 기술, 전략과 절차에 관한 책을 읽도록 제안합니다(예: Bolles의 『What Color Is Your Parachute?』).

16. 구직 계획을 세웁니다. (27, 28)

27. 가능한 직업을 찾기 위한 전략(신문, 직업 게시판, 온라인 서비스, 잠재적인 고용주의 인사부서 방문 등)을 내담자에게 교육합니다. 실행 계획(또는 Jongsma의 『Adult Psychotherapy Homework Planner 2판』, '구직 행동 계획하기' 과제를 내줍니다)을 개발합니다.

28. 내담자에게 자신의 자격으로 가능한 10개의 일자리를 판단해 오도록 과제를 부과합니다.

17. 취업 면접 기술을 연습합니다.
(29, 30)

18. 고립과 철수를 방지하고 자기-존중감을 가질 수 있도록 긍정적이고 건강하며 건설적인 사회적 상호작용에 참여합니다. (31)

19. 건강한 수면을 취하고, 적절한 식습관을 유지하며, 개인 위생을 유지하는 능력을 보고합니다. (32)

20. 실직이 가져올 수 있는 긍정적인 변화들을 파악합니다. (33)

▽ᴱᴮᵀ 21. 가족들 안에서 실직에 대하여 정직하고 존중하며, 긍정적인 감정과 생각을 직접적으로 표현하는 빈도를 늘립니다.
(34, 35, 36)

29. 내담자와 면접에 대한 역할극을 해 봅니다. 복장, 외모, 말투, 인터뷰 질문의 답변 등에 대해서 피드백을 제공합니다.

30. 이력서 준비, 구직과 면접 기술에 도움을 줄 수 있는 직업 코치에게 내담자를 의뢰합니다.

31. 내담자를 지역사회 시설과 온라인 자조 그룹 및 자원봉사 기회(예: 종교 기반 기관, 지역 병원, 쉼터)로 안내합니다.

32. 내담자에게 적절한 수면, 식사, 개인 위생 습관 유지의 중요성에 대해 교육합니다. 이를 달성하기 위한 방법을 계획하도록 돕습니다(예: 수면 위생 절차 실행하기, 규칙적인 일정에 따라 식사하기, 개인 청결을 위한 일상을 수립하기).

33. 재구성을 사용하여 내담자로 하여금 실직과 관련된 긍정적인 결과(예: 가족관계가 더 친밀해짐, 미래에 대한 감사가 증가함, 가족 및 친구들의 지원, 더 만족스러운 직업을 얻기 등)를 탐색하고 확인하도록 돕습니다.

34. 실직에 대해 논의할 때 사용할 건강한 의사소통 기술(예: 반영적 경청하기, 눈맞춤하기, 존중하기 등)을 가르치기 위해 내담자의 가족을 만납니다. ▽ᴱᴮᵀ

35. 내담자와 가족 구성원에게 모델링, 역할극, 교정적 피드백, 긍정적 강화를 사용하여 다음과 같은 의사소통 기술들을 가르칩니다: 적극적인 의사소통, 긍정적인 피드백 제공, 적극적인 경청, 다른 사람의 행동 변화를 긍정적으로 요청하기, 진실하고 존중하는 방식으로 부정적인 피드백 하기 등. ▽ᴱᴮᵀ

⏷ 22. 실직 후 회복 과정을 촉진하기 위해 문제 해결과 갈등 해결 기술을 배우고 실행합니다.
(37, 38)

36. 가족들에게 새로 배운 의사소통 기술을 사용하고, 모니터하고 기록하는 과제를 내줍니다. 회기 내에서 개선을 위한 교정 피드백을 제공하면서 그 결과를 다룹니다. ⏷

37. 가족들이 의사소통, 갈등 해결 및/또는 문제 해결 기술을 사용하여 해결할 수 있는 갈등들을 확인하도록 돕습니다. ⏷

38. 가족들에게 문제를 정확히 진단하고, 가능한 해결책을 브레인스토밍하고, 각 해결책의 장단점을 나열하고, 해결책을 선택, 실행하고, 실행 결과를 평가하고, 필요하다면 해결책을 수정하도록 가르칩니다. 가족 갈등 이슈에 이 과정을 적용하는 역할극을 해 봅니다. ⏷

____ . _____
_____
____ . _____
_____
____ . _____

📝 진단

ICD-9-CM	ICD-10-CM	DSM-5 Disorder, Condition, or Problem
V62.82	Z63.4	단순 사별(Uncomplicated Bereavement)
V62.2	Z56.9	고용과 관련된 기타의 문제(Other Problem Related to Employment)
V61.10	Z63.0	배우자나 친밀 동반자와의 관계 고충(Relationship Distress with Spouse or Intimate Partner)
296.2x	F32.x	주요우울장애, 단일 삽화(Major Depressive Disorder, Single Episode)

300.02	F41.1	범불안장애(Generalized Anxiety Disorder)
305.00	F10.10	경도 알코올사용장애(Alcohol Use Disorder, Mild)
308.3	F43.0	급성 스트레스장애(Acute Stress Disorder)
309.0	F43.21	우울 기분을 동반한 적응장애(Adjustment Disorder With Depressed Mood)
_____	_____	_____
_____	_____	_____

11. 의학적 사망(성인)

행동적 정의

1. 사람의 갑작스러운 사망(예: 심정지, 호흡 정지, 동맥류로 인한 사망)을 경험하였다.
2. 장기간의 질병(예: AIDS, 암, 울혈성 심부전)으로 인하여 사랑하는 사람이 사망하였다.
3. 죽음과 관련된 반복적이고 침습적이고 외상적인 기억, 플래시백, 악몽(예: 죽음 목격, 사망 알림의 수신)이 있다.
4. 사망 사건 이후 집중하는 것과 지시를 따르는 것에 어려움이 있다.
5. 사망 이후 술이나 기타 기분 전환 물질의 사용이 증가하였다.
6. 떨림, 실신, 구강 건조 및/또는 발한을 경험한다.
7. 사회적 철수와 고립이 나타나고, 특정 장소와 사회적 상황을 회피한다.
8. 사망 후 감정을 조절할 수 없다.
9. 사망에 대한 죄책감이 있다.
10. 사망 후 식습관, 수면 패턴, 개인 위생 부족 등에 전형적인 문제가 있다.
11. 가슴 통증, 흉부 압박감, 호흡곤란, 근육 긴장, 두통, 배탈, 심장, 심계항진 등의 신체적 증상이 있다.

—•_____
_____
_____
—•_____
_____
_____
—•_____
_____

🎯 장기 목표

1. 일상 활동 재개를 포함하여 위기 이전의 기능 수준으로 회복합니다.
2. 적절한 수준의 정서적, 인지적, 행동적 기능을 회복합니다.
3. 신체적 불편감이 감소합니다.
4. 건강한 애도 과정을 개발합니다.
5. 미래에 대한 의미를 재정립합니다.
6. 건강한 가족 및 타인과의 사회적 관계를 새롭게 형성합니다.

—•_____
_____
_____
—•_____
_____
_____
—•_____
_____

⏱ 단기 목표

1. 고인의 사망 원인과 살리려고 시도했던 구조 활동을 파악하고 이를 말로 표현하게 합니다. (1)

2. 사랑하는 사람이 사망했다는 소식에 대한 반응으로 나타난 내담자의 상해 및/또는 이차증상에 대해 의학적 치료를 제공합니다. (2)

3. 고인의 치료, 사망 전 마지막 순간, 고인에 대해 의료진에게 물어볼 질문을 나열하게 합니다. (3)

4. 고인의 시신에 작별 인사를 하고 시신을 봅니다. (4)

5. 장례식/추도식 준비에 관한 결정을 내립니다. (5)

6. 사망과 관련된 사람들에 대한 공격적이거나 폭력적인 행동의 충동을 통제합니다. (6, 7, 8)

🖳 치료적 개입 전략

1. 사랑하는 사람의 상태나 발생한 사건에 대해 내담자가 알고 있는 것을 함께 탐색합니다. 사망에 관한 의학적 사실을 제공하고 내담자에게 사랑하는 사람이 사망했음을 알리며(**죽음** 또는 **사망**이라는 단어를 사용) 사망 통지 후 침묵을 허용합니다.

2. 가슴 통증이나 기타 의학적 상태에 대한 이차 증상들이 내담자에게 일어날 수 있으므로 필요하다면 응급 의료 서비스 또는 의료진에 쉽게 접근할 수 있도록 합니다.

3. 내담자가 의료진에게 묻고 싶은 질문을 작성할 수 있도록 종이와 펜을 제공합니다. 의료진과 만날 때 메모할 것을 제안합니다. 가능한 한 회의에 함께 참석하여 메모를 도와줄 친구나 다른 사람을 데려오도록 합니다.

4. 고인 신체 외관(예: 사지 절단, 피, 타박상)에 대해 내담자를 준비시킵니다. 고인의 시신을 볼 때 내담자를 신체적, 정서적으로 지원합니다.

5. 장례식(예: 매장, 화장, 추도식, 기념 기부)과 관련된 결정과 준비를 내담자가 할 수 있도록 돕습니다.

6. 단계적 축소 기술을 사용하여 내담자가 의료진이나 사망과 관련된 다른 사람들에 대하여 공격적이거나 폭력적인 행동을 하지 않도록 합니다.

7. 필요하다면 내담자를 행동 관리에 도움이 되는 법 집행 기관이나 기타 교육을 받은 사람에게 연결합니다.

7. 사건에 대한 전형적인 반응인 정서적 반응을 이해하고 이를 말로 표현하게 합니다. (9)

8. 문화적으로 적절한 방식으로 아이들과 애도 경험을 나눕니다. (10)

9. 사망에 대해 가족, 친구, 지역사회와 이야기합니다. (11, 12)

▽EBT 10. 죽음을 둘러싼 사건들을 이야기할 때 불안 수준의 감소를 말로 표현합니다. (13)

▽EBT 11. 가족 구성원은 고인의 죽음에 대해 이야기할 때 건강한 의사소통 기술을 사용합니다. (14, 15)

8. 내담자에게 감정을 무시하고 표현하지 않으면 장기적으로는 이러한 감정이 강렬해져서 파괴적으로 나타날 수 있음을 알립니다.

9. 내담자에게 감정은 옳고 그른 것이 없으며 슬픔, 분노, 두려움은 죽음에 대한 정상적인 반응임을 분명하게 알려 줍니다.

10. 내담자가 속한 문화의 애도 과정에 따라 자녀와 함께 감정을 개방적으로 표현하도록 격려합니다.

11. 내담자가 가족과 친구뿐만 아니라 지역사회의 다른 사람들에게 고인의 죽음에 대한 정보를 공개하는 역할극을 연습합니다. 연습한 반응들을 다룹니다.

12. 내담자를 지원하도록 가족, 친구나 다른 사람(예: 성직자, 목사, 신부, 랍비)에게 연락합니다.

13. 내담자에게 죽음 관련 사건에 대한 상상적 노출을 경험하게 합니다. 이때 죽음 관련 사건은 내담자가 선택한 것으로 낮은 수준부터 불안이 높은 수준까지 세부적인 죽음 사건의 단계에 대하여 상상적 노출을 경험하게 합니다. 관련 불안이 감소하고 안정될 때까지 반복합니다. 진행 상황을 검토하고 강화합니다. ▽EBT

14. 고인의 죽음에 대해 이야기할 때 사용할 수 있는 건강한 의사소통 기술(예: 반영적 경청하기, 눈맞춤하기, 존중하기 등)을 가족 구성원에게 가르칩니다. ▽EBT

15. 모델링, 역할극, 수정 피드백 및 긍정적 강화를 사용하여 가족에게 주장적 의사소통을 가르칩니다. 이때 긍정적인 피드백 제공, 적극

12. 죽음에 대한 인식을 탐색합니다.
    (16, 17)

▽ 13. 죽음에 관한 편향되고 두려운 자기-대화를 파악하고, 도전하고, 현실에 기반한 긍정적인 자기-대화로 대체합니다. (18, 19)

▽ 14. 죽음에 관한 불안 반응을 다루기 위하여 안정화와 대처 전략

적인 경청, 다른 사람의 행동 변화에 대한 정중한 요청, 정직하고 정중한 방식으로 부정적인 피드백을 제공하기 등을 가르칩니다. ▽

16. 적극적인 경청 기술을 사용하여 내담자가 편안하게 느끼는 범위 내에서 세부사항을 설명하는 동안 내담자의 정서적, 행동적, 인지적 반응을 탐색합니다(또는 Jongsma의 『Adult Psychotherapy Homework Planner 2판』, '고통스러운 기억을 공유하기'를 과제로 내줍니다).

17. 내담자가 제한을 함으로써 통제되었던 감정들을 안전하고 위협적이지 않은 방식으로 표현할 수 있도록 허용하면서 표현하도록 촉진합니다.

18. 일기 쓰기와 같은 숙제를 사용하여 두려운 자기-대화를 파악하고 현실에 기반한 대안을 개발합니다. 성공을 검토하고 강화하며 실패에 대한 수정 피드백을 제공합니다(또는 Jongsma의 『Adult Psychotherapy Homework Planner 2판』, '긍정적인 자기-대화하기' 과제를 내줍니다). ▽

19. 사건에 관한 두려움을 중재하는 내담자의 사고 과정과 자기-대화를 탐색합니다. 부정적인 편견에 도전하고 편견을 수정하고 자기-확신감을 수립하는 가치 판단을 형성하도록 도움을 줍니다(또는 Jongsma의 『Adult Psychotherapy Homework Planner 2판』, '부정적인 사고가 부정적인 정서를 유발한다' 과제를 내줍니다). ▽

20. 숙련감을 느낄 때까지 이완, 호흡 조절, 내적 모델링(예: 전략을 성공적으로 사용하는 것을 상

을 배우고 실행합니다. (20)

상하기) 및/또는 반응 관리를 위한 역할극(예: 치료자나 신뢰할 수 있는 친구와 함께)과 같은 스트레스 면역 훈련을 내담자에게 가르칩니다. ▽

15. 사망과 관련한 비합리적인 죄책감의 해소를 말로 표현합니다. (21, 22)

21. 사망에 대한 내담자의 부당한 죄책감을 반박하고, 비합리적인 생각을 탐색하여 현실적인 사고로 대체합니다.

22. 내담자가 할 수 있던 것, 해야 했던 것 또는 성취될 것이라고 믿은 것에 대해 질문함으로써 내담자가 느끼는 후회를 함께 탐색합니다.

16. 유감스럽게도 고인에게 표현하지 못했던 생각과 감정을 표현합니다. (23)

23. 고인이 죽기 전에 고인에게 해 주고 싶었던 말을 내담자와 함께 탐색합니다. 이 대화를 촉진하기 위해 빈 의자 기법을 활용합니다.

▽ 17. 사망과 관련된 이슈들을 다루기 위해 문제 해결 및 갈등 해결 기술을 배우고 실행합니다. (24, 25)

24. 의사소통, 갈등 해결 및/또는 문제 해결 기술을 사용하여 사망과 관련된 해결 가능한 갈등을 파악하도록 가족을 돕습니다. ▽

25. 가족에게 문제 해결 기술을 가르칩니다(즉, 문제를 정확히 진단하고, 가능한 해결책을 브레인스토밍하고, 각 해결책의 장단점을 나열하고, 해결책을 선택하고 실행하며, 그 결과를 평가하고, 필요하다면 해결책을 수정합니다). 하나의 가족 갈등 이슈에 이 과정을 적용하는 역할극을 해 봅니다. ▽

▽ 18. 애도 과정에서 가족끼리 정직하고 정중하게 긍정적인 감정과 생각들을 직접 표현하는 빈도를 늘려 갑니다. (26)

26. 새로 배운 의사소통 기술을 사용하고, 모니터링하고 기록하는 과제를 가족들에게 부과합니다. 회기 내에서 이 내용을 다루고 개선을 위해 교정적인 피드백을 제공합니다. ▽

19. 상실 애도에 집중하는 시간을 제한합니다. (27)

27. 내담자에게 매일 시간과 장소를 정하여 상실감에 집중하도록 제안합니다(예: 아침에 20분간 특정한 장소에서). 그 시간이 끝나면 내담자

20. 사망이 가져온 긍정적인 결과들을 파악합니다. (28)

21. 사망에 대처하는 방법으로 술이나 기타 기분 전환 물질에 의존하는 내담자의 자가처방적 약물 사용 방식을 감소시킵니다. (29)

22. 과거나 미래보다는 현재에 집중합니다. (30)

23. 적절한 시기에 매일의 일상 기능을 회복합니다. (31)

24. 애도 경험을 더 잘 이해하고 희망을 키우기 위해 책이나 DVD와 같은 대중 매체를 활용합니다. (32)

25. 지지를 제공할 수 있는 지역 기반 자원들에 연계합니다. (33)

는 전형적인 일상 활동에 참여할 것입니다.

28. 재구성을 사용하여 사망 사건 후의 긍정적인 회복 및 탄력성에 관한 긍정적인 변화(예: 가족과 더 가까워짐, 미래에 대한 감사가 증가함)를 탐색하고 확인합니다.

29. 사망에 대처하는 수단으로 그 사건 이후 술이나 기타 기분 전환 물질의 사용 증가가 나타나는지 내담자를 평가합니다. 이러한 부적응적 대처 행동을 계속 모니터링하고 억제하며, 필요한 경우 중독치료에 의뢰합니다.

30. '왜'라는 질문에 답을 찾고자 하는 내담자의 욕구는 인정하지만, '왜'라는 질문에 초점을 맞추기보다는 그 질문 이면의 정서들을 파악하는 방향으로 관점을 바꾸도록 안내합니다.

31. 적절한 식사, 개인 위생 습관과 건강한 수면 패턴을 유지하는 것이 중요하다는 정보를 내담자에게 제공합니다. 일기 쓰기와 이완 기술을 통해 이를 유지하는 방식을 제안합니다.

32. 내담자에게 애도에 관한 책(예: Westberg의 『Good Grief』, Rando의 『How to Go on Living When Someone You Love Dies』)을 읽거나 DVD(예: 〈Terms of Endearment〉, 〈On Golden Pond〉, 〈Ordinary People〉)를 시청하도록 과제를 부과합니다. 그 등장인물이 어떻게 상실에 대처하고 애도를 표현하는지 내담자와 토론합니다.

33. 내담자에게 정서적 지지를 제공할 수 있는 지역 기반 서비스(예: 종교 기반 시설, Parents Without Partners, Widowed Person Services, GriefNet.org 및 groww.org와 같은 온라인 그룹)

26. 파트너 사망으로 인한 재정적 결과에 건설적으로 대응하는 계획을 실행합니다. (34)

27. 고인의 소지품 처리 절차를 시작합니다. (35)

28. 트라우마에 대하여 지속적인 기능 장애 반응이 있는지를 판단하기 위해 객관적인 평가를 수행하는 데 협력합니다. (36, 37)

29. 애도가 일상생활에 지장을 줄 경우 정신건강 서비스 이용에 동의합니다. (38, 39, 40)

로 안내합니다.

34. 사망으로 인한 재정적 손해(예: 소득 상실, 청구서 지불, 모기지 대출 등)에 대해 탐색합니다. 재정 지원을 위한 자원(예: 생명 보험, 가족과 친구, 정부 보조금 프로그램)을 파악하고 재정적 요구를 충족시키는 방법에 대한 계획을 모색합니다.

35. 고인의 방을 청소하고, 소지품을 관리하고, 옷을 나누어 주는 등 내담자가 필요로 하는 것을 탐색합니다. 압도감을 느끼거나 되돌릴 수 없는 결정이 되어서 후회하는 일이 없도록 내담자로 하여금 이 과정을 점진적으로 진행할 것을 권장합니다.

36. 위기 및 트라우마 상황을 측정하도록 설계된 내담자 평가 도구를 실시합니다[예: Triage Assessment Form: Crisis Intervention-Revised, Symptom Checklist-90-Revised, Trauma Symptom Checklist, Traumatic Life Events Questionnaire, Family Crisis Oriented Personal Evaluation Scales (F-COPE), Beck Depression Inventory-II]. 치료 가이드를 위해 회복 과정을 모니터링합니다.

37. 필요하다면 내담자와 함께 자살 및 살해 위험성에 대한 평가를 수행합니다.

38. 추가 정신건강 서비스가 필요한 트라우마성 사망의 심리적 공존질환(예: 플래시백, 우울증, 자살 사고)이 나타날 수 있다는 것에 대해 내담자를 교육합니다.

39. 내담자에게 사용 가능한 정신건강 연계 자원 목록을 제공합니다.

30. 사랑하는 사람의 사망 기념일이나 생활 사건(예: 생일, 공휴일)을 위한 추모 활동을 기획하고 실행합니다. (41)

40. 내담자에게 애도와 사별에 관한 팸플릿과 기타 참고자료를 제공합니다.

41. 내담자와 함께 추도 의례나 가족 전통을 파악하고 탐색합니다. 중요한 기념일(예: 무덤에 가기, 특별한 가족 식사)에 사랑하는 사람을 기억할 계획을 세웁니다.

—— . ————————

———————————

—— . ————————

———————————

—— . ————————

———————————

—— . ————————

———————————

—— . ————————

———————————

📑 진단

ICD-9-CM	ICD-10-CM	DSM-5 Disorder, Condition, or Problem
V62.82	Z63.4	단순 사별(Uncomplicated Bereavement)
296.2x	F32.x	주요우울장애, 단일 삽화(Major Depressive Disorder, Single Episode)
300.02	F41.1	범불안장애(Generalized Anxiety Disorder)
305.00	F10.10	알코올사용장애(Alcohol Use Disorder)
308.3	F43.0	급성 스트레스장애(Acute Stress Disorder)
309.0	F43.21	우울 기분을 동반한 적응장애(Adjustment Disorder With Depressed Mood)
309.81	F43.10	외상후 스트레스장애(Posttraumatic Stress Disorder)

The Crisis Counseling and Traumatic Events Treatment Planner

12. 의학적 사망(아동)

📄 행동적 정의

1. 아동의 갑작스러운 사망(예: 심정지, 호흡 정지, 동맥류로 인한 사망)을 경험하였다.

2. 장기간의 질병(예: 암)으로 아동이 사망하였다.

3. 죽음과 관련된 반복적이고 침습적이고 외상적인 기억, 플래시백, 악몽(예: 죽음 목격, 사망 알림의 수신)이 있다.

4. 사망 사건 이후 집중하는 것과 지시를 따르는 것에 어려움이 있다.

5. 사망 이후 술이나 기타 기분 전환 물질의 사용이 증가하였다.

6. 떨림, 실신, 구강 건조 및/또는 발한을 경험한다.

7. 사회적 철수와 고립이 나타나고, 특정 장소와 사회적 상황을 회피한다.

8. 사망 후 감정을 조절할 수 없다.

9. 사망에 대한 죄책감이 있다.

10. 사망 후 식습관, 수면 패턴, 개인 위생 부족 등에 전형적인 문제가 있다.

11. 가슴 통증, 흉부 압박감, 호흡곤란, 근육 긴장, 두통, 배탈, 심장, 심계항진 등의 신체적 증상이 있다.

— . _____
_____
— . _____
_____
— . _____
_____

🎯 장기 목표

1. 일상 활동 재개를 포함하여 위기 이전의 기능 수준으로 회복합니다.
2. 적절한 수준의 정서적, 인지적, 행동적 기능을 회복합니다.
3. 신체적 불편감이 감소합니다.
4. 건강한 애도 과정을 개발합니다.
5. 미래에 대한 의미를 재정립합니다.
6. 건강한 가족 및 타인과의 사회적 관계를 새롭게 형성합니다.

— . _____
_____
— . _____
_____
— . _____
_____

🕐 단기 목표

1. 아동이 사망했다는 것을 받아들이고 말로 표현합니다. (1, 2)

2. 아이가 사망했다는 소식에 대한 반응으로 나타난 내담자의 이차 증상에 대해 의학적 치료를 제공합니다. (3)

3. 아이의 사망과 관련된 사람들에 대하여 공격적이거나 폭력적인 행동을 하려는 충동을 통제합니다. (4, 5)

4. 고인의 치료, 사망 직전 마지막 순간과 고인에 대해 의료진에게 물어볼 질문을 나열합니다. (6)

5. 작별 인사를 고하고 아동의 몸을 보고 머무릅니다. (7, 8)

🗣 치료적 개입 전략

1. 보호자와 형제들에게 적절한 눈맞춤을 유지하면서 천천히 그리고 명확하게 말합니다. 그들과 같은 높이(앉아 있거나 서 있다면)를 유지하면서 라포를 형성합니다.

2. 사망을 알리기 위해 안전하고 사적인 방/공간에 보호자와 형제들을 모읍니다. 그리고 사랑했던 아이가 죽었다는 것을 알립니다(**죽음** 또는 **사망**이라는 단어를 사용). 사망 통지 후 침묵을 허용합니다.

3. 가슴 통증이나 기타 의학적 상태에 대한 이차 증상들이 보호자와 형제들에게 일어날 수 있으므로 필요하다면 응급 의료 서비스 또는 의료진에 쉽게 접근할 수 있도록 합니다.

4. 의료진이나 사망과 관련된 다른 사람들에 대하여 공격적이거나 폭력적인 행동을 하지 않도록 단계적 축소 기술을 사용합니다.

5. 필요하다면 행동 관리에 도움이 되는 법 집행 기관이나 교육을 받은 사람에게 보호자와 형제들을 연결합니다.

6. 보호자와 형제들이 의료진에게 묻고 싶은 질문을 작성할 수 있도록 종이와 펜을 제공합니다. 의료진과 만날 때 메모를 할 것을 제안하고 가능한 한 회의에 함께 참석하여 메모를 도와줄 친구나 다른 사람을 데려오도록 합니다.

7. 아동을 보기 위해 보호자와 형제들을 준비시킵니다. 아동의 시신을 보는 동안 이들을 신체적, 정서적으로 지지합니다.

8. 보호자와 형제들에게 아동이 사망한 환경에서 아동을 보는 것이 향후 어떻게 아동이 사망했

6. 장기기증 프로그램에 참여 여부를 결정합니다. (9)

7. 장례식/추도식 준비에 관한 결정을 내립니다. (10)

▽ 8. 아이 사망에 대한 반응을 다루기 위해 안정화와 대처 전략들을 배우고 실행합니다. (11, 12)

▽ 9. 아동의 죽음과 관련된 불안과 공황을 관리하기 위해 인지 행동 전략을 사용합니다. (13)

10. 자녀의 장례와 준비를 위해 고인의 학교에 연락합니다. (14)

는지에 대해 왜곡된 이미지가 형성되는 것을 방지할 수 있음을 교육합니다.

9. 보호자에게 아동의 신체가 손상되지 않으며 가족에게 비용이 들지 않는다는 점을 포함하여 장기기증에 대해 알립니다. 추가 정보는 의료진에게 문의하도록 합니다.

10. 장례식(예: 매장, 화장, 추도식)과 관련된 결정과 준비를 보호자와 형제들이 할 수 있도록 돕습니다.

11. 더 이상 과도한 우려가 일어나지 않을 때까지 사망과 관련한 두려움을 다루기 위하여 이완, 호흡 조절, 내적 모델링(예: 전략을 성공적으로 사용하는 것을 상상하기) 및/또는 역할극(예: 치료자 또는 신뢰할 수 있는 친구와 함께)을 보호자와 형제들에게 가르칩니다. ▽

12. 보호자와 형제들이 갖는 두려운 자기-대화를 파악하고 현실에 기반한 대안을 개발하게 합니다. 성공을 검토하고 강화하며 실패에 대한 수정 피드백을 제공합니다(또는 Jongsma의 『Adult Psychotherapy Homework Planner 2판』, '긍정적인 자기-대화하기' 과제를 내줍니다). ▽

13. 숙달감을 느낄 때까지 보호자와 형제들에게 이완, 호흡 조절, 내적 모델링(예: 전략을 성공적으로 사용하는 것을 상상하기) 및/또는 역할극(예: 치료자나 신뢰할 수 있는 친구와 함께)과 같은 스트레스 예방 훈련 전략을 가르칩니다. ▽

14. 고인의 학교와 연락하여 아동의 장례와 추도식 관련 이슈들에 대한 보호자의 의사를 전달합니다.

11. 사망에 관하여 책망하고자 하는 느낌을 말로 표현합니다. (15)

12. 보호자와 형제들로 하여금 사망에 대한 인식을 탐색하도록 허용합니다. (16)

13. 사망에 관해 가족, 친구, 지역사회와 말할 내용들을 보호자와 형제들이 말로 표현하게 합니다. (17, 18)

14. 성인 생존자/보호자는 사망자의 생존 형제에게 정서적 지원을 제공합니다. (19, 20)

15. 애도의 감정은 자연스러운 것이라는 이해를 말로 표현합니다. (21)

▽ 16. 아동의 죽음에 관한 편향되고 두려움에 찬 자기-대화를 파악하고, 도전하고, 현실에 기반한 건설적인 자기-대화로 대체합니다. (22, 23)

15. 보호자와 형제들에게 감정을 계속해서 억누르면 이 감정들이 강렬해지고 파괴적이 될 가능성이 있다는 것을 교육합니다.

16. 적극적인 경청 기술을 사용하여 보호자와 형제들의 통제된 감정과 인지적 반응을 그들이 편안하게 느끼는 범위 내에서 자세히 표현하도록 지지합니다(또는 Jongsma의 『Adult Psychotherapy Homework Planner 2판』, '고통스러운 기억을 공유하기'를 과제로 내줍니다).

17. 내담자가 가족과 친구뿐만 아니라 지역사회의 다른 사람들에게 아동의 사망에 대한 정보를 공개하는 연습을 합니다.

18. 보호자와 형제들을 지지하도록 가족, 친구 또는 다른 사람(예: 성직자, 목사, 신부, 랍비)에게 연락합니다.

19. 보호자들이 자신의 감정적 반응을 살아남은 형제자매와 공유하도록 격려합니다.

20. 아동은 연령대에 따라 애도하는 방식과 보호자가 지지할 수 있는 방식이 다르다는 것에 유의합니다. 보호자에게 아이들이 보이는 애도 반응을 파악하도록 요청합니다.

21. 보호자와 형제들에게 옳고 그른 감정이란 없으며 애도는 문화적으로 학습된 경험이고 건강하게 표현할 필요가 있음을 확신시켜 줍니다.

22. 사망과 관련해 두려움을 일으키는 보호자와 형제들이 가진 도식과 자기-대화를 탐색합니다. 부정적인 편견에 도전하고 내담자로 하여금 이 편견들을 교정하고 자신감을 갖게 하는 가치 판단을 형성하도록 돕습니다(또는

Jongsma의 『Adult Psychotherapy Homework Planner 2판』, '부정적인 사고가 부정적인 정서를 유발한다' 과제를 내줍니다).

23. 보호자와 형제들로 하여금 불안을 줄이기 위해 죽음과 관련된 이미지를 사용하도록 합니다. 관련 불안이 안정될 때까지 반복합니다. 진행 상황을 검토하고 강화하면서 장애물에 대한 문제를 해결합니다.

17. 가족 안에서 아동의 사망과 관련한 감정과 사고를 정직하고 정중하며 긍정적으로 직접 표현하는 빈도를 늘려 갑니다. (24, 25, 26)

24. 죽음에 대해 이야기 나누기 위해 건강한 의사소통 기술을 사용하는 것이 갖는 이점을 가족들에게 알려 줍니다.

25. 주장적 의사소통하기, 긍정적으로 피드백 제공하기, 적극적으로 경청하기, 행동 변화를 위해 타인에게 긍정적으로 요청하기, 정직하고 정중하게 부정적인 피드백하기와 같은 의사소통 기술을 가족들에게 가르치기 위해 모델링, 역할 연기, 교정적 피드백과 긍정적 강화를 사용합니다.

26. 새로 배운 의사소통 기술을 사용하고, 모니터링하고 기록하는 과제를 가족들에게 부과합니다. 회기 내에서 이 내용을 다루고 개선을 위해 교정적인 피드백을 제공합니다.

18. 아동 사망과 관련된 이슈들을 다루기 위해 문제 해결과 갈등 해결 기술을 배우고 실행합니다. (27, 28)

27. 의사소통, 갈등 해결 및/또는 문제 해결 기술을 사용하여 애도 과정과 관련된 해결 가능한 갈등을 파악하도록 가족을 돕습니다.

28. 가족에게 문제 해결 기술들을 가르칩니다(즉, 문제를 정확히 진단하고, 가능한 해결책을 브레인스토밍하고, 각 해결책의 장단점을 나열하고, 해결책을 선택하고 실행하며, 그 결과를 평가하고, 필요하다면 해결책을 수정합니다). 하나의

가족 갈등 이슈에 이 과정을 적용하는 역할 극을 해 봅니다. ▽

19. 사망과 관련한 비합리적인 죄책감의 해소를 말로 표현합니다. (29, 30)

29. 사망에 대한 보호자와 형제들의 비합리적인 죄책감을 반박하고, 비합리적인 생각을 탐색하고 현실적인 사고들로 대체합니다.

30. 그들이 할 수 있었던 것, 해야 했던 것 또는 했을 뿐이라고 믿은 것들에 대해 질문함으로써 보호자와 형제들의 후회를 탐색합니다.

20. 유감스럽게도 고인에게 표현하지 못했던 생각과 감정을 표현합니다. (31)

31. 죽기 전에 고인에게 해 주고 싶었던 말을 보호자, 형제들과 함께 탐색합니다. 이 대화를 촉진하기 위해 빈 의자 기법을 활용합니다. 보호자와 형제들에게 작별 인사를 고하는 편지 쓰기 과제를 내줍니다. 그리고 이 과제에 대한 반응을 다룹니다.

21. 아동 사망에 대처하는 방법으로 술이나 기타 기분 전환 물질에 의존하는 내담자의 자가처방적 약물 사용 방식을 감소시킵니다. (32)

32. 사망에 대처하는 수단으로 그 사건 이후 술이나 기타 기분 전환 물질의 사용 증가가 보호자와 형제들에게서 나타나는지를 평가합니다. 이러한 부적응적 대처 행동을 계속 모니터링하고 억제하며, 필요한 경우 중독치료에 의뢰합니다.

22. 과거나 미래보다는 현재에 집중합니다. (33)

33. '왜'라는 질문에 답을 찾고자 하는 욕구는 인정하지만, '왜'라는 질문에 초점을 맞추기보다는 그 질문 이면의 정서를 파악하는 방향으로 보호자와 형제들의 관점을 바꾸도록 안내합니다.

23. 아동에 대한 기억을 개방적으로 나눕니다. (34, 35)

34. 모든 가족 구성원이 모여 아동에 대한 모든 기억과 죽음에 대한 정서적 반응을 나누는 가족 회기를 진행합니다. 연감, 사진 앨범, 상 등을 활용하여 이 과정을 촉진할 수 있습니다.

35. 보호자와 형제들이 사망한 아동에게 이야기를 건네도록, 그들의 꿈과 안녕이라는 말을 나누도록 격려합니다. 빈 의자 기법을 사용합니다.

24. 적절한 시기에 매일의 일상 기능을 되찾습니다. (36, 37)

36. 보호자와 형제들에게 적절한 식사, 개인 위생 습관과 건강한 수면 패턴을 유지하는 것이 중요하다는 것을 교육합니다. 일기 쓰기와 이완 기술들을 통해 이를 유지하는 방식을 제안합니다.

37. 보호자와 형제들에게 상실감에 집중하는 시간을 정하도록 제안합니다(예를 들면, 아침 20분간). 이 시간이 지나면 그들은 일상적인 매일의 활동에 참여할 것입니다.

25. 애도 경험을 더 잘 이해하고 희망을 증가시키기 위하여 책이나 DVD와 같은 대중 매체를 활용합니다. (38)

38. 보호자와 형제들에게 애도에 관한 책(예: Westberg의 『Good Grief』, Rando의 『How to Go on Living When Someone You Love Dies』)을 읽거나 DVD(예: 〈Ordinary People〉, 〈My Girl〉)를 시청하도록 과제를 부과합니다. 보호자 및 형제들과 함께 등장인물이 어떻게 상실에 대처하고 애도를 표현하는지 토론합니다.

26. 아동의 소지품 처리 절차를 시작합니다. (39)

39. 고인의 방을 청소하고, 소지품을 관리하고, 옷을 나누어 주는 것들이 필요하다는 것을 보호자 및 형제들과 논의합니다. 압도감을 느끼거나 되돌릴 수 없는 결정이 되어서 후회하는 일이 없도록 이 과정을 점진적으로 진행할 것을 권장합니다.

27. 지지를 제공할 수 있는 지역 기반 자원들에 연계합니다. (40)

40. 내담자에게 정서적 지지를 제공할 수 있는 지역 기반 서비스(예: 종교 기반 시설, 지역이나 온라인의 SIDS 지지 집단들, Compassionate Friends 등)로 안내합니다.

▽ 28. 아동 사망 적응에 관한 객관적인 평가를 수행하는 데 협력합니다. (41, 42)

41. 회복 과정을 모니터하기 위해 보호자와 형제들에게 위기 및 트라우마 상황을 평가하기 위한 측정 도구를 실시합니다[예: Triage Assessment Form: Crisis Intervention-Revised, Symptom Checklist-90-Revised, Trauma Symptom Checklist, Traumatic Life Events Questionnaire, Family Crisis Oriented Personal Evaluation Scales (F-COPE), Beck Depression Inventory-II]. ▽

42. 필요하다면 보호자와 형제들에게 자살과 살해 위험성에 대한 평가를 수행합니다. ▽

29. 애도가 일상생활에 지장을 줄 경우 정신건강 서비스 이용에 동의합니다. (43, 44, 45)

43. 보호자와 형제들에게 추가 정신건강 서비스가 필요한 트라우마성 사망의 심리적 공존질환(예: 플래시백, 우울증, 자살 사고)이 나타날 수 있다는 것을 교육합니다.

44. 보호자와 형제들에게 이용 가능한 정신건강 연계 자원 목록과 자기-도움 자원을 제공합니다.

45. 보호자와 형제들에게 애도와 사별에 관한 팸플릿과 기타 참고자료를 제공합니다.

___ . _____
_____
___ . _____
_____
___ . _____
_____

___ . _____
_____
___ . _____
_____
___ . _____
_____

진단

ICD-9-CM	ICD-10-CM	DSM-5 Disorder, Condition, or Problem
V62.82	Z63.4	단순 사별(Uncomplicated Bereavement)
296.2x	F32.x	주요우울장애, 단일 삽화(Major Depressive Disorder, Single Episode)
300.02	F41.1	범불안장애(Generalized Anxiety Disorder)
305.00	F10.10	경도 알코올사용장애(Alcohol Use Disorder, Mild)
308.3	F43.0	급성 스트레스장애(Acute Stress Disorder)
309.0	F43.21	우울 기분을 동반한 적응장애(Adjustment Disorder With Depressed Mood)
309.81	F43.10	외상후 스트레스장애(Posttraumatic Stress Disorder)
————	————	————————————————————————————————
————	————	————————————————————————————————

13. 유산/사산/낙태

📋 행동적 정의

1. 자연적인 원인에 의한 임신중절(즉, 유산/사산)을 경험한다.
2. 의학적으로 유도된 임신중절(즉, 낙태)을 경험한다.
3. 애도 반응(예: 상실감, 공허함, 안절부절못함, 무기력감, 절망감, 집중력 저하, 우울, 사회적 상호작용 감소, 분노)을 경험한다.
4. 유산/사산에 대해 자책하거나 의료진을 부적절하게 비난한다.
5. 낙태를 선택한 후에 죄책감과 후회를 나타낸다.

— . _____

_____

— . _____

_____

— . _____

_____

🎯 장기 목표

1. 상실에 대한 건전한 애도 과정을 시작합니다.
2. 임신중절이 왜 발생했는지 이유를 알려는 욕구를 내려놓음으로써 상실을 현실적으로 받아들입니다.
3. 이전 수준의 사회적, 정서적, 신체적 기능으로 회복합니다.
4. 아이를 낙태하기로 한 결정에 대하여 평온감을 개발합니다.

— . _____
_____
— . _____
_____
— . _____
_____

⏱️ 단기 목표

1. 적절한 의학적 돌봄을 받게 합니다. (1)
2. 사산된 태아를 위한 논의(의료 절차, 아이를 보거나 안는 것, 매장/추모 준비하기)에 적극적으로 참여하게 합니다. (2, 3, 4)

👥 치료적 개입 전략

1. 의학적 평가를 위해 내담자를 의사, 응급 케어, 응급실에 데려갑니다.
2. 유산/사산, 태아를 어떻게 할 것인지, 내담자가 할 수 있는 의학적 치료 옵션 등 해당 기관의 절차를 따르는 것에 대하여 의료진에게 개인적으로(가능한 경우) 자문을 받습니다. 내담자가 무엇을 기대하는지 교육하고 준비하게 합니다. 내담자의 감정을 다룹니다. 내담자로 하여금 의사결정에 적극적으로 참여하도록 지지적이고 격려하는 피드백을 제공합니다.
3. 내담자가 초음파 사진을 보거나 아이를 안고, 이야기하고, 꿈을 말로 표현하고, 아이에게 작별 인사를 하도록 격려합니다. 개인 프라이버시를 존중하면서 감정을 모니터하고 다룹니다.

3. 사망(유산/사산/낙태) 당시 경험한 감정과 그러한 감정이 그 이후 일상적인 기능에 어떤 영향을 미쳤는지 묘사하게 합니다. (5, 6, 7, 8)

4. 우울한 기분/애도 반응의 심각도를 알기 위해 스크리닝 도구를 실시합니다. (9, 10)

4. 내담자가 장례/추모 계획에 적극적으로 참여하도록 격려합니다.

5. 일관된 눈맞춤, 무조건적인 긍정적 관심, 따뜻한 수용으로 독특한 존재로서의 각 내담자에 맞도록 관계적 돌봄을 제공합니다.

6. 태아의 임신중절/사망을 다른 사람들에게 잘 전달하는 방법을 개발하도록 내담자를 돕습니다. 성공을 위해 리허설, 역할극 및 역할 바꾸기를 사용합니다.

7. 내담자에게 애도와 관련한 부적응적 자동적 사고 일지를 매일 작성하도록 과제를 부과합니다. 부정적인 사고 일지 자료를 다루고, 긍정적이고 현실에 기반한 대안 사고를 확인합니다(또는 Jongsma의 『Adult Psychotherapy Homework Planner 2판』, '부정적인 사고가 부정적인 정서를 유발한다'를 과제로 내줍니다).

8. 내담자로 하여금 아이의 이름을 짓도록 격려합니다. 그 이름이 선택된 이유, 아이를 위한 미래의 계획, 아이를 집으로 데려오기 위해 어떤 준비가 이미 이루어졌었는지 알아봅니다. 잃어버린 꿈/계획에 공감합니다.

9. 객관적인 도구(예: Symptom Checklist-90-Revised, Beck Depression Inventory-II 또는 Edinburgh Postnatal Depression Scale)로 내담자의 인지, 정서, 행동 기능에 애도/상실 반응과 우울한 정서가 얼마나 심각한 영향을 미쳤는지 평가합니다.

10. 내담자에게 향정신성 약물이 필요한지를 평가하기 위해 의사나 정신과 의사에게 의뢰합니다. 필요한 경우 약물을 처방받습니다. 약

물 처방 의사나 정신과 의사와 정기적으로 상의하기 위해 내담자로부터 개인 정보 동의를 얻습니다. 내담자의 향정신성 약물 순응도, 부작용과 효과를 모니터링합니다.

5. 분노나 절망을 일으키는 사망 원인에 관한 왜곡된 인지 메시지와 이에 대한 치료를 이해하고 이를 말로 표현합니다. (11, 12, 13)

11. 제공되는 치료 과정에 대하여 내담자로부터 적절한 의료진까지 정보 동의를 얻습니다. 내담자와 함께 치료의 실제 세부 사항을 검토하여 부적절한 분노나 비난을 자신이나 의료 서비스 제공자에게 돌리지 않도록 합니다.

12. 상실로 인한 부정적인 정서적 반응을 강화하는 왜곡된 인지 메시지들을 탐색하기 위해 내담자와 함께 유산/사산의 사실들에 대해 논의합니다.

13. 내담자로 하여금 의사에게 향후 임신 시도와 미래 태아의 생존력을 위하여 내담자가 신체적, 정서적으로 준비해야 하는 것들에 대한 기준을 묻도록 격려합니다. 앞으로의 임신 및/또는 우려사항에 관한 어떤 질문이라도 확인합니다. 정보 입수 시 유의사항을 모니터하고 그 정보를 현실적으로 받아들일 수 있도록 다룹니다.

6. 애도 과정의 단계들에 대하여 이해하고 이를 말로 표현합니다. (14, 15, 16)

14. 애도의 단계들에 대해 내담자를 교육하며 어떤 질문이라도 대답해 줍니다. 애도는 개인적인 것이며 사람마다 슬픔을 처리하는 방식이 다르다는 점을 알려 주어 내담자를 안심시킵니다.

15. 내담자가 아이를 상기시키는 물건(예: 머리카락, 발자국 프린트, 출생 증명서, 아이 사진, 병원에서 받은 플라스틱 신생아 밴드, 태아 모니터링 종이, 초음파나 소아의 체중, 신장, 머리 및 가슴

의 측정 기록)을 얻도록 돕습니다. 그리고 이 물품들을 보존하는 방법을 알아봅니다(예: 사진 앨범, 사진 상자, 보관함, 코팅 항목, 각 항목이 실제로 무엇인지 작은 종이에 기록하기).

16. 죽은 태아나 아이에게 작별 인사 편지 쓰기, 일지 작성, 스크랩 북 만들기(또는 Jongsma의 『Adult Psychotherapy Homework Planner 2판』, '기억 콜라주 만들기'를 참조하십시오)와 같은 수단을 통해 내담자가 태아를 어떤 방식으로 추모할지 확인하는 것을 돕습니다. 성공을 강화합니다.

7. 죄책감, 우울증, 무기력감이나 분노에 영향을 미치는 미해결된 애도 이슈들을 말로 표현하게 합니다. (17, 18, 19)

17. 내담자로 하여금 상실과 관련된 감정을 파악하고 표현하도록 돕습니다(예: 인지 행동 치료 개입을 사용하기, 사고 기록지를 사용하기).

18. 내담자의 현재 우울에 영향을 미치는 미해결된 애도 이슈들의 역할에 대해 내담자와 함께 탐색합니다(Jongsma, Peterson과 Bruce의 『The Complete Adult Psychotherapy Treatment Planner 4판』, '해결되지 않은 애도/상실' 장을 참조하십시오).

19. 감정을 억누르면 감정이 강렬해지고 시간이 지남에 따라 감정이 더 파괴적으로 변할 수 있다는 것을 내담자에게 교육합니다. 부정적인 감정들이 문화적으로 받아들여지는 애도 과정을 통하여 어떻게 내담자를 긍정적으로 움직이게 하는지 함께 검토합니다.

8. 비난하는 사고들을 파악하고 긍정적이고 현실적이며 수용적인 자기-대화로 대체합니다. (20, 21, 22)

20. 태아를 잃은 이유의 답을 찾지 못한 것이 어떻게 내담자의 무기력감, 좌절감이나 분노를 지속시키는지에 대해 내담자에게 교육합니다. 그리고 왜 아기를 잃게 되었는지에 대한

답은 없다는 사실을 받아들이는 것이 애도 과정의 마지막 단계임을 알게 합니다.

21. 내담자에게 임신 진행 과정 및 자신과 태아를 돌보았던 방법을 나누도록 요청합니다. 그녀의 행동과 유산/사산 사이에는 연결점이 없다는 것을 강조합니다.

22. 내담자가 태아를 잃은 것에 대해 자기 자신이나 타인을 비난하고 있는지를 평가합니다. 현실에 기반한 대안적 사고를 가지고 내담자의 잘못된 분노(자기 자신, 의료진, 신에 대한 분노)에 직면하고 이의를 제기합니다. 회기가 진행되는 동안 성공을 검토하고 강화하며 실패에 대한 교정 피드백을 제공합니다.

9. 정서적 고통을 줄이기 위한 행동 전략을 실행합니다. (23, 24)

23. 내담자가 정서적 고통을 줄이기 위한 대처 전략들(예: 일기 쓰기, 명상, 충분한 수면, 운동, 균형 잡힌 식단)을 개발하도록 지원합니다. 성공을 강화합니다.

24. 내담자가 Leith의 『Exercising Your Way to Better Mental Health』를 읽고 실행하도록 권장합니다.

10. 고통스러울 때 지지해 줄 수 있는 사람들을 파악합니다. (25, 26, 27)

25. 내담자가 지지를 원할 때 의지할 수 있는 사람들을 파악하기 위해 생태 지도를 그리는 작업에 내담자를 참여시킵니다. 생태 지도를 검토하고 내담자가 지지적인 사람들과 자주 소통하도록 격려합니다.

26. 지지적인 가족과 친구들을 파악하여 하나의 가족 또는 집단치료 회기를 제공합니다. 가족 구성원/친구들의 애도/상실 감정을 확인합니다. 내담자가 태아를 잃은 것에 대처하는 것을 가족/친구들이 도울 수 있는 방법에

대해 교육합니다(예: 적극적인 경청, 판단적이지 않기, 진부한 표현 피하기, 신체적으로 편안하게 하기, 그녀가 자신의 속도로 슬퍼할 시간을 허용하기).

27. 내담자의 종교적/영적 신념에 대해 질문하고 지지를 위해서 이 자원들을 이용하도록 격려합니다. 내담자의 신앙을 유산/사산의 원인이나 원천이 아니라 위안의 원천으로 활용합니다. 이 자원의 접촉 빈도와 접촉 시 유의사항을 모니터링합니다.

11. 트라우마 사건을 일상생활에 수용하면서 사회 및 직업 활동에 계속 참여합니다. (28)

28. 내담자가 태아를 잃기 전 다녔던 직장, 사회 참여 및/또는 일상으로 돌아가도록 격려합니다. 이러한 활동을 일상생활 속으로 단계적이고 점진적으로 해 나갑니다. 필요한 경우라면 꾸준히 지속합니다.

12. 예정된 출산 예정일 또는 기일에 대한 감정적 반응의 재발 방지 전략을 배우고 실행합니다. (29, 30, 31)

29. 심리교육, 안정화와 대처 기술 훈련, 주장 기술 훈련, 자기 교시 대화(Meichenbaum의 『Stress Inoculation Training』을 참조하십시오) 등과 같은 스트레스 면역 훈련 교육을 활용하여 내담자가 기일이나 기타 중요한 날에 애도 반응이 재발할 것에 미리 대비할 수 있도록 돕습니다.

30. 향후 상황이나 환경(예: 태아 기일, 예정된 산일)에 따라 정서적 반응이 증가할 것을 관리하기 위해 내담자와 함께 이를 알아보고 리허설을 합니다.

31. 내담자에게 상실 기일이 다가옴에 따라 또는 향후 주요 생활 사건들(예: 명절, 태아의 '첫' 생애 경험, 졸업, 형제자매의 탄생 등)이 다가옴에 따라 상실로 인한 부정적인 감정 반응이 어

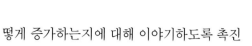

떻게 증가하는지에 대해 이야기하도록 촉진
합니다. 그날 실행할 활동을 설계하고 실행
한 과제를 다룹니다.

| 13. 유산이나 사산 후 대처하는 긍정적인 방법에 관한 책을 읽습니다. (32) | 32. 내담자가 슬픔과 유산/사산에 대처하는 방법에 관한 자조 책을 읽도록 권장합니다(예: Ilse의 『Empty Arms: Coping After Miscarriage, Stillbirth and Infant Death』, Schiff의 『The Bereaved Parent』, Kübler-Ross의 『On Death and Dying』). |

13. 유산이나 사산 후 대처하는 긍정적
인 방법에 관한 책을 읽습니다. (32)

32. 내담자가 슬픔과 유산/사산에 대처하는 방
법에 관한 자조 책을 읽도록 권장합니다(예:
Ilse의 『Empty Arms: Coping After Miscarriage,
Stillbirth and Infant Death』, Schiff의 『The
Bereaved Parent』, Kübler-Ross의 『On Death
and Dying』).

14. 유산이나 사산을 경험한 사람들을
위한 지지 집단에 참여합니다. (33)

33. 유산이나 사산을 경험한 부모에게 초점을 둔
지지 집단에 내담자를 소개합니다. 내담자가
자신의 상실 경험과 그 영향을 집단 내 다른
사람들과 공유하도록 격려합니다.

15. 낙태 결정을 내리게 된 요인들을 설
명합니다. (34, 35)

34. 내담자에게 낙태 결정에 영향을 미친 요인들
의 목록을 작성하도록 요청합니다. 목록 내
용을 다룹니다.

35. 내담자로 하여금 낙태 결정과 연관된 죄책감
이나 양가 감정을 명확히 하고 의사결정에
대한 통찰력을 얻기 위하여 이 감정들을 나
누도록 격려합니다.

16. 용서의 유익을 알아봅니다. (36, 37)

36. 내담자가 자신의 낙태 결정에 영향을 주었다
고(또는 압박을 받았다고) 느끼는 사람들을 탐
색합니다. 그리고 이 관계들에서 용서가 어
떻게 유익을 줄지 내담자와 함께 탐색합니
다. 용서 과정의 단계를 가르치고 성공을 강
화합니다.

37. 내담자에게 용서에 관한 자기-도움 도서를
추천합니다(예: Smedes의 『The Art of Forgiving』
이나 Enright의 『Forgiveness Is a Choice: A
Step-by-Step Process for Resolving Anger and

17. 미래에 대한 희망적이고 긍정적인 진술을 말로 표현합니다. (38, 39)

Restoring Hope』). 읽은 내용을 다룹니다.

38. 자기 자신과 미래에 대하여 긍정적인 확언을 매일 적어도 한 가지씩 쓰도록 내담자에게 과제를 부과합니다.

39. 애도는 하나의 과정임을 알게 합니다. 내담자에게 시간이 지남에 따라 그리고 때때로 예기치 않게 감정의 강도가 다르게 나타날 수 있음을 상기시킵니다. 그리고 감정이 변하는 것은 정상적임을 알려 줍니다. 그러한 감정에 대처하기 위한 계획을 개발합니다(예: 일기 작성하기, 고립되지 않기, 운동하기, 지지체계와 개방적인 의사소통하기, 기도하기).

___. _____

   _____

___. _____

   _____

___. _____

   _____

___. _____

   _____

___. _____

   _____

___. _____

   _____

📝 진단

ICD-9-CM	ICD-10-CM	DSM-5 Disorder, Condition, or Problem
308.3	F43.0	급성 스트레스장애(Acute Stress Disorder)
309.0	F43.21	우울 기분을 동반한 적응장애(Adjustment Disorder With Depressed Mood)
V62.82	Z63.4	단순 사별(Uncomplicated Bereavement)
296.2x	F32.x	주요우울장애, 단일 삽화(Major Depressive Disorder, Single Episode)
301.6	F60.7	의존성 성격장애(Dependent Personality Disorder)

The Crisis Counseling and Traumatic Events Treatment Planner

14. 공포증

📑 행동적 정의

1. 회피 행동을 촉발시키는 특정 대상이나 상황에 대해 지속적이고 비합리적인 두려움이 있다. 회피 행동을 하는 이유는 공포 자극과 직면하는 것이(공황장애의 증거 없이) 주관적인 강렬한 불안 경험을 유발하기 때문이다.
2. 정상적인 일상생활에 방해가 될 정도로 공포 자극/두려운 환경을 회피하거나 고통스럽게 견딘다.
3. 두려운 대상이나 상황에 직면했을 때 메스꺼움, 과도한 발한, 얕은 호흡 및/또는 심장 박동의 빨라짐 등 신체적 증상이 나타난다.
4. 자극 대상이나 상황과 관련된 심각한 트라우마를 경험한 이후에 공포증적 두려움이 발생하였다.

___. _____

___. _____

___. _____

🎯 장기 목표

1. 이전에 공포증적 불안을 유발했던 특정 자극 대상이나 상황에 대한 두려움을 감소시킵니다.
2. 특정 대상이나 상황에 대한 공포증적 회피를 줄여 공공 환경에서 편안하고 독립적으로 이동할 수 있습니다.
3. 불안, 공포, 안절부절못함 등을 경험할 때 안정을 유도하는 전략들을 개발합니다.
4. 두려운 대상이나 상황으로부터 더 이상 정상적인 일상이 방해를 받지 않으며 이로 인한 괴로움이 없어집니다.

— • _____
   _____
— • _____
   _____
— • _____

⏱ 단기 목표

1. 공포증 발병에 관련된 트라우마 사건을 포함하여 공포증의 역사와 특성을 설명합니다. 그리고 이것이 내담자의 기능 손상에 미친 영향과 이를 극복하려고 했던 시도들에 대해 설명합니다. (1, 2)

2. 장애를 일으키거나 치료를 방해할 수 있는 모든 의학적 문제를 파악하고 적절한 치료를 받습니다. (3)

👥 치료적 개입 전략

1. 과거나 현재의 트라우마 사건을 포함하여 내담자의 공포증을 촉발시키는 대상이나 상황을 탐색하고 파악합니다.

2. 공포의 초점, 회피의 유형(예: 주의가 산만해지기, 도망가기, 타인을 의존하기), 진행 경과와 장애(예: Anxiety Disorders Interview Schedule for DSM-5, Client Interview Schedule) 등 내담자의 두려움과 회피를 평가합니다.

3. 불안을 유발할 수 있는 의학적 상태(예: 저혈당증, 약물중독/금단, 갑상선 질환 등)를 파악하고 치료할 수 있도록 내담자를 의사에게 의뢰합니다.

▽ 3. 향정신성 약물치료를 위해 의사나 정신과 의사의 평가에 협조합니다. (4, 5)

4. 내담자의 요청이 있다면 향정신성 약물 처방을 위한 평가를 받게 합니다. 그러나 내담자가 약물치료에 순응하지 않을 가능성이 있는 경우에는 시간을 두고 평가를 받게 합니다. ▽

5. 처방 의사나 정신과 의사와 정기적으로 상의하기 위해 내담자 개인 정보 동의를 얻습니다. 내담자의 향정신성 약물의 순응도, 부작용과 전반적인 약물 효과를 모니터링합니다. ▽

4. 내담자로 하여금 불안 증상을 일으킬 수 있는 모든 물질의 사용을 포함하여, 화학적 의존의 생물심리사회적 병력 정보를 솔직하고 빠짐없이 제공하게 합니다. (6, 7, 8, 9)

6. 내담자에게 화학적 의존성이 있는지 평가합니다. 물질의 금단을 달성할 때까지 공포증 치료를 하지 않습니다.

7. 화학적 의존성 발달에 기여한 가족적, 정서적, 사회적 요인들을 내담자가 이해하도록 돕기 위해 생물심리사회적 병력을 사용합니다.

8. 금단을 확립하고 유지하기 위해 화학적 의존 치료 및/또는 12단계 집단치료에 내담자를 의뢰합니다.

9. 중추 신경계에 대한 자극 효과가 있기 때문에 각성제(예: 카페인, 니코틴, 처방전 없이 살 수 있는 다양한 각성 제품)를 피하는 것이 중요하다는 것을 내담자에게 교육합니다. 각성제의 섭취/사용을 하지 않는다는 유의사항을 준수하는지 모니터링합니다.

▽ 5. 공포증과 치료에 대한 정보를 정확하게 이해하고 말로 표현합니다. (10, 11, 12, 13)

10. 공포증이 얼마나 일상에 많이 나타나는지에 대하여 논의합니다. 이것이 비합리적인 투쟁 또는 도피 반응의 한 표현이라는 점에 대하여, 또한 공포증은 나약함의 징후가 아니나, 불필요한 괴로움과 장애를 일으키는 질병이라는 점에 대하여 토론합니다. ▽

11. 공포적 두려움이 부적절한 두려움과 회피의 '공포적 순환'에 의해서 어떻게 유지되는지, 또한 이 공포적 순환이 두려운 대상이나 상황에 대한 긍정적이고 교정적인 경험을 어떻게 방해하는지에 대해 토론합니다. 그리고 이러한 교정적 경험을 격려함으로써 본 치료가 어떻게 이 순환을 끊을 수 있는지에 대해 논의합니다(Antony, Craske 및 Barlow의 『Mastering Your Fears and Phobias: Workbook』, Bourne의 『Overcoming Specific Phobia—Therapist Protocol: A Hierarchy & Exposure-Based Protocol for the Treatment of All Specific Phobias』를 참조하십시오). ▽[EBT]

12. 내담자로 하여금 특정 공포증에 대한 책의 심리교육 장이나 치료 매뉴얼을 읽도록 과제로 내줍니다(예: Antony, Craske 및 Barlow의 『Mastering Your Fears and Phobias: Workbook』, Bourne의 『The Anxiety and Phobia Workbook 5판』, Marks의 『Living With Fear: Understanding and Coping With Anxiety』). ▽[EBT]

13. 불안 증상들이 공황 발작 및/또는 불안 발작과 일치하는지 탐색하고 그 결과에 따라 의뢰합니다. ▽[EBT]

▽[EBT] 6. 불안의 인지적, 생리적, 행동적 요소들과 치료에 대해 이해하고 이를 말로 표현합니다. (14, 15, 16)

14. 공포증이 어떻게 비현실적인 위협을 인식하고, 그 두려움을 신체적으로 표현하고, 위협적인 것을 회피하는 데 연관되는지, 그리고 이 문제를 유지하기 위해 어떻게 상호작용하는지에 대해 토론합니다(Antony, Craske 및 Barlow의 『Mastering Your Fears and Phobias: Workbook』, Bourne의 『Overcoming Specific

Phobia—Therapist Protocol: A Hierarchy & Exposure-Based Protocol for the Treatment of All Specific Phobias』를 참조하십시오). ▽

15. 성공적인 노출 경험들의 새로운 이력을 갖게 되면서, 노출이 어떻게 학습된 두려움을 둔감하게 하고, 자신감을 갖게 하고, 더욱 안전감을 느끼게 하는 역할을 하는지에 대해 토론합니다(Antony, Craske 및 Barlow의 『Mastering Your Fears and Phobias: Workbook』, Bourne의 『Overcoming Specific Phobia—Therapist Protocol: A Hierarchy & Exposure-Based Protocol for the Treatment of All Specific Phobias』를 참조하십시오). ▽

16. 내담자가 공포 상황을 생각하거나 직면할 때 자신에게 나타나는 신체적, 감정적, 행동적 반응 목록을 작성하는 과제를 내줍니다. 회기 내에서 그 목록을 검토하고 확인된 반응에 대하여 교정적인 피드백을 제공합니다. ▽

▽ 7. 공포 대상이나 상황을 접하는 동안 나타날 수 있는 불안 증상을 감소시키고 관리하기 위하여 안정화 기술들을 배우고 실행합니다. (17, 18)

17. 내담자에게 불안 관리 기술(예: 행동 목표에 집중 유지하기, 점진적 근육 이완하기, 심호흡, 명상, 긍정적인 자기-대화하기)을 가르쳐서 공포 대상이나 상황을 접하는 동안 나타날 수 있는 불안 증상을 해결합니다. 이 기술의 일일 연습을 할당합니다. ▽

18. 내담자가 학습한 이완 기술을 보다 촉진하기 위하여 바이오피드백 기법을 사용합니다. 개선을 위한 교정적인 피드백을 제공하면서 유의사항과 효과성을 점검합니다. ▽

8. 공포증과 관련된 침술 치료에 협조합니다. (19)

19. 스트레스 증상 완화를 위해 내담자를 침술 치료에 의뢰합니다. 성공을 검토합니다.

▽ 9. 공포 대상이나 상황에 대한 정서적 반응을 감소시키기 위해 안구 운동 둔감화 및 재처리(EMDR) 기술과 협력합니다. (20)

▽ 10. 편향적이고 두려움에 찬 자기-대화를 파악하고 긍정적이고 현실적이며 격려하는 자기-대화로 대체합니다. (21, 22, 23)

20. 공포 자극과 관련된 내담자의 불안을 줄이기 위해 EMDR 노출 기법을 활용합니다. ▽

21. 내담자의 두려운 반응을 매개하는 내담자의 도식과 자기-대화를 탐색합니다. 편견에 도전합니다. 왜곡된 메시지들을 현실에 기반한 긍정적인 자기-대화로 대체하도록 내담자를 돕습니다. ▽

22. 회기를 진행하면서 내담자의 불안 반응이 성공적으로 다루어질 때, 그리고 두려움에 찬 자기 대화를 파악하고 현실에 기반한 대안을 만들어 낼 때, 그 일시를 기록하는 과제를 내담자에게 내줍니다(Jongsma의 『Adult Psychotherapy Homework Planner 2판』, '자기패배적 사고들을 기록하고 대체하기'를 참조하십시오). 성공을 검토하고 강화하며 실패에 대한 교정 피드백을 제공합니다. ▽

23. 내담자로 하여금 왜곡된 인지를 파악하고 추적하기 위해 자동 사고 기록지(Melemis의 『I Want to Change My Life: How to Overcome Anxiety, Depression and Addiction』을 참조하십시오) 사용 방법을 가르칩니다. 부정적인 자기-대화를 긍정적이고 힘을 실어 주는 자기-대화로 바꾸도록 내담자에게 도전합니다. ▽

▽ 11. 두렵거나 회피하는 공포 대상 또는 상황에 반복적인 노출을 경험하게 합니다. (24, 25, 26)

24. 공포 반응과 연관된 불안 유발 상황의 위계표를 작성하도록 내담자를 안내하고 돕습니다. ▽

25. 내담자에게 아주 성공적인 경험(상황)을 초기 노출로 선택합니다. 증상을 다루기 위한 한

가지 계획을 세우고 그 계획을 리허설합니다. ▽

26. 내담자에게 상황 노출을 수행하고 반응을 기록하는 과제를 내줍니다(Jongsma의 『Adult Psychotherapy Homework Planner 2판』, '점진적으로 당신의 공포를 감소시키기', Antony, Craske와 Barlow의 『Mastering Your Fears and Phobias: Workbook』, Marks의 『Living With Fear: Understanding and Coping With Anxiety』를 참조하십시오). 성공을 검토하고 강화하며 개선을 위한 교정 피드백을 제공합니다. ▽

▽ 12. 공포 대상 또는 상황을 마주치거나 마주칠 것이 우려될 때, 향후 발생할 수 있는 불안 증상을 다루기 위한 재발 방지 전략을 적용합니다. (27, 28, 29, 30)

27. 경과와 재발의 차이에 대해 내담자와 논의합니다. 경과는 증상이나 두려움, 회피하려는 충동이 일시적으로 나타나지만 회복이 가능한 것을 말하는 것이고, 재발은 두렵고 회피적인 패턴으로 돌아가겠다는 결정과 관련이 있다는 점을 논의합니다. ▽

28. 경과가 나타날 수 있는 향후 상황이나 환경을 다루기 위해 내담자와 함께 이를 파악하고 행동 연습을 합니다. ▽

29. 내담자로 하여금 치료에서 배운 전략(예: 인지 재구성, 노출)을 일상적으로 사용하여 가능한 한 자신의 삶에 적용하도록 가르칩니다. ▽

30. 내담자가 나중에 사용할 수 있도록 대처 전략과 기타 중요한 정보가 쓰인 '대처 카드'(예: "너는 안전하다", "호흡 속도를 조절하라", "지금 현재 작업에 집중하라", "너는 그것을 관리할 수 있다", "그 상황에 머물러라", "불안이 지나가게 하라")를 개발합니다. ▽

13. 두려움과 회피에 머물러 있는 것의

31. 도피 또는 회피 메커니즘을 통해 내담자의 공

대가 비용과 이익을 말로 표현합니다. (31)

14. 현실과 비합리적 공포 대상 또는 상황을 분리한다고 말로 표현합니다. 또한 공포 자극을 유발시켰던 과거로부터 정서적으로 고통스러운 경험을 분리한다고 말로 표현합니다. (32, 33)

15. 공포스러운 두려움이 삶을 통제하도록 자신을 허용하지 않으며, 정상적인 책임과 활동을 계속 회피하도록 자신을 허용하지 않습니다. (34, 35)

포 행동을 강화하는 이차 이득이 있는지를 조사합니다.

32. 내담자로 하여금 현재의 비합리적인 두려움과 과거의 감정적 고통을 명확히 구분하게 합니다.

33. 적극적 경청, 긍정적 관심, 질문을 통해 내담자가 과거 트라우마와 관련된 감정을 공유하도록 격려합니다.

34. 향후 내담자가 일, 가족, 사회 활동에서 도망치거나 회피하지 않고 겪어 낼 수 있도록 내담자를 지지합니다.

35. 내담자로 하여금 자신의 공황 증상을 관리하고 정상적인 책임을 계속해 나가는 방법뿐 아니라 삶이 더 만족스럽고 충만할 수 있는 방법을 나열하도록 요청합니다.

___ . _____
_____
___ . _____
_____
___ . _____
_____

___ . _____
_____
___ . _____
_____
___ . _____
_____

📖 진단

ICD-9-CM	ICD-10-CM	DSM-5 Disorder, Condition, or Problem
309.24	F43.22	불안을 동반한 적응장애(Adjustment Disorder With Anxiety)
300.02	F41.1	범불안장애(Generalized Anxiety Disorder)
300.21	F40.00	광장공포증(Agoraphobia)
300.01	F41.0	공황장애(Panic Disorder)
300.23	F40.10	사회불안장애(사회공포증)[Social Anxiety Disorder (Social Phobia)]
300.29	F40.xxx	특정 공포증(Specific Phobia)
301.82	F60.6	회피성 성격장애(Avoidant Personality Disorder)
301.83	F60.3	경계성 성격장애(Borderline Personality Disorder)
301.50	F60.4	연극성 성격장애(Histrionic Personality Disorder)
_____	_____	_____
_____	_____	_____

15. 외상후 스트레스장애(PTSD)[2]

📄 행동적 정의

1. 두려움이나 무기력감, 공포와 같은 강렬한 감정적 반응을 일으키는 실제적인 또는 위협적인 죽음이나 심각한 상해에 노출되었다.
2. 트라우마 사건을 상기시키는 것에 노출되었을 때 극심한 정서적 고통을 느낀다.
3. 트라우마 사건을 상징하는 내적 또는 외적 단서에 노출되었을 때 생리적 반응이 나타난다.
4. 이미지, 생각, 꿈 또는 지각 등을 포함하여 그 사건에 대한 반복적이고 침습적인 기억이 있다.
5. 그 사건이 재현되는 것처럼 느끼고 행동한다.
6. 트라우마의 중요한 측면들을 기억하지 못한다.
7. 충격적인 사건에 관한 활동, 장소, 사람, 생각, 감정 또는 대화를 회피한다.
8. 중요한 활동에 대한 참여와 흥미가 결여되어 있다.
9. 사랑을 포함하여 모든 감정을 경험하지 못한다.
10. 미래에 대한 비관적이고 운명론적인 태도를 보인다.
11. 타인과 거리를 두거나 멀어진다.
12. 트라우마 사건과 관련된 수면장애가 있고/있거나 불안한 꿈을 꾼다.

---

2) 이 장의 대부분의 내용은 A. E. Jongsma, Jr., L. M. Peterson과 T. J. Bruce의 『The Complete Adult Psychotherapy Treatment Planner 4판』(Hoboken, NJ: John Wiley & Sons, 2006)의 허가를 받아 수록했습니다.

13. 집중력 부족이 나타난다.

14. 과잉 경계, 과장된 놀람 반응이 있다.

15. 과민성 또는 분노 폭발이 나타난다.

16. 자살 사고를 포함하여 슬픈 정동이나 죄책감, 우울의 기타 징후들이 있다.

17. 알코올 및/또는 약물 남용이 있다.

18. 특히 친밀한 관계에서의 대인 갈등 패턴이 나타난다.

19. 직장 상사/동료와의 갈등이나 불안 증상으로 인해 직장을 유지하지 못하거나 직장이
    자주 바뀐다.

— . _____
   _____
— . _____
   _____
— . _____
   _____

🎯 장기 목표

1. 트라우마 사건이 삶의 여러 측면에 미친 부정적인 영향을 감소시키고 트라우마 이전
   의 기능 수준으로 회복합니다.

2. 정상적인 책임을 수행하고 관계에도 건설적으로 참여할 수 있는 효과적인 대처 기술
   을 개발하고 수행합니다.

3. 트라우마 관련 자극으로 인한 침습적 이미지나 기능, 활동 수준의 변화를 감소시킵니다.

4. 도피와 부인을 유지하는 파괴적인 행동을 중단하고 치료를 촉진하며, 과거 사건들을
   수용하고 책임 있는 삶을 수행합니다.

— . _____
   _____
— . _____
   _____
— . _____
   _____

⏰ 단기 목표

1. PTSD 증상의 역사와 특성을 묘사합니다. (1, 2)

2. PTSD 증상의 특성과 심각도를 평가 및/또는 추적하기 위하여 심리검사를 수행합니다. (3)

3. 트라우마 사건을 가능한 한 세부적으로 묘사합니다. (4)

4. 트라우마 사건 이후 나타나기 시작한 신체 증상에 대한 의학적 평가에 협력합니다. (5)

5. 자살 사고를 포함한 우울증 증상을 말로 표현합니다. (6)

🗨 치료적 개입 전략

1. 치료 동맹을 구축하기 위해 내담자와 라포를 형성합니다.

2. 내담자의 PTSD 증상의 빈도, 강도, 기간, 이력과 기능 손상을 평가합니다(또는 Jongsma의 『Adult Psychotherapy Homework Planner 2판』, '트라우마가 나에게 미친 영향'을 과제로 부과합니다. 또한 Anxiety Disorders Interview Schedule for DSM-5: Client Interview Schedule을 참조하십시오).

3. 내담자의 PTSD 증상 유무와 심각도를 평가하기 위해 심리검사[예: Minnesota Multiphasic Personality Inventory-2 Restructured Form (MMPI-2 RF), Impact of Event Scale, Revised, Modified PTSD Symptom Scale (MPSS-SR), Trauma Symtom Inventory-2]를 실시하거나 의뢰합니다.

4. 트라우마 사건 당시의 사실과 내담자의 정서적 반응에 대하여 내담자의 회상을 부드럽고 세심하게 탐색합니다(또는 Jongsma의 『Adult Psychotherapy Homework Planner 2판』, '고통스러운 기억을 공유하기'를 과제로 내줍니다).

5. 의학적 평가를 위해 내담자를 의사, 응급 케어 또는 응급실에 의뢰합니다. 내담자가 평가와 치료 유의사항을 준수하는지 모니터링합니다.

6. 내담자의 우울증 정도와 자살 가능성을 평가합니다. 위기 시 필요한 안전 예방 조치를 취하면서 적절하게 치료합니다(Jongsma, Peterson과 Bruce의 『The Complete Adult Psychotherapy Treatment Planner 4판』, '우울과 자살 사고' 장을 참조하십시오).

6. 내담자로 하여금 화학적 의존에 관한 생물심리사회적 병력 정보를 솔직하고 빠짐없이 보고하도록 합니다. (7, 8, 9)

7. 트라우마와 관련된 화학적 의존성이 있는지 내담자를 평가합니다.

8. 화학적 의존성 발달에 기여한 가족적, 정서적, 사회적 요인들을 내담자가 이해하도록 돕기 위해 생물심리사회적 병력을 사용합니다.

9. 내담자를 화학적 의존을 위한 치료에 의뢰합니다(Jongsma, Peterson과 Bruce의 『The Complete Adult Psychotherapy Treatment Planner 4판』, '화학적 의존' 장을 참조하십시오).

▽EBT 7. 향정신성 약물치료를 위한 의사의 평가에 협조합니다. (10, 11)

10. 내담자의 약물(예: 선택적 세로토닌 재흡수 억제제) 필요성을 평가하고 필요한 경우 처방을 준비합니다. ▽EBT

11. 처방 의사와 정기적으로 상담할 수 있도록 내담자로부터 개인 정보 동의를 얻습니다. 내담자의 향정신성 약물 순응도, 부작용과 기능 수준에 미치는 영향을 모니터링합니다. ▽EBT

▽EBT 8. PTSD와 이로 인한 일상 기능의 손상 정도를 정확히 이해하고 이를 말로 표현합니다. (12, 13)

12. 트라우마에 노출됨으로써 침습적 기억, 비합리적 두려움, 불안 증상을 일으키는 PTSD가 어떻게 나타났는지, 수치심, 분노, 죄책감과 같은 여타 부정적인 감정에 대한 취약성을 어떻게 가지게 되었는지 내담자와 토론합니다. ▽EBT

13. 내담자로 하여금 PTSD의 특징과 발달을 설명하는 PTSD에 관한 책의 심리교육 챕터나 치료 매뉴얼을 읽도록 과제를 내줍니다(예: Allen의 『Coping With Trauma: Hope Through Understanding』). ▽EBT

▽EBT 9. 두려움, 걱정이나 불안을 일으키는 왜곡된 인지 메시지를 이해하고 이를 말로 표현합니다. (14, 15)

14. 대처 기술, 인지 재구성과 노출 방법이 어떻게 자신감을 갖는 데 도움이 되는지에 대해 토론합니다. 이러한 방법이 어떻게 두려움을

탈감하고 극복하게 하며, 자신, 타인, 일을 덜 공포스럽고 덜 우울한 방식으로 보도록 돕는지에 대해 토론합니다. ▽

15. 내담자로 하여금 PTSD에 관한 책이나 치료 매뉴얼 챕터(예: Rothbaum과 Foa의 『Reclaiming Your Life After Rape: Cognitive-Behavioral Therapy for Posttraumatic Stress Disorder Client Workbook』, Matsakis의 I Can't Get Over It: A Handbook for Trauma Survivors) 중에서 스트레스 면역 훈련, 인지 재구성 및/또는 노출 기반 치료에 대해 읽도록 과제를 줍니다. ▽

▽ 10. 트라우마와 연관된 도전적인 상황을 다루기 위해 안정화와 대처 전략을 배우고 실행합니다. (16)

16. 내담자가 숙달감을 느낄 때까지, 긴장 완화, 호흡 조절, 내적 모델링(예: 전략을 성공적으로 사용하는 것을 상상하기) 및/또는 역할극(예: 치료자나 신뢰할 수 있는 다른 사람과 함께)과 같은 스트레스 면역 훈련을 두려움을 관리하기 위한 전략으로 내담자에게 가르칩니다(Smith의 『Stress Management: A Comprehensive Handbook of Techniques and Strategies』를 참조하십시오). ▽

▽ 11. 편향적이고 두려움에 찬 자기-대화를 알아내고 이에 도전하고 현실에 기반한 긍정적인 자기-대화로 대체합니다. (17, 18)

17. 트라우마와 두려움 사이를 매개하는 내담자의 도식과 자기-대화를 탐색합니다. 부정적인 편견에 도전하고 편견을 수정하고 자신감을 갖게 하는 가치 판단을 형성하도록 도움을 줍니다. ▽

18. 내담자에게 두려운 자기-대화를 알아내고 현실에 기반한 대안을 만드는 숙제를 부과합니다. 성공을 검토하고 강화하며 실패에 대한 수정 피드백을 제공합니다(Jongsma의 『Adult Psychotherapy Homework Planner 2판』, '부정적

인 사고가 부정적인 정서를 유발한다', Rothbaum 과 Foa의 『Reclaiming Your Life After Rape: Cognitive-Behavioral Therapy for Posttraumatic Stress Disorder Client Workbook』을 참조하십시오). ▽(EBT)

▽(EBT) 12. 트라우마에 대해 이야기하거나 생각하는 것이 현저한 고통을 일으키지 않을 때까지, 내담자로 하여금 트라우마와 연관된 기억들을 심상 노출이나 유사 상황(in vivo)에 노출하게 합니다. (19, 20, 21)

19. 공포 반응과 연합된 불안 유발 상황의 위계표를 만들어 보도록 내담자를 안내하고 돕습니다. ▽(EBT)

20. 내담자로 하여금 트라우마 경험을 묘사하게 함으로써 그에 대한 상상적 노출을 경험하게 합니다. 이때 트라우마 경험들은 내담자가 선택한 것으로 낮은 수준부터 불안이 높은 수준까지 상세하게 묘사된 각 단계에 대하여 상상적 노출을 경험하게 합니다. 관련 불안이 감소하고 안정될 때까지 반복합니다. 이 회기를 녹음합니다. 회기를 진행하면서 내담자로 하여금 이것을 듣게 합니다(Friedman, Keane과 Resick의 『Handbook of PTSD: Science and Practice』를 참조하십시오). 장애물을 해결하고 진행 상황을 검토하고 강화합니다. ▽(EBT)

21. 내담자에게 노출을 연습하고 반응을 기록하는 과제를 부과합니다(Jongsma의 『Adult Psychotherapy Homework Planner 2판』, '점진적으로 당신의 공포를 감소시키기', Friedman, Keane와 Resick의 『Handbook of PTSD: Science and Practice』를 참조하십시오). 진행 상황을 검토하고 강화하며 장애물을 해결합니다. ▽

▽(EBT) 13. 원치 않는 침습적 사고를 다루기 위해 사고 중지법을 배우고 실행하게 합니다. (22)

22. 원치 않는 트라우마나 부정적인 사고들을 인지하는 즉시 STOP이라는 단어를 속으로 말하게 하고/하거나 멈춤의 개념을 나타내는

이미지(예: 정지 신호나 신호등)를 상상하게 하는 사고 중지법을 내담자에게 가르칩니다(또는 Jongsma의 『Adult Psychotherapy Homework Planner 2판』, '사고 중지 기법을 활용하기'를 과제로 내줍니다). ▽

14. 트라우마 관련 자극을 맞닥뜨릴 때 일어나는 생각, 느낌, 충동을 다루기 위해 지시적 자기-대화를 학습하고 실행하게 합니다. (23)

23. 내담자에게 지시적 자기-대화 절차를 가르칩니다. 즉, 내담자로 하여금 부적응적인 자기-대화를 인식하고, 편견에 도전하고, 이로 인해 생겨난 감정에 대처하고, 회피를 극복하고, 성취를 강화하는 것을 배우게 합니다(Friedman, Keane와 Resick의 『Handbook of PTSD: Science and Practice』를 참조하십시오). ▽

15. 향후 발생할 수 있는 트라우마 관련 증상을 관리하기 위하여 재발 방지 전략을 배우고 실행합니다. (24, 25, 26, 27)

24. 경과와 재발의 차이에 대해 내담자와 논의합니다. 경과는 증상, 두려움이나 회피하려는 충동이 일시적으로 나타나지만 회복이 가능한 것을 말하는 것이고, 재발은 두렵고 회피적인 패턴으로 돌아가겠다는 결정을 내리는 것과 관련이 있다는 점을 논의합니다. ▽

28. 경과가 나타날 수 있는 미래 상황이나 환경(예를 들면, 사건기일, 휴일 등)을 관리하기 위해 내담자와 함께 이를 파악하고 행동 연습합니다. ▽

26. 사회적 상호작용과 관계를 형성하면서 내담자에게 치료에서 배운 전략(예: 인지 재구성, 사회적 기술 및 노출 사용)을 일상적으로 사용하도록 안내합니다. ▽

27. 행동적, 인지적 전략과 기타 중요한 정보(예를 들면, 문제 해결의 단계, 긍정적인 대처 진술, 치료가 진행되는 동안 내담자에게 도움이 되었던 것을 기억하기)가 쓰인 '대처 카드'를 개발하도

16. 트라우마 사건에 대한 감정적 반응을 줄이기 위해 EMDR 기술과 협력합니다. (28)

17. 분노 조절 기술 사용의 필요성을 인정합니다. 분노 관리 기술을 배우고 실행합니다. (29, 30)

18. 스트레스 해소 기법으로 규칙적인 운동 요법을 실행합니다. (31)

19. 트라우마 관련 꿈으로 방해받지 않고 잠을 잘 수 있습니다. (32)

20. 고통스러울 때 내담자에게 도움을 줄 수 있는 사람들을 파악합니다. (33, 34)

록 내담자를 돕습니다. ▽

28. 트라우마 사건에 대한 내담자의 정서적 반응을 감소시키기 위해 EMDR 노출 기술을 활용합니다.

29. 내담자가 분노 관리를 못해서, 다른 사람에게 상해를 일으키거나 재산상 피해를 초래하는 위협이나 폭력을 행사한 적이 있었는지 평가합니다.

30. 내담자에게 분노 관리 기술을 가르칩니다 (Jongsma, Peterson과 Bruce의 『The Complete Adult Psychotherapy Treatment Planner 4판』, Schiraldi와 Kerr의 『The Anger Management Sourcebook』, Rubin의 『The Angry Book』의 분노 관리 장을 참조하십시오).

31. 내담자를 위해 일상적인 신체 운동을 개발하고 강화합니다(Leith의 『Exercising Your Way to Better Mental Health』를 참조하십시오).

32. 내담자의 수면 패턴을 모니터링하고 수면을 돕기 위해 이완, 긍정적 이미지와 수면 위생을 지키도록 격려합니다(Jongsma, Peterson과 Bruce의 『The Complete Adult Psychotherapy Treatment Planner 4판』, 수면장애 챕터를 참조하십시오).

33. 내담자로 하여금 지지가 필요할 때 의지할 사람들이 누구인지 알아보기 위해 생태 지도를 그리는 작업에 참여하게 합니다. 이 생태 지도를 검토하여 내담자가 지지적인 사람들과 자주 소통하도록 격려합니다.

21. PTSD에 초점을 맞춘 집단치료 회기에 참여합니다. (35)

22. 내담자로 하여금 직업 기능에 PTSD가 끼친 부정적인 영향을 이해하고 이를 말로 표현하게 합니다. (36, 37)

23. 내담자로 하여금 트라우마 사건을 과거로 여기게 하는 의식을 알아보고 참여하게 합니다. (38)

34. 내담자의 PTSD 증상을 일으키는 상처를 치유하는 데 도움이 되는 가족과의 합동 회기를 실시합니다.

35. 다른 PTSD 생존자들과 함께 트라우마 사건 및 그 영향을 나누는 데 초점을 둔 집단치료 회기를 실시하거나 의뢰합니다.

36. 내담자의 직업 이력을 살펴보고 직업 이슈들을 적절하게 다룹니다(Jongsma, Peterson과 Bruce의 『The Complete Adult Psychotherapy Treatment Planner 4판』, 직업 스트레스 챕터를 참조하십시오).

37. PTSD 진단을 받고자 하는 내담자에게 다른 이차적 이득이 있는지 탐색합니다(예를 들면, 퇴역군인의 장애 혜택, 근로자의 보상, 장애에 대한 사회보장 등).

38. 내담자로 하여금 과거의 트라우마 사건을 현재 일상생활 활동 속에 긍정적으로 수용시키는 데 도움이 되는 의식에 참여하도록 격려합니다(예를 들면, 베트남 참전용사 기념관 방문, 홀로코스트 박물관 방문, 성묘 등).

___ . _____
    _____

___ . _____
    _____

___ . _____
    _____

___ . _____
    _____

___ . _____
    _____

___ . _____
    _____

📖 진단

ICD-9-CM	ICD-10-CM	DSM-5 Disorder, Condition, or Problem
309.81	F43.10	외상후 스트레스장애(Posttraumatic Stress Disorder)
308.3	F43.0	급성 스트레스장애(Acute Stress Disorder)
309.0	F43.21	우울 기분을 동반한 적응장애(Adjustment Disorder With Depressed Mood)
296.xx	F31.xx	제I형 양극성장애(Bipolar I Disorder)
300.6	F48.1	이인증/비현실감 장애(Depersonalization/Derealization Disorder)
300.4	F34.1	지속성 우울장애(Persistent Depressive Disorder)
300.02	F41.1	범불안장애(Generalized Anxiety Disorder)
296.2x	F32.x	주요우울장애, 단일 삽화(Major Depressive Disorder, Single Episode)
296.3x	F33.x	주요우울장애, 재발성 삽화(Major Depressive Disorder, Recurrent Episode)
V65.2	Z76.5	꾀병(Malingering)
295.70	F25.0	조현정동장애, 양극형(Schizoaffective Disorder, Bipolar Type)
295.70	F25.1	조현정동장애, 우울형(Schizoaffective Disorder, Depressive Type)
301.7	F60.2	반사회성 성격장애(Antisocial Personality Disorder)
301.82	F60.6	회피성 성격장애(Avoidant Personality Disorder)
301.83	F60.3	경계성 성격장애(Borderline Personality Disorder)
301.50	F60.4	연극성 성격장애(Histrionic Personality Disorder)
301.9	F60.9	명시되지 않는 성격장애(Unspecified Personality Disorder)
___	___	___
___	___	___

The Crisis Counseling and Traumatic Events Treatment Planner

16. 학교 트라우마(대학)

📄 행동적 정의

1. 학생(들), 기숙사 책임자, 교원들 또는 부서 직원의 충격적인, 갑작스러운 죽음이나 심한 중상(예를 들면, 자살, 자동차 사고, 기숙사 사고 또는 화재, 자연 재해, 폭발 등)을 경험하였다.

2. 학생, 교수나 기타 대학 직원을 위협 및/또는 살해하기 위해 치명적인 무기를 소지한 사람이 한 명 또는 그 이상 캠퍼스에 침입하였다.

3. 운동회나 친교 행사와 같은 학교 주최 활동에 참여한 학생이 갑작스럽게 사망하였다.

4. 학생, 교직원이나 행정 직원이 대학 캠퍼스 또는 인근에서 스토킹, 납치 또는 성폭행을 당하였다.

5. 학생, 교수진, 직원의 심각한 질병 및/또는 사망을 일으키는 팬데믹을 경험하였다.

6. 화재, 폭발, 폭탄 위협, 화학 물질 유출 또는 자연 재해(예를 들면, 토네이도, 허리케인, 홍수, 지진)로 인해 기숙사, 다중 학생 시설 또는 학습 건물에 심각한 구조적 손상이 발생하였다.

7. 누군지 알 수 없는 사람(들)이 캠퍼스 근처나 캠퍼스에 있는 사람에게 폭력을 행사하겠다고 위협한다.

8. 트라우마 사건 이후 술이나 기타 기분 전환 물질의 사용이 증가하였다.

9. 자신에게 죽음이나 상해가 일어날 것이라는 지속적인 두려움이 있다.

10. 사회적 철수와 고립이 있으며, 캠퍼스의 특정 장소나 건물을 회피한다.

11. 사건 이후 정서를 조절하지 못한다.

12. 사람들이 사망한 위기 사건이나 트라우마에서 살아남은 생존자라는 죄책감이 있다.

13. 트라우마 사건 이후 전형적인 수면 패턴의 장애를 보인다.

14. 자살 또는 살해에 대한 사고에 몰두하거나 폭로한다.

— . _____
  _____

— . _____
  _____

— . _____
  _____

🎯 장기 목표

1. 일상 활동 재개를 포함하여 위기 이전의 기능 수준으로 회복합니다.

2. 적절한 수준의 행동 및 정서적 기능을 회복합니다.

3. 미래에 대한 의미를 새롭게 정립합니다.

4. 학생, 교수진, 교직원의 안전감을 회복시킵니다.

5. 건강하고 연령에 맞는 관계를 새롭게 형성합니다.

— . _____
  _____

— . _____
  _____

— . _____
  _____

🕐 단기 목표

1. 대학 관계자는 모든 학생의 신체적 안전을 보장합니다. (1, 2)

2. 대학 관계자는 모든 학생의 수를 확인하고 확인되지 않은 학생들을 보고합니다. (3)

3. 학생들로 하여금 가능한 한 빨리 보호자들과 만나거나 연락하게 합니다. (4, 5, 6, 7, 8)

4. 대학 관계자는 적시에 정확하고 적절한 정보를 제공합니다. (9)

5. 학생들은 침착한 태도를 나타냅니다. (10, 11, 12)

🗣 치료적 개입 전략

1. 상황에 따라 유동적이지만, 학생들을 안전한 장소로 이동시키도록 대학 관계자에게 안내합니다.

2. 부상당한 학생들에게 의학적 치료가 제공되도록 대학 관계자들을 지도합니다.

3. 대학 관계자에게 기숙사 명부와 학급 명단을 사용하여 위치가 확인되지 않는 학생을 파악하도록 요청합니다.

4. 보호자와 소통을 용이하게 하기 위해 학생의 위치 목록을 작성합니다.

5. 사건 이후 가능한 한 빨리 보호자에게 연락하여 학생에 대한 정보를 제공합니다. 이때 자동 통신 시스템을 활성화하여 제공할 수도 있습니다.

6. 부상당한 학생의 보호자에게 직접 연락하여 트라우마 사실을 알리고 학생을 만날 수 있는 장소를 안내합니다.

7. 학생과 보호자가 만날 수 있는 조용하고 개인적인 공간을 마련합니다.

8. 학생과 보호자에게 다과와 통신(예: 전화, 컴퓨터)을 제공합니다.

9. 행정부서가 학생, 보호자, 대학 직원, 지역사회에 배포할 허용 가능 범위 내 사실 정보를 작성하는 것을 돕습니다.

10. 학생들의 안전을 보장하고 적극적 경청 기술을 사용하여 학생과 보호자의 질문에 답합니다.

11. 자기-파괴적인 행동을 할 가능성이 있는 학생의 행동에는 제한을 둡니다.

6. 학생들로 하여금 안전을 증진하는 행동을 하게 합니다. (13)

7. 학생들로 하여금 트라우마 사건을 현실적으로 평가하게 합니다. (14)

▽EBT 8. 학생들로 하여금 사건에 대한 정서적, 행동적, 인지적 반응에 대한 평가에 협력하게 합니다. (15)

9. 학생들로 하여금 사건에 대한 지각, 느낌을 탐색하고 표현하게 합니다. (16, 17, 18, 19)

12. 학생들이 스스로 마음을 가라앉힐 수 있도록 조용한 방을 제공합니다.

13. 역할극 상황을 사용하여 학생의 안전한 행동을 촉진합니다(예를 들면, 갈등 해결, 중재 기술).

14. 적절한 언어를 사용하여 학생들이 사건에 대하여 현실적인 관점을 갖도록 돕습니다(예를 들면, 부상 또는 사망이 발생한 경우, 사건에 대한 비난의 화살을 자신에게 돌리지 않도록 학생들을 안심시킵니다).

15. 필요한 치료를 안내하기 위해, 위기 및 트라우마 상황을 평가하는 검사를 학생들에게 실시합니다[예: Triage Assessment Form: Crisis Intervention-Revised, Triage Assessment Scale for Students in Learning Environments (TASSLE), Traumatic Events Screening Inventory (TESI-SRR), Symptom Checklist-90 Revised, Trauma Symptom Checklist]. ▽EBT

16. 사건에 대한 학생들의 감정적, 행동적, 인지적 반응을 탐색하고 이를 표현할 수 있도록 예술치료를 사용합니다.

17. 적극적 경청 기술을 사용하여 학생들이 편안히 느끼는 만큼 가능한 한 상세히 트라우마를 설명하게 하고 학생들의 정서적, 행동적, 인지적 반응을 탐색합니다(또는 Jongsma의 『Adult Psychotherapy Homework Planner 2판』, '고통스러운 기억을 공유하기' 과제를 내줍니다).

18. 감정을 안전하고 위협적이지 않은 방식으로 표현할 수 있도록 한계를 둠으로써, 통제된 감정 표현을 허용하고 촉진합니다.

▽ 10. 학생들로 하여금 자신감을 키우고 불안감을 극복하도록 긍정적인 자기-대화와 문제 해결에 참여하게 합니다. (20, 21, 22)

11. 학생들로 하여금 사건 대처를 위해 술이나 기타 기분 전환 물질을 사용하는 자가처방적 의존도를 줄이게 합니다. (23)

12. 학생들로 하여금 사회적 고립과 철수를 예방하고 자존감을 가지도록 긍정적이고 건강하며 건설적인 사

19. 학생들이 전문 치료자, 가족 및/또는 신뢰할 수 있는 친구와 정서적, 행동적, 인지적 반응을 공유하도록 격려하고 촉진합니다.

20. 학생들로 하여금 이 사건에 대하여 보다 긍정적이고 현실적인 생각을 개발하고 안전에 대한 확신을 유지할 수 있도록 인지 재구성과 같은 인지 행동적 기술을 사용하여 학생들의 부정적인 편견에 직면합니다. ▽

21. 학생들이 숙달감을 느낄 때까지, 긴장 이완, 호흡 조절, 내적 모델링(예: 전략을 성공적으로 사용하는 것을 상상하기) 및/또는 두려움 관리를 위한 역할극(예: 치료자나 신뢰할 수 있는 친구와 함께)과 같은 스트레스 면역 훈련 전략을 가르칩니다. ▽

22. 학생들이 묘사한 트라우마 경험을 가지고 사건에 대한 심상 노출을 사용합니다. 이때 트라우마 경험은 내담자가 선택한 것으로 낮은 수준부터 불안이 높은 수준까지 상세하게 묘사된 각 단계에 대하여 상상적 노출을 경험하게 합니다. 관련 불안이 감소하고 안정될 때까지 반복합니다. 진전을 검토하고 강화하며 방해를 줄이는 문제 해결 전략을 사용합니다. ▽

23. 사건 이후 트라우마에 대처하는 수단으로 술이나 기타 기분 전환 물질의 사용이 증가하는지 학생들을 평가합니다. 이러한 부적응적 대처 행동을 계속 모니터링하고 억제하며 필요한 경우 학생들을 중독치료에 의뢰합니다.

24. 학생들에게 예방에 중점을 둔 캠퍼스 프로그램(예: 자살 예방 핫라인, 약물 예방 프로그램, 성폭행 예방 프로그램)을 안내합니다.

회적 상호작용에 참여하게 합니다.
(24, 25)

13. 학생들은 극적인 사건과 그 결과에
관한 사실적 정보를 받아들입니다.
(26)

14. 현재의 정서적 고통을 줄이기 위해
학생들이 실행할 수 있는, 이전에 건
강했던 스트레스 관리 전략들을 파
악합니다. (27)

15. 학생들은 트라우마 사건의 결과로부
터 얻을 수 있는 긍정적 결과를 확
인합니다. (28)

16. 학생들은 고인에 대한 추모 의식에
참석하고 참여합니다. (29, 30)

17. 학생들은 일상적인 루틴으로 돌아갑
니다. (31, 32, 33)

25. 학생과 다른 사람들의 상호작용을 촉진하는
구조화된 활동(예: 기숙사 홀 광장에서의 회의,
예방 프로그램에 관한 관심 회기, 사건에 관한 질
의 응답 회기) 일정을 잡습니다.

26. 이 사건으로 사망사고가 일어난 경우, 학생과
보호자들의 문화적 신념을 존중하면서 사망
에 대해 논의합니다.

27. 다른 트라우마 사건 경험에 대한 학생의 이력
을 탐색하고, 당시에 사용되었던 건강한 대처
메커니즘에 대해 판단합니다. 그리고 현재 사
건에 이러한 전략을 사용하도록 격려합니다.

28. 재구성을 사용하여 학생으로 하여금 트라우마
사건 이후에 나타난 긍정적인 변화(예: 가족과
더 가까워짐, 미래에 대한 감사가 증가함, 가치가
달라짐)를 확인하고 탐색하도록 돕습니다.

29. 학교 정책에 따라 학생들이 고인을 추모할 수
있는 공간을 제공합니다.

30. 어린이, 가족, 교직원과 지역사회가 참여할
수 있는 고인을 기리는 추도식 계획을 수립
하도록 돕습니다.

31. 학생들에게 적절한 식습관과 개인 위생 습관
을 유지하는 것의 중요성에 대해 교육하고
이를 달성하기 위한 방법을 계획하도록 돕습
니다.

32. 학생들의 수면 패턴을 탐색하고 그들이 양질
의 쾌적한 수면을 취하는 데 도움이 되는 전략
들을 제안합니다(예: 일기 쓰기, 이완 훈련 기법).

33. 학생들이 정상적인 기능으로 회복하도록 돕
기 위해서는 전형적인 일상 루틴으로 되돌아
가는 것이 중요하다는 점을 가족들에게 교육

18. 학생들로 하여금 사건보다는 현재에 초점을 유지하게 합니다. (34)

▽ᴱᴮᵀ 19. 보호자는 트라우마 사건을 논의할 때 건강한 의사소통 기술을 사용합니다. (35, 36)

▽ᴱᴮᵀ 20. 직원과 보호자들은 트라우마 사건의 일반적인 반응을 이해하고 이를 말로 표현합니다. (37)

21. 대학 관계자는 안전 계획과 절차를 수정합니다. (38, 39)

22. 학생과 보호자가 일상 기능을 방해하는 문제를 계속해서 경험한다면, 이들에게 치료를 위한 자원 정보를 제공합니다. (40, 41)

합니다.

34. 학생들로 하여금 '왜'(왜 이런 일이 일어났는지)라는 질문에 답을 찾고자 하는 욕구는 인정하되, '왜'에 초점을 맞추기보다는 그 질문 이면의 감정을 알아보도록 관점을 전환하게 합니다.

35. 보호자에게 이 사건에 대한 느낌과 생각을 표현할 수 있는 집단 개입 회기를 제공합니다. ▽ᴱᴮᵀ

36. 보호자와 위기 또는 충격적인 사건에 대해 논의할 때 건강한 의사소통 기술(예를 들면, 감정을 느끼기, 비난하지 않기, 감정을 최소화하지 않기)을 사용하도록 가르칩니다. ▽ᴱᴮᵀ

37. 교수진, 직원과 보호자를 위한 심리교육 회기를 제공하여 위기나 트라우마의 전형적인 반응과 회복의 어려움에 대해 설명합니다. ▽ᴱᴮᵀ

38. 학교가 위기 계획 실행의 수정사항을 검토하도록 돕습니다(예를 들면, 보호자와 소통하기, 학생을 안전한 곳으로 이동시키기, 공지문 작성하기, 언론과 대화하기, 외부 기관의 참여, 법 집행 기관과의 관계 등).

39. 안전 계획을 검토 및 수정하고 변경 사항을 학생 및 보호자에게 전달합니다.

40. 지속적인 정신건강 문제가 발생하는 경우 연락할 수 있는 연계 자원 추천 목록을 학생과 보호자에게 제공합니다.

41. 학생과 보호자에게 위기 및 트라우마 사건으로부터의 회복에 관한 팸플릿 및 참고자료를 제공합니다.

_____ . _____   _____ . _____
     _____   _____

_____ . _____   _____ . _____
     _____   _____

_____ . _____   _____ . _____
     _____   _____

📖 진단

ICD-9-CM	ICD-10-CM	DSM-5 Disorder, Condition, or Problem
V61.20	Z62.820	부모-아동 관계 문제(Parent-Child Relational Problem)
V62.3	Z55.9	학업이나 교육 문제(Academic or Educational Problem)
V62.82	Z63.4	단순 사별(Uncomplicated Bereavement)
296.2x	F32.x	주요우울장애, 단일 삽화(Major Depressive Disorder, Single Episode)
300.02	F41.1	범불안장애(Generalized Anxiety Disorder)
305.00	F10.10	경도 알코올사용장애(Alcohol Use Disorder, Mild)
307.47	F51.5	악몽장애(Nightmare Disorder)
308.3	F43.0	급성 스트레스장애(Acute Stress Disorder)
309.0	F43.21	우울 기분을 동반한 적응장애(Adjustment Disorder With Depressed Mood)
309.81	F43.10	외상후 스트레스장애(Posttraumatic Stress Disorder)
313.81	F91.3	적대적 반항장애(Oppositional Defiant Disorder)
_____	_____	_____
_____	_____	_____

17. 학교 트라우마(청소년)

📄 행동적 정의

1. 학생이나 교사, 직원의 갑작스러운 죽음, 심각한 부상이나 신체불구(예: 자동차 사고, 통학버스 참사, 살인, 자연 재해, 폭발 등)를 경험하였다.
2. 장기간의 질병으로 인하여 학생이나 교사, 직원이 사망하였다.
3. 학생, 교사, 직원이 자살 또는 타살로 사망하였다.
4. 운동회나 친교 행사와 같은 학교 주최 활동에 참여한 학생이 사망하였다.
5. 학생, 교사, 직원의 심각한 질병 및/또는 사망을 일으키는 팬데믹을 경험하였다.
6. 학교 주변에서 학생이나 교사, 직원이 스토킹 또는 유괴를 당하였다.
7. 학교나 학교 주최 활동에 폭력을 일으키는 폭력집단(갱)의 침입이나 참여가 있다.
8. 누군지 모르는 사람이 학교 건물 근처나 건물 안에 있는 사람에게 폭력을 행사하겠다고 위협한다.
9. 냉난방 장치를 통하여 화재, 화학 물질의 침투가 일어나거나 천재지변(토네이도, 지진, 허리케인, 홍수 등)으로 인해 학교 시설물에 중대한 변화가 생겼다.
10. 학부모나 교사, 직원이 피해 학생의 희생 또는 사망을 공개하였다.
11. 다른 학생들, 교사, 또는 직원들이 학생을 괴롭혔다.
12. 충격적인 사건 이후 전형적인 수면 패턴 붕괴가 나타났다.
13. 충격적인 사건 이후 감정을 조절할 수 없다.

14. 자살이나 살인에 대한 생각에 몰두하거나 이를 공개한다.

15. 다른 사람들이 사망한 위기사건이나 트라우마에서 살아남은 생존자라는 죄책감이 있다.

16. 죽음이나 상해가 일어날 것이라는 지속적인 두려움이 있다.

17. 슬픔, 눈물, 동료/가족으로부터 자신을 고립시키는 것으로 표현되는 애도가 나타난다.

18. 학교 출석을 위해 집을 나서는 것을 지속적으로 꺼려하며 사회적으로 철수한다.

— . _____
  _____

— . _____
  _____

— . _____
  _____

🎯 장기 목표

1. 일상 활동 재개를 포함하여 위기 이전의 기능 수준으로 회복합니다.

2. 적절한 발달 수준의 행동적, 정서적 기능을 회복합니다.

3. 두통, 위장 불편감과 같은 신체적 불편감이 감소합니다.

4. 미래에 대한 의미를 새롭게 정립합니다.

5. 학생, 교사와 직원들이 안전감을 회복합니다.

6. 연령에 맞는 건강한 관계를 새롭게 형성합니다.

— . _____
  _____

— . _____
  _____

— . _____
  _____

⏱ 단기 목표

1. 교직원은 모든 학생의 신체적 안전을 보장합니다. (1, 2, 3)

2. 학생들로 하여금 가능한 한 빨리 보호자 및 형제자매와 다시 만나게 합니다. (4, 5, 6, 7, 8)

▽ 3. 학생들로 하여금 사건에 대한 정서적, 행동적, 인지적 반응에 대한 평가에 협력하게 합니다. (9)

💬 치료적 개입 전략

1. 교직원에게 학생을 안전한 장소로 이동시키도록 안내합니다. 위치는 상황에 따라 다를 수 있습니다.

2. 교직원에게 출석 기록을 사용하여 미확인된 학생들을 파악하고 찾도록 요청합니다.

3. 직원들로 하여금 부상당한 학생을 의학적 치료에 의뢰하도록 안내합니다.

4. 보호자와 소통을 용이하게 하기 위해 학생의 위치 목록을 작성합니다.

5. 사건 이후 가능한 한 빨리 보호자에게 연락하여 학생에 대한 정보를 제공합니다. 이때 자동 통신 시스템을 활성화하여 제공할 수도 있습니다.

6. 부상당한 학생의 보호자에게 직접 연락하여 트라우마 사실을 알리고 학생을 만날 장소에 대하여 안내합니다.

7. 학생과 보호자, 형제자매가 만날 수 있는 조용하고 개인적인 공간을 마련합니다.

8. 학생과 보호자에게 다과와 통신(예: 전화, 컴퓨터)을 제공합니다.

9. 필요한 치료를 안내하기 위해, 위기 및 트라우마 상황을 평가하는 검사를 학생에게 실시합니다[예: Triage Assessment Form: Crisis Intervention-Revised, Triage Assessment Scale for Students in Learning Environments (TASSLE), Traumatic Events Screening Inventory for Children-Brief Form (TESI-C-Brief) & Parent Report (TESIPRR), Trauma Symptom Checklist for Children, Symptom Checklist-90-Revised]. ▽

4. 학생과 보호자로 하여금 트라우마의 초기 반응을 표현하게 합니다. (10, 11)

5. 학생들로 하여금 사건에 대한 느낌과 지각을 탐구하고 표현하게 합니다. (12, 13, 14, 15)

6. 학생들로 하여금 트라우마 사건에 대하여 현실적인 관점을 표현하게 합니다. (16)

7. 학생들로 하여금 평화로운 분쟁 해결 기술을 실행하게 합니다. (17)

▽ 8. 학생들로 하여금 자신감을 키우고 불안감을 극복하도록 긍정적

10. 학생의 안전을 보장하고 적극적인 경청 기술을 사용하여 학생과 보호자가 자신의 생각과 감정에 대해 이야기하도록 격려합니다.

11. 직원 및/또는 보호자의 모니터링과 지지를 제공하면서 학생이 진정할 수 있는 조용한 공간을 제공합니다.

12. 학생들이 사건에 대해 느끼는 정서적, 행동적, 인지적 반응을 탐구하고 표현할 수 있도록 예술치료를 사용합니다.

13. 적극적 경청 기술을 사용하여 학생들이 가능한 편안한 만큼 자세히 트라우마를 설명하게 하고 학생들의 정서적, 행동적, 인지적 반응을 탐색합니다(또는 Jongsma의 『Adult Psychotherapy Homework Planner 2판』, '고통스러운 기억을 공유하기' 과제를 내줍니다).

14. 감정을 안전하고 위협적이지 않은 방식으로 표현할 수 있도록 한계를 둠으로써, 통제된 감정 표현을 허용하고 촉진합니다.

15. 학생들이 전문 치료자, 가족 및/또는 신뢰할 수 있는 친구와 정서적, 행동적, 인지적 반응을 공유하도록 격려하고 촉진합니다.

16. 적절한 언어를 사용하면서 학생들이 사건에 대하여 현실적인 조망을 갖도록 돕습니다(예: 부상이나 사망이 발생한 경우 그 사건에 대한 책임을 자신에게 돌리지 않도록 안심시킵니다).

17. 역할극 상황을 사용하여 학생들이 다른 사람들과의 차이점을 평화롭게 해결하는 방법(예: 갈등 해결, 중재 기술)을 배우도록 돕습니다.

18. 인지적 재구성을 사용하여 학생들의 부정적 편견에 직면하여 이를 다룹니다. 이를 통해

인 자기-대화와 문제 해결에 참여하게 합니다. (18, 19)

▽EBT 9. 학생들로 하여금 불안 반응을 관리하도록 안정화와 대처 전략을 배우고 실행하게 합니다. (20)

▽EBT 10. 트라우마가 현저한 고통을 일으키지 않는다는 생각이 들 때까지 학생들로 하여금 트라우마 관련 기억에 대하여 심상 노출이나 유사 상황 노출에 참여하게 합니다. (21)

11. 학생들로 하여금 사건 대처를 위해 술이나 기타 기분 전환 물질을 사용하는 방식의 자가처방적 의존을 줄이게 합니다. (22)

12. 학생들은 트라우마 사건과 그 결과에 관한 사실 정보를 이해하고 말로 표현합니다. (23)

사건에 대해 보다 긍정적이고 현실적인 사고를 개발하고 안전에 대한 자신감을 유지하도록 돕습니다. ▽EBT

19. 학생들이 건강한 문제 해결 기술을 활성화하도록 돕습니다(예: 문제를 정확히 진단하고, 가능한 해결책을 브레인스토밍하고, 각 해결책의 장단점을 나열하고, 해결책을 선택하고 실행합니다. 필요한 경우 해결책을 평가하고 조정합니다). ▽EBT

20. 학생들이 숙달감을 느낄 때까지, 긴장 이완, 호흡 조절, 상상적 모델링(예: 전략을 성공적으로 사용하는 것을 상상하기)과 같은 스트레스 면역 훈련의 전략을 가르칩니다. ▽EBT

21. 학생들이 묘사한 트라우마 경험을 가지고 사건에 대한 심상 노출을 사용합니다. 이때 트라우마 경험은 내담자가 선택한 것으로 낮은 수준부터 불안이 높은 수준까지 상세하게 묘사된 각 단계에 대하여 상상적 노출을 경험하게 합니다. 관련 불안이 감소하고 안정될 때까지 반복합니다. 진전을 검토하고 강화하며 방해를 줄이는 문제 해결 전략을 사용합니다. ▽EBT

22. 사건 이후 트라우마에 대처하는 수단으로 술이나 기타 기분 전환 물질의 사용이 증가하는지 학생들을 평가합니다. 이러한 부적응적 대처 행동을 계속 모니터링하고 억제하며 필요한 경우 학생들을 중독치료에 의뢰합니다.

23. 연령에 맞는 언어로 허용되는 범위 내에서 사건에 대한 사실 정보를 학생들에게 배포합니다.

13. 학생과 가족은 이 트라우마 사건으로 인해 발생한 지인의 죽음을 이해하고 이를 말로 표현합니다. (24, 25, 26)

14. 현재의 정서적 고통을 줄이기 위해 이전에 효과적이었던 스트레스 관리 전략들을 실행합니다. (27)

15. 가족 구성원은 트라우마 사건의 결과로부터 얻을 수 있는 긍정적 결과를 확인합니다. (28)

16. 학생들로 하여금 사회적 고립과 철수를 예방하고 자존감을 가지도록 긍정적이고 건강하며 건설적인 사회적 상호작용에 참여하게 합니다. (29, 30)

17. 학생들은 일상으로 돌아갑니다. (31, 32, 33)

24. 사망이 발생한 경우 학생들의 발달 수준에 따라 연령에 적합한 언어로 학생들과 토론합니다. 학생들과 보호자들의 문화적 신념을 존중합니다.

25. 학교 정책에 따라 학생과 가족이 고인을 추모할 수 있는 공간을 제공합니다.

26. 어린이, 가족, 교직원과 지역사회가 참여할 수 있는 고인을 기리는 추도식 계획을 돕습니다.

27. 다른 트라우마 사건 경험에 대한 학생의 이력을 탐색하고, 당시에 사용되었던 건강하고 효과적인 대처 메커니즘에 대해 판단합니다. 그리고 현재 사건에 이러한 전략을 사용하도록 격려합니다.

28. 가족과 재구성을 사용하여 트라우마 사건 이후에 나타난 긍정적인 변화(예: 가족과 더 가까워짐, 미래에 대한 감사가 증가함, 가치가 달라짐)를 확인하고 탐색하도록 돕습니다.

29. 학생들에게 예방에 중점을 둔 캠퍼스 프로그램[예: 자살 예방 핫라인, 학교폭력 예방 프로그램, 학생 약물 예방 프로그램(SADD)]을 안내합니다.

30. 학생과 다른 사람들의 상호작용을 촉진하는 구조화된 활동(예: 회의, 구조화된 교실에서의 사회적 활동) 일정을 잡습니다.

31. 학생들의 개별 요구를 위한 구조(예: 학생이 확인할 수 있도록 보이는 곳에 일정을 게시함)를 제공합니다.

32. 학생들에게 적절한 식습관과 개인 위생 습관을 유지하는 것의 중요성에 대해 교육하고

18. 학생들로 하여금 과거 사건보다는 현재에 집중을 유지하도록 합니다. (34)

▽ EBT 19. 보호자들은 트라우마 사건에 노출된 이후 학생들의 적응에 대해서 우려를 논의합니다.
(35, 36, 37)

20. 직원들로 하여금 안전 절차를 개선하게 합니다. (38, 39, 40)

이를 달성하기 위한 방법을 계획하도록 돕습니다.

33. 학생들의 수면 패턴에 대해 질문하고 편안하고 양질의 수면을 취하는 데 도움이 되는 전략(예: 일기 쓰기, 휴식 기술)을 제안합니다.

34. 학생들로 하여금 '왜'(왜 이런 일이 일어났는지)라는 질문에 답을 찾고자 하는 욕구는 인정하되, '왜'에 초점을 맞추기보다는 그 질문 이면의 감정을 알아보도록 관점을 전환하게 합니다.

35. 보호자가 사건에 대해 갖는 느낌과 생각을 표현할 수 있는 집단치료 회기를 제공합니다. ▽ EBT

36. 가족이 건강한 의사소통 기술(예: 감정 소유하기, 비난하지 않기, 감정을 최소화하지 않기)을 사용하여 위기 또는 트라우마 사건을 논의하도록 돕습니다. ▽ EBT

37. 학생들이 정상 기능으로 돌아가는 것을 돕기 위해서는 전형적인 일상을 확립하는 것이 중요하다는 것을 가족들에게 교육합니다. ▽ EBT

38. 위기 계획 실행 개선을 위하여 이를 검토하는 데 있어 학교 행정부서를 돕습니다(예를 들면, 보호자와 의사소통하기, 학생을 안전한 곳으로 이동시키기, 공지문 쓰기, 언론과 이야기하기, 외부 기관의 개입, 법 집행 기관과의 관계).

39. 직원이 안전 계획을 검토하고 개선하도록 돕습니다. 학생과 보호자에게 변경 사항을 전달합니다.

40. 다음 번 안전 절차 훈련이 시행될 때 학생들이 나타낼 수 있는 트라우마 반응에 대해 직

원을 교육합니다. 직원에게 학생 반응 관리에 관한 문헌과 연구 자료를 제공합니다.

🔻 21. 직원과 보호자는 트라우마 사건의 일반적인 반응에 대해 이해하고 이를 말로 표현합니다. (41)

41. 직원과 보호자를 위한 심리교육 회기를 제공하여 위기나 트라우마의 전형적인 반응과 회복이 쉽지 않다는 것을 설명합니다. 🔻

22. 보호자는 정신건강 자원에 관한 정보를 받습니다. (42, 43)

42. 보호자에게 위기 및 트라우마 사건으로부터의 회복에 관한 팸플릿과 기타 자료를 제공합니다.

43. 트라우마에 대한 행동이나 감정적 반응이 일반적으로 예상할 수 있는 수준을 넘어서는 경우, 학생을 치료하기 위해 연계 가능한 기관 목록을 보호자에게 제공합니다.

🔻 23. 직원으로 하여금 학생의 정신건강 문제를 지속적으로 모니터링하게 합니다. (44, 45)

44. 학생의 정신건강을 모니터링하기 위해 표준 선별 도구를 활용합니다[예: Beck Depression Inventory II, General Anxiety Disorder-7 (GAD-7), Trauma Symptom Checklist]. 🔻

45. 필요하다면 학생에게 자살 및 살해 위험성에 대한 평가를 실시합니다. 🔻

___ . _____

_____

___ . _____

_____

___ . _____

_____

___ . _____

_____

___ . _____

_____

___ . _____

_____

진단

ICD–9–CM	ICD–10–CM	DSM–5 Disorder, Condition, or Problem
V61.20	Z62.820	부모–아동 관계 문제(Parent-Child Relational Problem)
V62.3	Z55.9	학업이나 교육 문제(Academic or Educational Problem)
V62.82	Z63.4	단순 사별(Uncomplicated Bereavement)
307.46	F51.4	NREM수면 각성장애, 야경증(Non-Rapid Eye Movement Sleep Arousal Disorder, Sleep Terror Type)
307.46	F51.3	NREM수면 각성장애, 수면보행증(Non-Rapid Eye Movement Sleep Arousal Disorder, Sleepwalking Type)
305.00	F10.10	경도 알코올사용장애(Alcohol Use Disorder, Mild)
307.47	F51.5	악몽장애(Nightmare Disorder)
308.3	F43.0	급성 스트레스장애(Acute Stress Disorder)
309.0	F43.21	우울 기분을 동반한 적응장애(Adjustment Disorder, With Depressed Mood)
309.81	F43.10	외상후 스트레스장애(Posttraumatic Stress Disorder)
313.81	F91.3	적대적 반항장애(Oppositional Defiant Disorder)

The Crisis Counseling and Traumatic Events Treatment Planner

18. 학교 트라우마(아동)

📄 행동적 정의

1. 학생이나 교사, 직원의 갑작스러운 죽음, 심각한 부상이나 신체불구(예: 선천성 또는 만성 질환으로 인한 사망, 질식, 통학버스 참사, 교통사고, 강도, 자연 재해, 폭발 등)를 경험하였다.
2. 장기간의 질병으로 인하여 학생이나 교사, 직원이 사망하였다.
3. 학생, 교사, 직원이 자살 또는 타살로 사망하였다.
4. 학생, 교사, 직원의 심각한 질병 및/또는 사망을 일으키는 팬데믹을 경험하였다.
5. 학교 주변에서 학생이나 교사, 직원이 스토킹 또는 유괴를 당하였다.
6. 누군지 모르는 사람이 학교 건물 근처나 건물 안에 있는 사람에게 폭력을 행사하겠다고 위협한다.
7. 냉난방 장치를 통하여 화재, 화학 물질 침투가 일어나거나 천재지변(토네이도, 지진, 허리케인, 홍수 등)으로 인해 학교 시설물이 중대한 변화가 생겼다.
8. 학부모나 교사, 직원이 피해 학생의 희생 또는 사망을 공개하였다.
9. 다른 학생들이나 교사 또는 직원들이 학생을 괴롭혔다.
10. 충격적인 사건 이후 전형적인 수면 패턴 붕괴가 나타났다.
11. 자살이나 살인에 대한 생각에 몰두하거나 이를 공개한다.
12. 충격적인 사건 이후 감정을 조절할 수 없다.

13. 울음, 안절부절못함, 사회적 철수, 사람에게 착 달라붙음, 신체적 불편, 학교 출석을
    꺼림/거부 등이 나타난다.

— . _____

_____

_____

— . _____

_____

_____

— . _____

_____

_____

🎯 장기 목표

1. 일상 활동 재개를 포함하여 위기 이전의 기능 수준으로 회복합니다.
2. 발달상 적절한 수준의 행동적, 정서적 기능을 회복합니다.
3. 두통, 위장 불편감과 같은 신체적 불편감이 감소합니다.
4. 미래에 대한 의미를 되찾습니다.
5. 학생, 교사와 직원들이 안전감을 회복합니다.
6. 건강하고 나이에 맞는 관계들을 다시 맺습니다.

— . _____

_____

_____

— . _____

_____

_____

— . _____

_____

🕐 단기 목표

1. 교직원은 모든 학생의 신체적 안전을 보장합니다. (1, 2, 3)

2. 학생들로 하여금 가능한 한 빨리 보호자 및 형제자매와 다시 만나게 합니다. (4, 5, 6, 7, 8)

▽ 3. 학생들로 하여금 사건에 대한 정서적, 행동적, 인지적 반응에 대한 평가에 협력하게 합니다. (9)

🗂 치료적 개입 전략

1. 교직원에게 학생을 안전한 장소로 이동시키도록 안내합니다. 위치는 상황에 따라 다를 수 있습니다.

2. 교직원에게 출석 기록을 사용하여 미확인된 학생들을 파악하고 찾도록 요청합니다.

3. 직원들로 하여금 부상당한 학생을 의학적 치료에 의뢰하도록 안내합니다.

4. 보호자와 소통을 용이하게 하기 위해 학생의 위치 목록을 작성합니다.

5. 사건 이후 가능한 한 빨리 보호자에게 연락하여 학생에 대한 정보를 제공합니다. 이때 자동 통신 시스템을 활성화하여 제공할 수도 있습니다.

6. 부상당한 학생의 보호자에게 직접 연락하여 트라우마 사실을 알리고 학생을 만날 장소에 대하여 안내합니다.

7. 학생과 보호자가 만날 수 있는 조용하고 개인적인 공간을 마련합니다.

8. 학생과 보호자에게 다과와 통신(예: 전화, 컴퓨터)을 제공합니다.

9. 필요한 치료를 안내하기 위해, 위기 및 트라우마 상황을 평가하는 검사를 학생에게 실시합니다[예: Triage Assessment Form: Crisis Intervention-Revised, Triage Assessment Scale for Students in Learning Environments (TASSLE), Traumatic Events Screening Inventory for Children-Brief Form (TESI-C-Brief) & Parent Report (TESIPRR)]. ▽

4. 학생과 보호자로 하여금 트라우마의 초기 반응을 표현하게 합니다. (10)

5. 학생들은 차분하게 건설적인 놀이에 참여합니다. (11, 12)

6. 학생들로 하여금 사건에 대한 느낌과 지각을 탐구하고 표현하게 합니다. (13, 14, 15, 16)

7. 학생들은 지역사회와 학교에서 자신의 안전을 증진하는 행동을 합니다. (17)

▽ 8. 학생들로 하여금 자신감을 키우고 불안감을 극복하도록 긍정적인 자기-대화와 문제 해결에 참

10. 학생의 안전에 대해 안심시킵니다. 적극적인 경청 기술을 사용하여 학생과 보호자가 자신의 생각과 감정에 대해 이야기하도록 격려합니다.

11. 자기파괴적일 가능성이 있는 학생들의 행동에는 제한을 둡니다(예: 허용 가능한 놀이 활동의 한계 설정하기).

12. 학생이 평온을 유지할 수 있는 조용한 방을 제공합니다. 학생을 모니터링합니다. 아이들의 안녕을 위해 필요한 개입을 합니다.

13. 학생들이 사건에 대해 느끼는 정서적, 행동적, 인지적 반응을 탐구하고 표현할 수 있도록 모래놀이나 예술치료를 사용합니다.

14. 놀이치료(예: 컬러링 북, 인형, 인형극)를 사용하여 학생들로 하여금 사건에 대한 정서적, 행동적, 인지적 반응을 표현하도록 돕습니다.

15. 학생들이 전문 치료자, 가족 및/또는 신뢰할 수 있는 친구와 정서적, 행동적, 인지적 반응을 공유하도록 격려하고 촉진합니다.

16. 학생들의 발달 수준에 맞는 언어를 사용하여 사건에 대하여 현실적인 관점을 얻도록 돕습니다(예: 부상이나 사망이 발생한 경우 그 사건에 대한 책임을 자신에게 돌리지 않도록 안심시킵니다).

17. 역할극 상황을 사용하여 학생의 안전한 행동을 촉진합니다(예: 낯선 사람 거부하기, 119에 전화하기, 화재 경보기 울리기).

18. 인지적 재구성을 사용하여 학생들의 부정적 편견을 직면하여 다룹니다. 이를 통해 사건에 대해 보다 긍정적이고 현실적인 사고를

여하게 합니다. (18, 19)

개발하고 안전에 대한 자신감을 유지하도록 돕습니다. ▽

19. 학생들이 건강한 문제 해결 기술을 활성화하도록 돕고(예: 문제를 정확히 진단하고, 가능한 해결책을 브레인스토밍하고, 각 해결책의 장단점을 나열하고, 해결책을 선택하고 실행합니다), 필요한 경우 해결책을 평가하고 조정합니다. ▽

9. 가족 구성원은 이 사건으로부터 얻을 수 있는 긍정적인 결과를 확인합니다. (20)

20. 가족들과 재구성을 사용하여 위기나 충격 사건 후에 발생하는 긍정적인 변화(예: 가족 관계가 더 가까워짐, 미래에 대한 감사가 증가함, 가치의 변화)를 탐색하고 파악합니다.

10. 학생들은 트라우마 사건과 그 결과에 관한 사실 정보를 이해하고 말로 표현합니다. (21)

21. 연령에 맞는 언어로 허용되는 범위 내에서 사건에 대한 사실 정보를 학생들에게 배포합니다.

▽ 11. 직원과 보호자는 이 트라우마 사건의 일반적인 반응에 대해 이해하고 이를 말로 표현합니다. (22)

22. 직원과 보호자를 위한 심리교육 회기를 제공하여 위기나 트라우마의 전형적인 반응과 회복이 쉽지 않은 부분에 대해 설명합니다. ▽

▽ 12. 보호자들은 트라우마 사건에 노출된 이후 학생들의 적응 우려를 토론합니다. (23, 24)

23. 가족이 건강한 의사소통 기술(예: 감정 소유하기, 책망하지 않기, 느낌을 최소화하지 않기)을 사용하여 위기나 트라우마 사건을 논의하도록 돕습니다. ▽

24. 학생들이 정상 기능으로 돌아가는 것을 돕기 위해서는 전형적인 일상을 확립하는 것이 중요하다는 것을 가족들에게 교육합니다. ▽

13. 학생들은 일상으로 돌아갑니다. (25, 26, 27)

25. 아동의 개별 요구를 위한 구조들(예: 아동이 확인할 수 있도록 보이는 곳에 일정을 게시함)을 제공합니다.

14. 보호자들은 트라우마 사건의 비극적 결과에 대하여 감정을 표현합니다. (28)

15. 학생과 가족은 이 트라우마 사건으로 인해 발생한 지인의 죽음을 받아들이고 이를 말로 표현합니다. (29, 30, 31)

16. 학생들로 하여금 과거 사건보다는 현재에 집중을 유지하도록 합니다. (32)

17. 직원이 안전 절차들을 개선합니다. (33, 34, 35)

26. 학생들에게 적절한 식습관과 개인 위생 습관을 유지하는 것의 중요성에 대해 교육하고 이를 달성하기 위한 방법을 계획하도록 돕습니다.

27. 학생들의 수면 패턴에 대해 질문하고 편안하고 양질의 수면을 취하는 데 도움이 되는 전략(예: 일기 쓰기, 휴식 기술)을 제안합니다.

28. 보호자들로 하여금 사건의 비극적인 결과에 대한 느낌과 생각을 표현할 수 있는 기회를 허용해 주는 집단 개입 회기를 제공합니다.

29. 사망이 발생한 경우 학생들의 발달 수준에 따라 연령에 적합한 언어로 학생들과 토론합니다. 죽음의 영속성에 대해 어린이를 혼란스럽게 할 수 있는 단어(잠자는 것이다, 사라졌다, 다른 곳으로 이동했다 등)를 피하고 학생과 보호자의 문화적 신념을 존중합니다.

30. 학교 정책에 따라 학생과 가족이 고인을 추모할 수 있는 공간을 제공합니다.

31. 어린이, 가족, 교직원과 지역사회가 참여할 수 있는 고인을 기리는 추도식 계획을 돕습니다.

32. 학생들로 하여금 '왜'(왜 이런 일이 일어났는지)라는 질문에 답을 찾고자 하는 욕구는 인정하되, '왜'에 초점을 맞추기보다는 그 질문 이면의 감정을 알아보도록 관점을 전환하게 합니다.

33. 직원이 안전 계획을 검토하고 개선하도록 돕습니다. 학생과 보호자에게 변경 사항을 전달합니다.

34. 다음 번 안전 절차 훈련이 시행될 때 아동들이 나타낼 수 있는 트라우마 반응에 대해 직원을 교육합니다. 직원에게 아동 반응 관리에 관한 문헌과 연구 자료를 제공합니다.

35. 직원이 위기 관리에 관한 정책 및 절차를 개선하도록 돕습니다. 이를 전체 직원에게 전달합니다.

18. 보호자는 정신건강 자원에 관한 정보를 받습니다. (36, 37)

36. 보호자에게 위기 및 트라우마 사건으로부터의 회복에 관한 팸플릿과 기타 자료를 제공합니다.

37. 트라우마에 대한 행동이나 감정적 반응이 일반적으로 예상할 수 있는 수준을 넘어서는 경우, 학생을 치료하기 위해 연계 가능한 기관 목록을 보호자에게 제공합니다.

19. 직원으로 하여금 학생의 정신건강 문제를 지속적으로 모니터링하게 합니다. (38, 39)

38. 학생의 정신건강을 모니터링하기 위해 표준 선별 도구를 활용합니다(예: Reynolds Child Depression Scale, Trauma Symptom Checklist for Children).

39. 필요하다면 학생에게 자살 및 살해 위험성에 대한 평가를 실시합니다.

📝 진단

ICD-9-CM	ICD-10-CM	DSM-5 Disorder, Condition, or Problem
V61.20	Z62.820	부모-아동 관계 문제(Parent-Child Relational Problem)
V62.3	Z55.9	학업이나 교육 문제(Academic or Educational Problem)
V62.82	Z63.4	단순 사별(Uncomplicated Bereavement)
307.46	F51.4	NREM수면 각성장애, 야경증(Non-Rapid Eye Movement Sleep Arousal Disorder, Sleep Terror Type)
307.46	F51.3	NREM수면 각성장애, 수면보행증(Non-Rapid Eye Movement Sleep Arousal Disorder, Sleepwalking Type)
308.3	F43.0	급성 스트레스장애(Acute Stress Disorder)
309.0	F43.21	우울 기분을 동반한 적응장애(Adjustment Disorder, With Depressed Mood)
309.81	F43.10	외상후 스트레스장애(Posttraumatic Stress Disorder)

The Crisis Counseling and Traumatic Events Treatment Planner

l9. 학교 트라우마(직원)

📄 행동적 정의

1. 학생(들)이나 기숙사 책임자, 교원들, 행정 직원의 충격적이고, 갑작스러운 죽음이나 심각한 상해(예를 들면, 자살, 자동차 사고, 기숙사 사고 또는 화재, 자연 재해, 폭발 등)를 경험하였다.

2. 학생, 교직원이 장기간 질병으로 사망하였다.

3. 학생이나 교수, 기타 직원을 위협 및/또는 살해하기 위해 치명적인 무기를 소지한 사람이 한 명 또는 그 이상 학교나 대학 캠퍼스에 침입하였다.

4. 운동회나 친교 행사와 같은 학교 주최 활동에 참여하는 중에 학생이 갑작스럽게 사망하였다.

5. 학생이나 교원, 행정 직원을 학교, 대학 캠퍼스 또는 인근에서 스토킹, 납치 또는 성폭행하였다.

6. 학생, 교수진, 직원이 심각한 질병 및/또는 사망을 일으키는 팬데믹을 경험하였다.

7. 화재, 폭발, 폭탄 위협, 화학 물질 유출 또는 자연 재해(예를 들면, 토네이도, 허리케인, 홍수, 지진)로 인해 학교나 대학 건물(들)의 물리적 시설에 심각한 구조적 손상이 발생하였다.

8. 누군지 모르는 사람(들)이 학교나 캠퍼스 건물에 있는 사람에게 폭력을 행사하겠다고 위협한다.

9. 마음속에서 사건을 반복 재생하는 플래시백을 경험한다. 비현실적인 느낌이나 불신, 기억 손상, 집중 시간이 짧아짐, 분노 사고, 학교나 대학 캠퍼스의 특정 장소/건물 회피, 같은 일이 반복될 것 같은 극심한 두려움 증가 등을 경험한다.

10. 트라우마 사건 이후 술이나 기타 기분 전환 물질의 사용이 증가한다.

11. 자신이 죽거나 다칠 것이라는 지속적인 두려움이 있다.

12. 정상적인 일상 업무 책임과 활동들로부터 철수함으로 인해 사기 저하가 나타난다.

13. 의사결정 기술에 대한 자신감이 떨어진다.

14. 사건 이후 정서를 조절하지 못한다.

15. 사람들이 사망한 위기 사건이나 트라우마에서 살아남은 생존자라는 죄책감을 느낀다.

16. 사건 이후 업무 성취도가 떨어진다.

17. 학생이나 교수진, 기타 직원이 자살 또는 살인에 대한 생각에 집착하거나 이를 폭로한다.

18. 사건 이후 학교 다른 직원들과 갈등이 증가한다.

— . _____
  _____
— . _____
  _____
— . _____
  _____

🎯 장기 목표

1. 일상 활동 재개를 포함하여 위기 이전의 기능 수준으로 회복합니다.
2. 적절한 수준의 행동 및 정서적 기능을 회복합니다.
3. 더 이상 지속적 고통 없이, 일상생활 경험 속으로 이 트라우마 사건을 수용합니다.
4. 미래에 대한 의미를 새롭게 정립합니다.
5. 학교 직원과 그의 가족들이 안전감을 회복합니다.
6. 업무와 관련하여 적절한 관계들을 새롭게 형성합니다.

— · _____
  _____
  _____
— · _____
  _____
  _____
— · _____
  _____

⏱ 단기 목표

▽(EBT) 1. 객관적인 평가 도구 수행에 협력
  합니다. (1)

2. 사고로 인해 발생한 신체적 부상이나
  증상을 확인합니다. (2)

3. 직원으로 하여금 이 사건이 생각, 감
  정과 행동에 어떤 영향을 미쳤는지
  말로 표현하게 합니다. (3, 4, 5)

🗣 치료적 개입 전략

1. 필요한 개입을 안내하기 위해 위기와 트라우
  마 상황을 평가하는 특정 도구를 사용하여 사
  건에 대한 직원의 정서적, 행동적, 인지적 반
  응을 평가합니다(예: Triage Assessment Form:
  Crisis Intervention–Revised, Symptom Checklist–
  90–Revised, Trauma Symptom Checklist). ▽(EBT)

2. 직원이 받았던 진료에 대해 묻거나 필요한 의
  사에게 의뢰합니다.

3. 직원의 안전을 보장합니다. 적극적 경청 기술
  을 사용하여 편안한 만큼 가능한 한 자세히 트
  라우마를 설명하게 하고 직원의 정서적, 행동
  적, 인지적 반응을 탐색합니다(또는 Jongsma의
  『Adult Psychotherapy Homework Planner 2판』,
  '고통스러운 기억을 공유하기' 과제를 내줍니다).

4. 직원이 동료, 가족 및/또는 신뢰할 수 있는 친
  구와 정서적, 인지적 반응을 공유하도록 격려
  하고 촉진합니다.

5. 과거 사건에서 미해결된 감정이 이 사건으로
  전이될 가능성이 있는지를 평가하고 탐색합
  니다.

4. 사고 중 취했던 행위들에 대해 사후 추정으로 보고하는 것이 아니라 확신을 가지고 보고하게 합니다. (6, 7)

5. 직원으로 하여금 사건 대처를 위해 술이나 기타 기분 전환 물질을 사용하는 자가처방적 의존도를 줄이게 합니다. (8)

▽ 6. 사건에 대한 반응을 관리하기 위해 안정화와 대처 전략들을 배우고 실행합니다. (9)

▽ 7. 직원으로 하여금 자신감을 키우고 불안감을 극복하기 위해 긍정적인 자기-대화와 문제 해결에 참여하게 합니다. (10, 11)

6. 직원에게 사고 전과 사건 진행 중에 행동을 취하게 했던 자신의 생각 과정을 공유하도록 요청합니다. 그 행동은 위기 상황에서 할 수 있는 자동적 반응이라고 그/그녀를 안심시킵니다.

7. 직원이 사고가 일어나는 동안 자신의 수행을 부정적으로 평가할 때 그 직원과 마주합니다. 그리고 실제 일어난 사실들과 직원의 합리적 대응에 초점을 맞춤으로써 직원으로 하여금 현실적이고 비판단적인 방향의 관점을 갖도록 안내합니다.

8. 사건 이후 트라우마에 대처하는 수단으로 술이나 기타 기분 전환 물질의 사용이 증가하는지 학생들을 평가합니다. 이러한 부적응적 대처 행동을 계속 모니터링하고 억제하며 필요한 경우 중독치료에 의뢰합니다.

9. 두려움을 관리하기 위해 이완, 호흡 조절, 내적 모델링(즉, 전략의 성공적인 사용을 상상하기)과 같은 스트레스 예방 훈련의 전략을 사용하도록 직원을 지도합니다. ▽

10. 사건과 두려움 사이를 매개하는 직원의 도식과 자기-대화를 탐색합니다. 부정적인 편견에 도전하고 편견을 수정하고 자신감을 일으키는 가치 판단을 형성하도록 도움을 줍니다(또는 Jongsma의 『Adult Psychotherapy Homework Planner 2판』, '부정적인 생각이 부정적인 감정을 유발한다'를 과제로 내줍니다). ▽

11. 직원에게 두려운 자기-대화를 파악하고 현실에 기반한 대안을 만드는 연습 과제(예: 다섯 개의 부정적인 진술과 다섯 개의 논쟁적인 진술을 나열해 보라)를 내줍니다. 성공을 검토하고

강화하여 실패에 대한 수정 피드백을 제공합니다(또는 Jongsma의 『Adult Psychotherapy Homework Planner 2판』, '긍정적인 자기-대화하기'를 과제로 내줍니다). ▽

8. 사건에 대한 느낌과 지각을 동료들과 토론합니다. (12, 13)

9. 트라우마 반응을 가지는 학생들을 돕는 정신건강 지원을 이해하고 이를 말로 표현하게 합니다. (14, 15)

10. 고립과 철수를 방지하기 위해 친구, 가족, 동료와 상호작용하게 합니다. (16, 17)

11. 현재의 정서적 고통을 줄이기 위하여 시행 가능하고 이전에 효과적이었던 스트레스 관리 전략을 시행합니다. (18)

12. 트라우마 사건으로부터 얻을 수 있는 긍정적인 결과를 알아봅니다. (19)

12. 트라우마 피해자들의 사건 경험을 서로 이야기하는 집단 회기에 직원을 연계합니다. 이는 구조화된 집단(예: 심리적 디브리핑 그룹) 또는 과정 집단일 수도 있습니다.

13. 트라우마 사건으로부터의 회복에 초점을 맞춘 비구조화된 자조 그룹에 직원을 연계합니다.

14. 학교의 정상적인 일상이 재개될 때 혼란을 겪을 수 있는 학생들을 돕기 위해 전문적인 지원이 제공될 것임을 직원에게 분명히 알려 줍니다.

15. 회복 과정 중에도 학생들에 대한 지속적인 스크리닝 검사가 있을 것임을 직원에게 분명히 알려 줍니다.

16. 직원이 다른 직원들과 교류할 수 있는 적절한 사회적 기회(예: 오찬, 친구와의 외출)를 마련하도록 격려합니다.

17. 직원이 회복 중에 신뢰할 수 있는 가족, 친구 및/또는 지지에 활용할 수 있는 기타 사회적 체계를 확인하도록 돕습니다.

18. 직원의 다른 트라우마 사건 이력을 탐색하고 당시에 사용된 건강하고 효과적인 대처 메커니즘을 평가합니다. 그리고 현재 사건에 이러한 전략을 사용하도록 격려합니다.

19. 직원과 함께 재구성을 사용하여 사고 후 긍정적인 회복 및 탄력성과 관련된 긍정적인 변화(예: 가족 관계가 더 가까워짐, 미래에 대한 감

사가 증가함)를 탐색하고 확인합니다.

▽EBT 13. 안정화 기술을 실행하여 불안을 줄이고 불안 증상을 관리합니다. (20, 21)

20. 교직원에게 이완 기술(예: 점진적 근육 이완법, 지시에 따른 심상, 느리게 횡격막으로 호흡하기) 과 이를 일상생활에 적용하는 방법을 가르칩니다. ▽EBT

21. 바이오피드백 기술을 사용하여 직원이 이완 기술을 성공적으로 학습할 수 있도록 합니다. ▽EBT

▽EBT 14. 트라우마 사건의 일반적인 반응을 이해하고 말로 표현합니다. (22)

22. 사건 후 회복이 잘 안 되었을 때의 심리적 문제의 징후에 대해 직원을 교육합니다. ▽EBT

▽EBT 15. 직원의 가족 구성원은 트라우마 사건에 대해 논의할 때 건전한 의사소통 기술을 사용합니다. (23)

23. 위기나 트라우마 사건을 논의할 때 사용할 건강한 의사소통 기술(예: 반영적 경청하기, 눈맞춤하기, 존중하기 등)을 가르치기 위해 가족을 만납니다. ▽EBT

▽EBT 16. 회복 과정을 촉진하기 위해 가족의 일상을 재정립합니다. (24)

24. 회복을 돕기 위해 전형적인 일상을 확립하는 것의 중요성에 대해 가족들에게 알립니다. ▽EBT

17. 향후 사건을 예방하기 위해 긍정적이고 건전하고 건설적인 조치를 취하게 합니다. (25, 26)

25. 소외감을 느끼는 학생들에게 갈등 해결 및 중재 기술을 사용하도록 교직원을 교육합니다.

26. 폭력 및 기타 트라우마 사건을 예방하기 위한 프로그램을 개발하는 데 있어 직원을 돕습니다.

18. 고인에 대한 추도식에 참석하고 추모합니다. (27, 28, 29)

27. 직원의 애도 과정을 촉진하기 위해 직원으로 하여금 사망한 학생이나 동료의 장례식에 참석하도록 격려합니다. 이후 직원의 반응을 탐색합니다.

28. 직원으로 하여금 고인의 배우자/보호자를 위한 책에 수집될 고인에 대한 기억을 쓰도록 합니다.

19. 중요한 날에 트라우마 사건의 희생
　　자를 기념합니다. (30, 31, 32)

29. 직원이 자신의 기억으로 고인을 추모하도록
　　격려합니다(예: 시, 그림, 꽃, 사진, 고인이 지지
　　하던 좋은 일에 금전 기부). 추모품 수집 장소
　　를 지정합니다.

30. 기일 또는 기타 촉발일(휴일, 졸업일)이 다가
　　오면 직원으로 하여금 그 사고로부터 자신에
　　게 일어난 상실과 변화에 대해 이야기하도록
　　촉진합니다.

31. 피해자를 기억하고 생존자를 기리기 위해 주
　　요 생활 사건(예: 휴일, 졸업일, 1주년 기일) 주
　　변일에 실행할 수 있는 활동들을 계획하도록
　　격려합니다.

32. 직원에게 기일이나 기타 촉발 사건들과 관련
　　하여 정서적 혼란이 증가할 수 있다는 것을
　　교육합니다. 기념일 반응을 줄이기 위해 대
　　처 전략이나 의식을 개발합니다.

20. 위기 및 안전 계획을 검토하고 개정
　　합니다. (33, 34)

33. 위기 계획을 개정하기 위해 직원의 위기 계획
　　실행 검토를 돕습니다(예: 보호자와 소통하기,
　　학생을 안전한 곳으로 이동시키기, 통지문 작성
　　하기, 언론과 대화하기, 외부 기관의 개입, 법 집
　　행 기관과의 관계 등).

34. 직원이 안전 계획을 검토하고 개정하도록 돕
　　습니다. 그리고 모든 교직원에게 변경 사항
　　을 알리게 합니다.

▽ᴱᴮᵀ 21. 자신의 회복 과정을 모니터링하
　　고 트라우마에 대한 부적응 반
　　응이 나타나면 상담을 받습니
　　다. (35, 36, 37)

35. 트라우마 사건으로부터 회복이 잘 안 되었을
　　때의 심리적 공존질환 징후에 대해 직원에게
　　교육을 합니다. 부적응 반응(예: 수면장애, 짜
　　증, 과잉 경계, 우울, 생존자 죄책감 등)이 지속되
　　는 경우 상담을 받도록 계획을 세웁니다. ▽ᴱᴮᵀ

36. 직원에게 위기 및 트라우마 사건으로부터의 회복에 관한 팸플릿 및 기타 자료를 제공합니다. ▽

37. 직원에게 이용 가능한 위기 상담 연계 자원 목록을 제공합니다. ▽

▽ 22. 트라우마로 지속적인 기능장애 반응이 나타나는지를 판단하기 위해 평가에 협력하게 합니다. (38, 39)

38. 생존자 위기에 놓여 있는지를 확인하고 치료를 안내하기 위해 위기 및 트라우마 상황을 측정하도록 고안된 평가 도구[예: Traumatic Life Events Questionnaire, Trauma Symptom Inventory-2, General Anxiety Disorder-7 (GAD-7), Beck Depression Inventory-II]를 직원에게 실시합니다. ▽

39. 필요하다면 직원에게 자살과 살해 위험성 평가를 실시합니다. ▽

진단

ICD-9-CM	ICD-10-CM	DSM-5 Disorder, Condition, or Problem
V62.82	Z63.4	단순 사별(Uncomplicated Bereavement)
V62.2	Z56.9	고용과 관련된 기타의 문제(Other Problem Related to Employment)
296.2x	F32.x	주요우울장애, 단일 삽화(Major Depressive Disorder, Single Episode)
300.02	F41.1	범불안장애(Generalized Anxiety Disorder)
305.00	F10.10	경도 알코올사용장애(Alcohol Use Disorder, Mild)
307.47	F51.5	악몽장애(Nightmare Disorder)
308.3	F43.0	급성 스트레스장애(Acute Stress Disorder)
309.0	F43.21	적응장애, 우울 기분 동반(Adjustment Disorder, With Depressed Mood)
309.81	F43.10	외상후 스트레스장애(Posttraumatic Stress Disorder)
313.81	F91.3	적대적 반항장애(Oppositional Defiant Disorder)
_____	_____	_____
_____	_____	_____
_____	_____	_____

The Crisis Counseling and Traumatic Events Treatment Planner

20. 성폭력

📄 행동적 정의

1. 다른 사람의 강제적인 성행위가 있었다는 자기—보고가 있다.

2. 성폭행의 증거가 되는 상해(예: 찰과상, 타박상, 상처, 성병 등)가 있다.

3. 침습적 기억, 악몽 및/또는 폭행에 대한 생각이 반복된다.

4. 폭행과 관련된 상황을 회피한다.

5. 폭행 사건 이후로 혼자서 공공장소나 군중이 밀집한 곳에 있는 것을 두려워하고 불안, 마비에 대한 주관적인 느낌, 무기력감, 두려움, 과민성을 나타낸다.

6. 취약함, 무기력감, 죄책감이나 수치심을 느낀다.

7. 수면장애, 집중력 장애, 안절부절못함, 우울, 제한된 범위의 정동이 있다.

8. 폭행 이후 친밀감을 느끼지 못하며 성교 중 통증을 느끼고 성적인 만남을 피한다.

— . _____

_____

— . _____

_____

— . _____

_____

🎯 장기 목표

1. 폭행 이전의 심리적, 정서적, 사회적, 직업적 기능 수준으로 회복합니다.
2. 폭행 관련 자극으로 인한 침습적 이미지나 기능, 활동 수준에서의 변화가 감소합니다.
3. 더 이상의 지속적인 고통 없이 이 폭행 사건을 일상의 생활 경험 속으로 받아들입니다.
4. 성폭행 이전의 성교 만족 수준으로 돌아갑니다.

—‍ㆍ_____
_____
—‍ㆍ_____
_____
—‍ㆍ_____

🕐 단기 목표

1. 성폭행에 대해 편안히 이야기할 수 있는 범위 내에서 가능한 상세하게 설명합니다. (1, 2, 3, 4)

🧑‍🤝‍🧑 치료적 개입 전략

1. 내담자와 개인 회기에서 지속적인 눈맞춤, 개방형 질문, 무조건적인 긍정적 관심을 제공함으로써 신뢰를 적극적으로 형성합니다. 온정적인 수용을 보여 주면서 폭행 당시 내담자의 정서 반응을 탐색합니다.
2. 내담자로부터 적합한 기관/개인(법 집행 기관, 의료 전문가, 직장/학교 직원, 친척)에 이르기까지 정보 공개 동의를 얻고 이 폭행의 상세한 사실을 아는 사람들과 상의합니다.
3. 성폭행 평가 시 내담자가 폭행의 세부 사항을 여러 번 반복적으로 이야기하게 됨으로써 더 큰 트라우마를 입게 되는 것을 방지하기 위하여, 성폭행 평가(폭행에 대한 설명, 폭행이 발생한 시기/장소, 폭행이 개인, 사회, 가족 및 직업 활동에 미치는 영향)를 법 집행 전문가들과 협력

하여 효과적으로 조율합니다.

4. 내담자가 법 집행 기관에 협력하도록 격려합니다. 내담자에게 자신의 안전을 확립하고 유지할 필요성을 상기시켜 주면서 보복에 대한 두려움, 절망감이나 무기력감 등과 같은 그 어떤 저항감에도 직면하게 합니다.

2. 내담자로 하여금 폭행과 관련된 의학적 평가와 증거 수집에 협조하게 합니다. (5, 6)

5. 상해의 증거 수집과 평가를 위해 내담자를 성학대 검사 훈련을 받은 의사에게 의뢰합니다. 내담자가 평가와 치료 유의사항을 준수하는지 모니터링합니다.

6. 의학적 평가를 위해 내담자가 의사, 응급 케어나 응급실로 가도록 돕습니다.

3. 폭행 이후 내담자가 경험한 정서적 반응과 일상 기능이 얼마나 손상되었는지를 설명하게 합니다. (7, 8, 9)

7. 폭행이 그녀/그의 삶에 어떤 부정적인 영향을 미쳤는지 파악하기 위해 내담자와 함께 증상 발달 타임 라인을 만듭니다.

8. 폭행이 발생한 이후 내담자가 직면, 취약성이나 수치심을 피하기 위해 자신의 일상 활동을 어떻게 변화시켜 왔는지 토론합니다.

9. 객관적인 도구(예: Trauma Symptom Inventory-2)를 사용하여 내담자의 정서적, 인지적, 행동적 기능 손상에 영향을 미친 트라우마 반응의 빈도, 강도와 지속 기간을 평가합니다.

4. 자살 사고를 포함하여 불안이나 우울의 증상을 말로 표현합니다. (10, 11)

10. 내담자에게 우울증 및/또는 불안 증상과 자살 위험의 정도를 평가하기 위한 자가 보고 측정[예: Beck의 Beck Depression Inventory-II 또는 General Anxiety Disorder-7 (GAD-7)]을 시행합니다. 검사 결과를 평가하고 내담자에게 피드백을 제공합니다.

11. 내담자의 자살 가능성을 평가하고 모니터링합니다. 내담자가 자해할 것으로 판단되는 경

5. 플래시백을 언어적으로 확인합니다. 원치 않는 침습적 사고들을 다루기 위해 사고 중지법을 배우고 실행하게 합니다. (12, 13)

6. 행동 전략을 활용하여 인지, 감정 및/또는 행동 스트레스 반응을 감소시킵니다. (14, 15, 16)

우 필요에 따라 정신과에 입원하게 합니다.

12. 내담자가 폭행과 관련된 플래시백 경험이 있는지를 탐색합니다. 그리고 내담자에게 폭행과 연관된 반복적인 이미지나 기억들을 써 보는 과제를 내줍니다. 회기 내에서 이를 다룹니다.

13. 원치 않는 사고를 경험하는 즉시, 사고 중지 기법(정지 신호를 생각한 다음 즐거운 장면을 생각하는 것)을 실행하도록 내담자를 가르칩니다. 회기가 진행되는 사이 일상생활에서 내담자의 기법 사용을 모니터링하고 격려합니다(또는 Jongsma의 『Adult Psychotherapy Homework Planner 2판』, '사고 중지 기법을 활용하기' 과제를 내줍니다).

14. 신체적 활동에 참여함으로써 내담자의 고통이 감소하는지 탐색합니다. 내담자의 활동 참여를 강화합니다. 그리고 내담자가 일상생활에서도 이 활동을 선택하도록 돕습니다.

15. 내담자가 우울과 불안을 감소시키기 위한 행동 대처 전략들을 개발하도록 돕습니다(예: 내부에 덜 집중하기, 사회적 참여 증가하기, 일기 쓰기를 유지하기, 수면 개선, 균형 잡힌 식사, 술이나 약물 사용을 피하기, 카페인이나 니코틴 섭취 감소하기, 마사지 받기, 운동 루틴 만들기). 회기 내에서 성공을 강화합니다.

16. 내담자가 나중에 사용할 수 있도록 대처 전략과 기타 중요한 정보가 기록된 대처 카드를 개발합니다(예를 들면, "너는 안전하다", "호흡 속도를 조절하라", "현재 당면한 작업에 집중하라", "당신은 그것을 다룰 수 있다", "불안이 지나

7. 편향적이고 두려움에 찬 자기-대화를 파악하고, 이에 도전하고, 긍정적이고 현실적이며 힘을 실어 주는 자기-대화로 대체합니다. (17, 18, 19)

17. 회기 사이에 내담자에게 일기 쓰기 과제를 내줍니다. 정서적인 고통이 성공적으로 관리되었던 때, 두려움에 찬 자기-대화가 파악될 때, 그리고 현실에 기반한 대안을 만들어 낼 때, 이 시간을 기록하는 숙제를 내줍니다 (Jongsma의 『Adult Psychotherapy Homework Planner 2판』, '자기패배적인 사고들을 기록하고 대체하기'를 참조하십시오). 성공을 검토하고 강화하며 실패에 대한 교정 피드백을 제공합니다.

18. 내담자에게 자동 사고 기록지를 사용하여 강간에 대한 왜곡된 인지를 파악하고 추적하는 방법을 가르칩니다. 부정적인 자기-대화에 도전하고 이를 긍정적이고 힘을 실어 주는 자기-대화로 바꾸게 합니다.

19. 내담자에게 지시적 자기-대화 절차를 가르칩니다. 여기에서 부적응적인 자기-대화를 인식하고, 편견에 도전하고, 생겨난 감정들에 대처하고, 회피를 극복하고, 자신의 성취를 강화하는 방법을 배우게 됩니다. 진전을 검토하고 강화하며 장애물을 해결합니다.

8. 자신감을 높이기 위해 자기주장 기술을 배우고 실행합니다. (20, 21)

20. 내담자가 불안정하거나 취약하다고 느낄 때 자신감을 가지고 사용할 수 있도록 자기주장 기술(눈맞춤, 자세, 개인적 공간 확보, 적극적인 경청 등)을 가르칩니다. 주장을 사용할 때 자신감 대 무력감에 대해 생각해 봅니다.

21. 숙달감과 자신감을 높이고 취약한 느낌을 줄이도록 내담자를 자기방어를 위한 태보나 가라테 수업에 의뢰합니다.

9. 내담자로 하여금 폭행은 가해자의 책임이라는 개념을 가지게 하고, 자기-비난을 확인하고 도전하고 대체합니다. (22, 23, 24)

10. 불안 증상을 줄이고 관리하기 위한 이완 기술을 배우고 실행합니다. (25, 26, 27)

11. 사건 현장으로 돌아갑니다. (28, 29)

22. 내담자가 죄책감/자책을 표현할 때, 폭행은 자신에게 행해진 범죄이며 폭행의 책임은 가해자에게 있다는 관점으로 폭행을 바라보도록 관점을 전환하게 합니다.

23. 내담자가 폭행의 심각성을 최소화하거나 폭행을 변명하는 것에 맞서고 도전합니다. 폭행의 책임이 자신에게 있다고 믿는 것은 아닌지 내담자를 평가합니다.

24. 폭행에 대해 내담자 자신을 비난하게 하는 자기-대화를 알아내고, 현실에 기반한 대안을 만들어 내도록 과제를 줍니다. 회기에서 성공을 검토하고 강화하며 실패에 대한 교정 피드백을 제공합니다.

25. 폭행과 연관된 상황, 소리, 환경을 접하는 동안 나타날 수 있는 불안 증상을 다루기 위해 내담자에게 이완 기술(예: 자기주도적 심상, 점진적 근육 이완, 심호흡, 명상, 긍정적인 자기-대화)을 가르칩니다. 매일 이완 기술 연습을 할당합니다.

26. 내담자의 이완 기술 학습을 촉진하기 위해 바이오피드백 기술을 활용합니다. 개선을 위한 수정 피드백을 제공하면서 유의사항 준수와 효과성을 모니터링합니다.

27. 폭행과 관련된 불안 유발 상황의 위계표를 작성하도록 내담자를 안내하고 돕습니다. 증상을 줄이기 위해 이러한 상황에 대한 노출(치료) 계획을 개발합니다.

28. 내담자가 폭행 장소에 점진적으로 노출되었을 때 나타날 수 있는 정서적 반응을 다루기 위한 계획을 개발합니다. 이 반응을 다루기

12. 내담자로 하여금 화학적 의존에 대한 생물심리사회적 병력을 솔직하고 빠짐없이 제공하게 합니다. (30, 31, 32)

13. 폭행이 친밀감이나 성적 관계에 끼친 부정적인 영향을 줄이기 위하여 문제 해결 전략을 배우고 실행합니다. (33, 34, 35)

위해 회기 내에서 학습한 기술을 사용하도록 지지와 격려를 제공하면서 내담자와 함께 폭행 장소로 이동합니다.

29. 폭행 장소에서 내담자의 스트레스 반응을 감소시키도록 돕고자 그들이 개발한 학습된 이완 기법과 노출 요법을 결합하여 사용합니다.

30. 내담자에게 화학적 의존성이 있는지 평가합니다. 회복 치료를 위해 화학 물질 사용을 금하는 것이 얼마나 중요한지 내담자에게 교육합니다. 유의사항을 준수하는지 모니터링합니다.

31. 약물 의존성 발달에 기여한 가족, 감정 및 사회적 요인에 대한 내담자 이해를 돕기 위해 생물심리사회적 병력을 사용합니다.

32. 약물 의존성에 대한 치료 및/또는 금주를 확립하고 유지하기 위한 12단계 집단치료에 내담자를 의뢰합니다.

33. 내담자가 친밀감/성관계의 어려움을 성 파트너와 공개적으로 소통하도록 격려합니다. 모델링, 역할극, 행동 리허설을 사용하여 갈등을 해결합니다.

34. 합의한 파트너와 성적으로 흥분했을 때의 생각과 감정을 일지에 기록하게 합니다. 진전을 검토하고 강화하며 장애물을 해결합니다.

35. 문제 해결 전략을 가르칩니다. 즉, 구체적으로 문제를 정의하고, 문제를 해결하기 위한 방안을 생성하고, 방안의 장단점을 평가하고, 하나의 방안을 선택하고 실행하며, 취한 조치를 재평가하고 개선하는 문제 해결 전략을 가르칩니다.

14. 내담자가 고통스러울 때 신체적, 정서적 지지를 줄 수 있는 사람들을 파악합니다. (36, 37, 38)

36. 내담자가 성폭행 피해자가 되었던 경험을 가족이나 친구들과 이야기하도록 가족 회기나 집단 회기를 제공합니다. 내담자를 지지하는 데 도움이 될 수 있는 방법에 대해 가족/친구들을 교육합니다(예: 적극적인 경청 사용하기, 정서적 반응 조절하기, 긍정적인 격려 제공하기 등).

37. 내담자에게 지지가 필요할 때 의지할 수 있는 사람들을 파악하기 위해 내담자로 하여금 생태 지도를 그리는 작업에 참여하게 합니다. 생태 지도를 검토하고 내담자가 불안정, 무력감 또는 불안감을 줄이기 위해 지지적인 사람들과 자주 소통하도록 격려합니다.

38. 직장에서 지지를 요청하기 위해 내담자와 논의합니다[예: 감독자, 고용 지원 프로그램(EAP) 직원, 보안 담당자]. 회기 내에서 저항이나 유의사항을 준수하지 않는 부분을 다루면서 진전을 검토합니다.

15. 성폭행 피해자 지원 모임에 참여합니다. (39)

39. 성폭행 피해자에 초점을 맞춘 지지 집단에 내담자를 연계합니다. 내담자가 폭행 경험과 그 영향을 집단 내 다른 생존자들과 나누도록 격려합니다.

16. 트라우마 사건을 일상생활 속에 수용하면서 사회 및 직업 활동에 계속 참여하게 합니다. (40)

40. 내담자로 하여금 폭행 이전에 있었던 직장, 사회 참여 및/또는 일상으로 돌아가도록 격려합니다. 필요하다면 일상생활 속에서 점진적이고 단계적으로 꾸준히 이러한 활동을 이어 가게 합니다.

—·—

—·—

—·—

📝 진단

ICD-9-CM	ICD-10-CM	DSM-5 Disorder, Condition, or Problem
308.3	F43.0	급성 스트레스장애(Acute Stress Disorder)
309.24	F43.22	불안을 동반한 적응장애(Adjustment Disorder With Anxiety)
309.0	F43.21	우울 기분을 동반한 적응장애(Adjustment Disorder With Depressed Mood)
309.28	F43.23	불안 및 우울 기분을 동반한 적응장애(Adjustment Disorder With Mixed Anxiety and Depressed Mood)
300.6	F48.1	이인증/비현실감 장애(Depersonalization/Derealization Disorder)
300.4	F34.1	지속성 우울장애(Persistent Depressive Disorder)
296.2x	F32.x	주요우울장애, 단일 삽화(Major Depressive Disorder, Single Episode)
296.3x	F33.x	주요우울장애, 재발성 삽화(Major Depressive Disorder, Recurrent Episode)
V61.10	Z63.0	배우자나 친밀 동반자와의 관계 고충(Relationship Distress with Spouse or Intimate Partner)
309.81	F43.10	외상후 스트레스장애(Posttraumatic Stress Disorder)
V61.12	Z69.12	배우자나 동반자 신체적 폭력의 가해자에 대한 정신건강 서비스를 위한 대면(Encounter for Mental Health Services for Perpetrator of Spouse or Partner Violence, Physical)
995.81	Z69.11	배우자나 동반자 신체적 폭력의 피해자에 대한 정신건강 서비스를 위한 대면(Encounter for Mental Health Services for Victim of Spouse or Partner Violence, Physical)

301.82	F60.6	회피성 성격장애(Avoidant Personality Disorder)
301.6	F60.7	의존성 성격장애(Dependent Personality Disorder)
301.50	F60.4	연극성 성격장애(Histrionic Personality Disorder)
301.0	F60.0	편집성 성격장애(Paranoid Personality Disorder)

21. 스토킹 피해자

📄 행동적 정의

1. 접근 회피나 접근 중지에 대한 명확한 의사를 무시하거나, 자신의 동의 없이 접근하거나 접근을 지속하는 형태로 반복적이고 지속적인 괴롭힘이 있다.
2. 자신이나 가족 또는 같이 거주하는 사람을 향한 한 번 이상의 확실한 위협이 있었다.
3. 집 안팎에서의 움직임을 감시당하고, 설명할 수 없는 전화가 걸려오고, 작은 소유물이나 집안의 물건이 명확한 이유도 없이 훼손되었다.
4. 원치 않는 사람이 행동이나 대화 또는 이동 경로를 염탐하고 있다.
5. 테러나 박해, 협박, 편집증, 함정에 걸린 느낌을 말로 표현한다.
6. 스토킹이 발생하는지 확인하기 위해 일상적인 루틴(예: 직장/학교로 이동하는 경로)을 변경한 적이 있다.
7. 잠들기 어려움, 식욕 부진, 살해/자살 사고, 신뢰감 감소를 경험한다.

— . _____

_____

— . _____

_____

— · _____
   _____

🎯 장기 목표

1. 안전을 보장하기 위해 필요한 법적 조치를 취합니다.
2. 현재와 미래 대인관계에서 신체적, 정서적 안전 유지에 필요한 기술을 개발합니다.
3. 스토킹이 시작되기 전의 심리적, 정서적, 사회적, 직업적 기능 수준으로 회복합니다.

— · _____
   _____

— · _____
   _____

— · _____
   _____

⏱ 단기 목표

1. 스토킹의 역사, 특성과 강도를 묘사합니다. (1, 2, 3)

🗨 치료적 개입 전략

1. 무조건적인 긍정적인 관심을 제공하고 개방형 질문을 하며 지지적이고 비판단적인 태도를 유지함으로써 내담자와의 라포를 적극적으로 형성합니다.
2. 스토킹 가능성이 있는 용의자 파악에 도움이 되도록 내담자와 함께 이미 끝난 관계들과 관계 주변 환경을 검토합니다.
3. 내담자로부터 스토킹의 역사, 스토킹이 시작된 시기, 스토킹이 시작되기 전에 발생한 상황, 스토킹이 내담자의 개인, 사회 및 직업 활동에 미치는 영향을 파악합니다.

2. 스토킹이 시작된 이후 내담자가 경험한 감정적 반응들과 스토킹이 얼마나 일상 기능의 손상을 가져왔는지를 표현합니다. (4, 5, 6)

3. 두려움, 걱정이나 불안을 일으키는 인지 메시지를 파악하고 대체합니다. (7, 8, 9)

4. 지속적인 스토킹으로부터 자신을 보호하기 위한 안전 계획을 개발합니다. 당국의 조사에 협력합니다. (10, 11, 12, 13)

4. 우울증 및/또는 불안 증상의 정도를 평가하기 위해 내담자에게 자기 보고 척도[예: Beck Depression Inventory-II 또는 General Anxiety Disorder-7 (GAD-7)]를 시행합니다.

5. 내담자가 스토킹 해결을 위해 이미 시도했던 조치(활동 경로 변경, 스토커와의 대화 시도, 보호 용품 착용 등)를 확인합니다.

6. 내담자의 집, 가족, 친구나 지지체계에서의 암묵적인 또는 명시적인 피해를 평가합니다. 다른 사람들에게 나타난 피해의 실제 수준을 판단하고 안내된 필수 예방 조치를 취합니다.

7. 내담자에게 자동 사고 기록지를 사용하여 스토킹에 대한 왜곡된 인지들을 파악하고 추적하는 방법을 가르칩니다. 그 사고에 도전하고 스토킹과 관련된 인지 왜곡을 보다 현실적인 메시지로 대체하도록 도와줍니다.

8. 내담자로 하여금 자신감은 높이면서 두려움, 걱정이나 불안 반응 감소에 도움이 되는 현실에 기반한 인지 메시지들을 개발하도록 돕습니다.

9. 자신감을 높이고 적응 행동을 증가시키는 내담자의 긍정적이고 현실에 기반한 인지 메시지를 강화합니다(Jongsma의 『Adult Psychotherapy Homework Planner 2판』, '긍정적인 자기-대화하기'를 참조하십시오).

10. 내담자의 신체적, 정서적 안전을 확립하고 유지할 수 있는 상세한 조치(예: 경찰에 신고서 제출하기, 보호 명령이나 접근 금지 명령 얻기, 다른 교통 경로 사용하기, 조력자에게 연락하기 등)가 적힌 안전 계획을 개발하도록 내담자를

돕습니다.

11. 내담자가 법 집행 기관과 협력하여 작업하도록 제안합니다. 보복에 대한 두려움, 절망감 또는 무력감 등과 같은 모든 심리적 저항에 맞서며 내담자에게 자신의 안전을 확립하고 유지해야 할 필요성을 상기시켜 줍니다.

12. 안전을 더욱 강화하기 위해 내담자로 하여금 집에서 안전을 강화할 수 있는 방법을 파악하도록 돕습니다[예: 데드 볼트 잠금 장치(추가적 잠금 장치) 설치하기, 커튼 쳐 두기, 무선 전화 구입, 탈출 경로 파악하기, 보안 시스템 설치하기 및/또는 편지나 서류의 개인 정보 파쇄하기]. 진행 상황을 검토하고 강화합니다.

13. 안전하고 보호받는 생활 환경을 제공할 수 있는 의지와 능력이 있는 내담자의 친구나 가족과 상의합니다. 내담자의 안전이 확립될 때까지 해당 개인과 함께 움직이도록 권장합니다. 안전 규정 준수 및 진행 상황을 모니터링합니다.

5. 스토커가 내담자의 소재를 파악할 가능성을 줄이기 위해 내담자의 루틴을 바꿉니다. (14, 15)

14. 내담자에게 한 주간 자신의 일상 행동과 활동 일정을 면밀히 살펴보도록 숙제를 내줍니다. 일상 스케줄 변경 방안(예: 다른 시간대에 집을 떠나거나/도착하기, 다른 시간대에 활동에 참석하기, 방문객을 집에 초대하여 계속 혼자 집에 있지 않도록 밤새 머물게 하기)을 평가하며 회기 내에서 검토합니다.

15. 내담자가 학교, 직장 및 기타 활동의 대안적 경로를 파악하도록 돕습니다. 안전을 높이기 위해 이러한 대안 경로를 사용하도록 내담자를 격려합니다. 대안 경로를 사용하는 데 내

담자가 유의사항을 준수하는지 모니터링합
니다.

6. 자신감을 높이기 위해 자기주장 기술을 배우고 실행합니다. (16, 17, 18)

16. 위협을 느낄 때 자신 있게 사용할 수 있도록 내담자에게 자기주장 기술(눈맞추기, 자세 취하기, 개인 공간 확보하기, 적극적인 경청, 망가진 녹음기 전략 등)을 가르칩니다. 주장을 사용할 때 자신감 대 무력감에 대해서 생각하게 합니다.

17. 지금 현재나 앞으로도 스토커와 접촉을 원치 않는다는 표현을 명확하게 전달하는 역할 연기를 내담자와 한번 해 봅니다. 언어를 사용할 때 위협적이지 않도록, 그리고 스토커와의 논쟁이나 협상을 허용하지 않도록 표현합니다. 지지자와 함께 공공장소에서 이 대화를 해 보도록 강화합니다.

18. 숙달감과 자신감을 높이고 취약한 느낌을 감소시키기 위해 내담자를 자기방어 수업, 즉 태보나 가라테 수업에 연계합니다.

7. 행동 전략을 활용하여 불안 및/또는 우울증을 극복합니다. (19, 20, 21)

19. 내담자의 기분을 고양시키기 위한 신체 운동 루틴(예: 빠르게 걷기, 스텝 에어로빅, 자전거 타기 등)을 개발하고 강화합니다. 성공을 강화합니다.

20. 몸을 사용하는 신체적 활동에 참여함으로써 내담자의 고통이 감소하는지 알아봅니다. 내담자의 활동 참여를 강화합니다. 내담자가 일상생활에서 이 활동을 채택하도록 돕습니다.

21. 내담자로 하여금 우울과 불안감을 감소시키기 위해 행동 대처 전략(예: 내부에 집중을 덜 하기, 사회적 활동 참여 증가하기, 일기 쓰기를 유지하기, 수면 개선, 균형 잡힌 식사, 술이나 기타

약물 사용 피하기, 카페인이나 니코틴 섭취 감소하기, 마사지 받기, 건강하게 분노 표현하는 것을 늘리기 등)을 개발하도록 돕습니다. 회기 내에서 성공을 강화합니다.

8. 불안 증상을 줄이고 관리하기 위한 이완 기술을 배우고 실행합니다. (22, 23, 24)

22. 내담자에게 이완 기술(예: 자기지시적 심상, 점진적 근육 이완, 깊은 리듬 호흡)과 이러한 기술을 일상생활에 적용하는 방법을 가르칩니다. 진전을 검토하고 강화합니다. 방해물을 해결합니다.

23. 내담자로 하여금 이완 기술 학습을 촉진하기 위해 바이오피드백 기법을 사용하게 합니다. 개선을 위한 교정 피드백을 제공하고 유의사항과 효과성을 모니터링합니다.

24. 내담자에게 일상적인 이완 기술을 연습하는 숙제를 할당합니다. 성공을 검토하고 강화하며 성공에 대한 교정 피드백을 제공합니다.

9. 걱정을 현실적으로 해결하기 위한 문제-해결 전략들을 배우고 실행합니다. (25, 26)

25. 구체적으로 문제를 정의하고, 문제 해결 방안을 모색하여 이 방안을 평가합니다. 계획을 실행하고 재평가하고 개선하는 문제-해결 전략을 가르칩니다.

26. 내담자에게 현재 문제를 해결하는 연습(Craske와 Barlow의 『Mastery of Your Anxiety and Worry: Workbook 2판』을 참조하십시오)을 과제로 부과합니다. 성공을 검토하고 강화하며 개선을 위한 교정 피드백을 제공합니다.

10. 고통스러울 때 내담자에게 신체적, 정서적 지지를 해 줄 수 있는 사람들을 파악합니다. (27, 28, 29)

27. 내담자가 스토킹 피해자로서의 경험을 가족이나 친구와 소통하도록 가족 회기나 집단치료 회기를 제공합니다. 내담자를 보호하고 지지할 수 있는 방법에 대해 가족/친구들을 교육합니다.

28. 직장에서의 지원을 요청할 수 있는 사람들 (예: 상사, 고용 지원 프로그램 담당자, 보안 담당자)에 대해 내담자와 논의합니다. 저항이나 유의사항을 다루기 위해 회기 내에서 진행사항을 검토합니다.

29. 안전치 않은 느낌이나 편집증적인 느낌, 불안감을 줄이기 위해 내담자로 하여금 지지체계와 매일 소통하도록 격려합니다. 일상 커뮤니케이션에서 내담자의 유의사항 준수를 모니터링합니다.

11. 스토킹이 스토커의 책임이라는 관점을 가지며, 자기-비난을 확인하고 도전하고 대체합니다. (30, 31, 32)

30. 내담자가 죄책감/자책을 표현할 때, 스토킹은 자신에게 행해진 범죄이며 스토킹의 책임은 가해자에게 있다는 관점으로 스토킹을 바라보도록 안내합니다.

31. 내담자가 스토킹의 심각성을 최소화하거나 스토킹을 용인하려는 것에 맞서고 도전합니다. 스토킹에 대한 책임이 자신에게 있다고 믿는 것은 아닌지 내담자를 평가합니다.

32. 스토킹에 대해 내담자 자신을 비난하게 하는 자기-대화를 알아내고, 현실에 기반한 대안을 만들어 내도록 과제를 줍니다. 회기에서 성공을 검토하고 강화하며 실패에 대한 교정 피드백을 제공합니다.

진단

ICD-9-CM	ICD-10-CM	DSM-5 Disorder, Condition, or Problem
308.3	F43.0	급성 스트레스장애(Acute Stress Disorder)
309.24	F43.22	불안을 동반한 적응장애(Adjustment Disorder With Anxiety)
309.0	F43.21	우울 기분을 동반한 적응장애(Adjustment Disorder With Depressed Mood)
309.28	F43.23	불안 및 우울 기분을 동반한 적응장애(Adjustment Disorder With Mixed Anxiety and Depressed Mood)
300.4	F34.1	지속성 우울장애(Persistent Depressive Disorder)
V65.2	Z76.5	꾀병(Malingering)
296.2x	F32.x	주요우울장애, 단일 삽화(Major Depressive Disorder, Single Episode)
296.3x	F33.x	주요우울장애, 재발성 삽화(Major Depressive Disorder, Recurrent Episode)
V61.10	Z63.0	배우자나 친밀 동반자와의 관계 고충(Relationship Distress with Spouse or Intimate Partner)
309.81	F43.10	외상후 스트레스장애(Posttraumatic Stress Disorder)
295.70	F25.0	조현정동장애, 양극형(Schizoaffective Disorder, Bipolar Type)
295.70	F25.1	조현정동장애, 우울형(Schizoaffective Disorder, Depressive Type)
301.0	F60.0	편집성 성격장애(Paranoid Personality Disorder)
301.83	F60.3	경계성 성격장애(Borderline Personality Disorder)
301.6	F60.7	의존성 성격장애(Dependent Personality Disorder)
———	———	
———	———	
———	———	

22. 돌연사/사고사(성인)

📄 행동적 정의

1. 갑작스럽게 사람의 죽음(예: 자동차 사고, 총격/살인, 폭행 및 구타, 익사, 작업장 사고 또는 화재 사고로 인한 사망)을 경험하였다.
2. 죽음과 관련된 반복적이고 침습적인 트라우마 기억, 플래시백, 악몽(예: 죽음 목격, 사망 소식을 수신함)이 나타난다.
3. 사망 이후 집중하고 지시를 따르는 데 어려움이 있다.
4. 사망 이후 술이나 기타 기분 전환 물질의 사용이 증가하였다.
5. 사망 후 일상적인 기능을 방해할 정도로 타인에 대한 의심과 불신을 경험한다.
6. 사회적 철수와 고립이 나타나고, 특정 장소를 피한다.
7. 사망 후 감정을 조절할 수 없다.
8. 죽음에 대한 죄책감이 나타난다.
9. 사망 후 개인 위생 문제와 식습관과 수면 패턴에서의 전형적인 장애가 나타난다.
10. 가슴 통증, 흉부 압박감, 숨가쁨, 근육 긴장, 두통, 배탈, 심계항진, 구강 건조와 같은 신체적 증상이 있다.

— · ＿＿＿＿＿＿＿＿＿＿＿＿＿＿＿＿＿＿＿＿＿＿＿
＿＿＿＿＿＿＿＿＿＿＿＿＿＿＿＿＿＿＿＿＿＿＿＿＿
＿＿＿＿＿＿＿＿＿＿＿＿＿＿＿＿＿＿＿＿＿＿＿＿＿
— · ＿＿＿＿＿＿＿＿＿＿＿＿＿＿＿＿＿＿＿＿＿＿＿
＿＿＿＿＿＿＿＿＿＿＿＿＿＿＿＿＿＿＿＿＿＿＿＿＿

🎯 장기 목표

1. 일상 활동 재개를 포함하여 위기 이전의 기능 수준으로 회복합니다.
2. 적절한 수준의 정서, 행동과 인지 기능을 회복합니다.
3. 신체적 불편감을 줄입니다.
4. 건강한 애도 과정을 개발합니다.
5. 미래에 대한 의미를 새롭게 정립합니다.
6. 건강한 가족 관계를 새롭게 형성합니다.

— · ＿＿＿＿＿＿＿＿＿＿＿＿＿＿＿＿＿＿＿＿＿＿＿
＿＿＿＿＿＿＿＿＿＿＿＿＿＿＿＿＿＿＿＿＿＿＿＿＿
＿＿＿＿＿＿＿＿＿＿＿＿＿＿＿＿＿＿＿＿＿＿＿＿＿
— · ＿＿＿＿＿＿＿＿＿＿＿＿＿＿＿＿＿＿＿＿＿＿＿
＿＿＿＿＿＿＿＿＿＿＿＿＿＿＿＿＿＿＿＿＿＿＿＿＿
— · ＿＿＿＿＿＿＿＿＿＿＿＿＿＿＿＿＿＿＿＿＿＿＿
＿＿＿＿＿＿＿＿＿＿＿＿＿＿＿＿＿＿＿＿＿＿＿＿＿

⏱ 단기 목표

▽ 1. 객관적인 평가 도구 수행에 협력
합니다. (1)

🗣 치료적 개입 전략

1. 필요한 개입을 위해 위기와 트라우마 상황을
측정하기 위한 평가 도구[예: Triage Assessment
Form: Crisis Intervention-Revised, Trauma
Symptom Checklist, Traumatic Life Events
Questionnaire, Family Crisis Oriented Personal
Evaluation Scales (F-COPE)]를 내담자에게 실시
합니다. ▽

2. 사망과 관련된 사람이라면 누구에게나 공격적이거나 폭력적인 행동을 가하고 싶은 내담자의 충동을 통제합니다. (2, 3, 4, 5)

2. 사망과 관련된 사람들에 대하여 내담자가 공격적이거나 폭력적인 행동을 하는 것을 방지하기 위해 내담자에게 단계적 축소 기술을 사용합니다.

3. 필요할 경우 내담자의 행동을 관리하는 데 도움을 줄 수 있는 법 집행 기관이나 기타 교육을 받은 개인에게 연계합니다.

4. 내담자가 해를 입히겠다거나 죽이겠다고 구두로 위협한다면 법체계의 명령에 따라 당사자들에게 알립니다.

5. 감정을 억누르면 오히려 분노가 강렬해져서 파괴적으로 될 수 있다는 것을 내담자에게 교육합니다. 분노 표현 조절을 격려하고 균형 잡힌 정서적 조망에 열려 있도록 격려합니다.

3. 사망 소식에 접했을 때 나타나는 급성 신체 반응들에 대하여 의학적 치료를 받게 합니다. (6)

6. 사망 소식에 대한 반응으로 가슴 통증이나 다른 급성 의료 상태와 같은 질환이 발생할 때 필요한 응급 의료 서비스나 의료진에 내담자가 접근할 수 있도록 돕습니다.

4. 고인의 몸에 작별 인사를 하고 시신을 봅니다. (7, 8)

7. 시신의 외형(예: 사지 상실, 변형, 피흘림, 타박상)에 대해 의료진, 법 집행 기관이나 다른 사람으로부터 정보를 얻습니다. 내담자로 하여금 시신을 마주할 수 있도록 심리적으로 준비하게 미리 정보를 줍니다.

8. 고인의 시신을 볼 수 있도록 내담자를 신체적, 정서적으로 지원합니다.

5. 장례/추도식 준비에 관한 결정을 내립니다. (9)

9. 내담자로 하여금 장례식(예: 매장, 화장, 추도식, 기부)과 관련된 의사결정과 준비를 할 수 있도록 촉진합니다.

6. 죽음에 대한 반응을 다루기 위해 안정화와 대처 전략을 배우고 실

10. 숙달감을 명확하게 느낄 수 있을 때까지 이완, 호흡 조절, 내적 모델링(예: 전략을 성공적

행합니다. (10)

으로 사용하는 모습을 상상하기) 및/또는 두려움 관리를 위한 역할극(예: 치료자나 신뢰할 수 있는 친구와 함께)과 같은 스트레스 예방 면역 훈련의 전략을 내담자에게 가르칩니다.

7. 사고에 대한 전형적인 정서적 반응에 대하여 이해하고 이를 말로 표현합니다. (11)

11. 사람이 갑작스럽게 사망하였을 때 느끼는 감정에는 옳고 그른 감정이 없다는 점과 예상되는 정서적 반응에 대해 내담자를 안심시킵니다.

8. 내담자로 하여금 사건에 대한 자신의 인지를 탐색하도록 허용합니다. (12, 13, 14)

12. 내담자와 눈을 맞추고 명확하고 천천히 말하면서 내담자와 같은 높이(예: 앉거나 서서)에서 지지를 전달합니다.

13. 적극적 경청과 반응 기술을 사용하여 내담자의 정서적, 행동적, 인지적 반응을 탐색하는 동안 내담자로 하여금 편안히 이야기할 수 있는 범위 내에서 가능한 한 상세하게 사망에 대해 이야기하게 합니다(또는 Jongsma의 『Adult Psychotherapy Homework Planner 2판』, '고통스러운 기억을 공유하기'를 참조하십시오).

14. 내담자로 하여금 안전하고 위협적이지 않은 환경에서 통제된 감정을 표현하도록 허용해 줍니다. 사건에 대한 비합리적인 지각을 교정합니다.

9. 사망에 대하여 가족, 친구, 지역 공동체와 이야기를 나누게 합니다. (15, 16, 17)

15. 지역사회의 다른 사람들에게 고인의 사망을 알리는 역할극을 내담자와 함께해 봅니다. 이 연습에서의 반응을 다룹니다.

16. 내담자가 전문 치료자, 가족 및/또는 신뢰할 수 있는 친구와 정서적, 인지적 반응을 나누도록 격려하고 촉진합니다.

17. 가족, 친구들이나 다른 사람(예: 성직자, 목사, 신부, 랍비)들이 와서 내담자에게 지지를 제공

10. 죽음에 대한 편향되고 두려운 자기-대화를 파악하고, 도전하고, 현실에 기반한 건강한 자기대화로 대체합니다. (18, 19)

11. 죽음 주변의 사건을 이야기하는 것과 연관된 불안 수준이 감소하였음을 이해하고 이를 말로 표현합니다. (20)

12. 사망과 관련된 비합리적인 죄책감의 해소를 말로 표현합니다. (21, 22)

할 수 있도록 이들과 접촉합니다.

18. 두려운 자기-대화를 파악하고 현실에 기반한 대안을 생성하기 위하여 내담자에게 숙제(예: 일지 쓰기, 다섯 가지 목록 만들기)를 내줍니다. 성공을 검토하고 강화하여 실패에 대한 수정 피드백을 제공합니다(또는 Jongsma의 『Adult Psychotherapy Homework Planner 2판』, '긍정적인 자기-대화하기' 과제를 부과합니다).

19. 사건과 두려움 사이를 매개하는 내담자의 도식과 자기-대화를 탐색합니다. 부정적인 편견에 도전하고 편견을 수정하고 자신감을 갖게 하는 자기 평가를 하도록 도움을 줍니다(또는 Jongsma의 『Adult Psychotherapy Homework Planner 2판』, '부정적인 사고가 부정적인 정서를 유발한다'를 과제로 내줍니다).

20. 내담자를 죽음에 관한 사건에 상상적으로 노출되도록 합니다. 이때 노출의 수준은 내담자가 묘사하고 선택한 세부적인 경험들로 낮은 수준부터 점차 불안이 높은 수준까지 단계적으로 진행합니다. 관련 불안이 감소하고 안정될 때까지 반복합니다. 진행 상황을 검토하고 강화하며 문제 해결의 장애물이 감소하도록 다룹니다.

21. 사망에 대한 내담자의 죄책감을 탐색합니다.

22. 내담자가 가질 수 있었던 것, 해야 했던 것 또는 했을 것이라고 믿는 것에 대해 질문하여 내담자의 후회를 탐색합니다. 비현실적 사고를 현실적인 사고로 대체하기 위해 인지적 재구성을 사용합니다.

13. 상실 애도에 집중하는 시간을 제한
합니다. (23, 24)

14. 고인과의 마지막 접촉에 대한 기억
을 나눕니다. (25, 26)

15. 사랑하는 사람의 사망 현장을 방문
합니다. (27, 28, 29, 30)

23. 내담자로 하여금 고인을 떠나보내는 상징적
치유 전략(예: 풍선을 공중으로 띄우기, 고인에
게 편지 쓰기)을 사용하도록 내담자에게 제안
합니다.

24. 내담자로 하여금 상실을 애도하는 데 집중하
도록 매일의 시간-제한 기간을 두도록 제안
합니다(예: 아침에 20분간). 이 시간이 끝나면
내담자가 일상적인 생활 활동을 하도록 안내
합니다.

25. 내담자가 고인을 마지막으로 보거나 대화한
시간에 대하여 이야기를 나눕니다. 고인과
이야기했던 내용을 나누도록 내담자를 격려
합니다.

26. 고인이 죽기 전에 내담자가 고인에게 해 주고
싶었던 말을 함께 탐색합니다. 이 대화를 촉
진하기 위해 빈 의자 기법을 활용하십시오.

27. 수사로 인해 또는 시신의 상태가 좋지 못해
고인의 시신을 볼 수 없는 경우에는 시신이
수습된 이후 내담자로 하여금 사망 장소에
가 보도록 돕습니다.

28. 사랑하는 사람의 사망 환경을 보는 것이 향후
왜곡된 이미지를 갖지 않도록 하는 데 도움
이 된다는 점을 내담자에게 교육합니다.

29. 사망 현장에 내담자와 함께 동반하고, 현장에
서 내담자의 감정적 반응을 다룹니다.

30. 범죄 현장 보존이나 주위의 거주지나 거주자
들을 방해하지 않는 범위 내에서 내담자가
서성거리고 이동할 수 있도록 공간을 제공합
니다.

16. 내담자가 사망에 대처하기 위해 술이나 기타 기분 전환 물질을 사용하는 방식인 자가 약물 의존을 줄입니다. (31)

▽ᴱᴮᵀ 17. 가족 구성원은 고인의 사망에 대해 이야기 나눌 때 건강한 의사소통 기술을 사용합니다. (32, 33)

▽ᴱᴮᵀ 18. 가족 내에서 정직하고 존중하며 긍정적인 감정과 생각을 직접적으로 표현하는 빈도를 늘립니다. (34, 35)

▽ᴱᴮᵀ 19. 문제 해결과 갈등 해결 기술을 배우고 실행합니다. (36)

31. 트라우마에 대처하는 수단으로 사건 이후 술과 기타 기분 전환 물질의 사용이 증가하는지 내담자를 평가합니다. 이러한 부적응적 대처 행동을 계속 모니터링하고 억제하며 필요한 경우 중독치료에 의뢰합니다.

32. 사랑하는 사람의 죽음에 대해 이야기할 때 사용할 수 있는 건강한 의사소통 기술(예: 반영적 경청하기, 눈맞춤하기, 존중하기 등)을 가족 구성원에게 가르칩니다. ▽ᴱᴮᵀ

33. 주장적 의사소통, 긍정적인 피드백 제공, 적극적 경청, 다른 사람의 행동 변화를 긍정적으로 요청하기, 정직하고 존중하면서 부정적인 피드백을 제공하기 등 건강한 의사소통 기술을 가족에게 훈련시키기 위해 모델링, 역할극, 교정적 피드백과 긍정적 강화를 사용합니다. ▽ᴱᴮᵀ

34. 내담자나 가족 구성원에게 새로 배운 의사소통 기술을 사용하고 모니터링하며 기록하는 연습 과제를 내줍니다. 회기 내에서 그 결과를 다루고 개선을 위하여 교정 피드백을 제공합니다. ▽ᴱᴮᵀ

35. 의사소통, 갈등 해결 및/또는 문제 해결 기술을 사용하여 해결할 수 있는 갈등을 파악하도록 내담자나 가족 구성원을 돕습니다. ▽ᴱᴮᵀ

36. 내담자 및/또는 가족 구성원에게 문제 해결 기술을 가르칩니다(예: 문제를 정확히 진단하고, 가능한 해결책을 브레인스토밍하고, 각 해결책의 장단점을 나열하고, 하나의 해결책을 선택하고 실행하며 그 결과를 평가하고, 필요한 경우 해결책을 수정합니다). 가족 갈등 이슈에 이 과

정을 적용하는 역할극을 해 봅니다.

20. 사망으로 인해 얻게 된 긍정적인 결과들을 알아봅니다. (37)

37. 그들이 사랑했던 사람이 죽은 후 갖게 된 긍정적인 회복과 탄력성 등 긍정적인 변화들(예: 더욱 독립적이 됨, 미래에 대한 감사가 증가함)을 탐색하고 파악하도록 재구성을 사용합니다.

21. 적절한 때에 전형적인 매일의 일상으로 되돌아갑니다. (38, 39)

38. 적절한 식습관과 개인 위생 습관을 유지하는 것이 중요하다는 것을 내담자에게 알려 줍니다. 이러한 습관들을 갖기 위한 방법을 계획하도록 내담자를 돕습니다.

39. 내담자의 수면 패턴에 대해 탐색하고 잠드는 데 도움이 되는 전략을 제안합니다(예: 잠이 오지 않는 경우 제한된 시간 동안 침대에서 나와서 책을 읽는다).

22. 배우자 사망으로 인한 재정적 결과에 건설적으로 대응할 수 있도록 계획을 실행합니다. (40, 41, 42)

40. 사랑하는 사람의 죽음이 내담자의 재정 상태에 미친 경제적 영향(예: 수입 손실, 청구서 지불, 모기지 대출 등)에 대해 탐색합니다.

41. 내담자가 경제적 지원(예: 생명 보험, 가족과 친구, 정부 프로그램의 지원 자격 등)의 자원들을 알아보도록 돕습니다.

42. 내담자에게 경제적 필요를 충족시키는 방법에 대한 계획을 작성해 보도록 요청합니다(예: 주택 매매, 취업 등). 내담자와 함께 계획을 검토합니다.

23. 고인의 소지품 처리 절차를 시작합니다. (43)

43. 고인의 방을 청소하고, 소지품을 정리하고, 옷을 나누어 주는 등 정리를 위하여 내담자의 필요를 탐색합니다. 압도당하거나 되돌릴 수 없게 되어 후회하는 결정이 되지 않도록 점진적으로 이 절차를 진행하도록 권장합니다.

▽ 24. 애도 과정에서 지원을 제공할 수 있는 지역사회 기반 자원들과 연결합니다. (44)

25. 만약 애도 감정이 일상생활에 지장을 줄 경우에는 정신건강 서비스 이용에 동의합니다. (45, 46, 47)

▽ 26. 내담자에게 트라우마로 지속적인 기능장애가 나타나는지를 판단하기 위해 평가에 협력하게 합니다. (48, 49)

44. 정서적 지원을 위해 지역 기반 서비스(예: 종교 기반 조직, 음주 운전 반대 어머니회, 폭력 범죄 피해자 모임, 애도 지원 집단, GriefNet.org와 groww.org와 같은 온라인 그룹)로 내담자를 안내합니다. ▽

45. 내담자에게 사랑하는 사람의 갑작스러운 사망으로 인해 향후 일어날 수 있는 심리적 공존질환(예: 플래시백, 우울증, 자살 사고)과 이에 대한 추가적인 치료가 필요할 수 있다는 것을 교육합니다.

46. 내담자에게 이용 가능한 정신건강 연계 자원 목록을 제공합니다.

47. 내담자에게 슬픔과 사별에 관한 팸플릿과 기타 자료들을 제공합니다.

48. 회복 과정을 점검하기 위해 위기와 트라우마 상황 평가를 위한 도구를 내담자에게 실시합니다[예: Symptom Checklist-90-Revised, Global Appraisal of Individual Needs–Short Screener (GAINSS), General Anxiety Disorder-7 (GAD-7), Beck Depression Inventory-II]. ▽

49. 필요하다면 내담자에게 자살과 살해 위험성 평가를 실시합니다. ▽

📝 진단

ICD-9-CM	ICD-10-CM	DSM-5 Disorder, Condition, or Problem
V62.82	Z63.4	단순 사별(Uncomplicated Bereavement)
V62.89	R41.83	경계선 지적 기능(Borderline Intellectual Functioning)
296.2x	F32.x	주요우울장애, 단일 삽화(Major Depressive Disorder, Single Episode)
300.02	F41.1	범불안장애(Generalized Anxiety Disorder)
305.00	F10.10	경도 알코올사용장애(Alcohol Use Disorder, Mild)
308.3	F43.0	급성 스트레스장애(Acute Stress Disorder)
309.0	F43.21	우울 기분을 동반한 적응장애(Adjustment Disorder With Depressed Mood)
309.81	F43.10	외상후 스트레스장애(Posttraumatic Stress Disorder)

The Crisis Counseling and Traumatic Events Treatment Planner

23. 돌연사/사고사(아동)

📄 행동적 정의

1. 아동의 갑작스러운 죽음(예: 자동차 사고, 총격/살인, 폭행 및 구타, 익사, 학교 사고 또는 화재 사고로 인한 사망)을 경험하였다.
2. 영아돌연사증후군(Sudden Infant Death Syndrome: SIDS)으로 아동의 갑작스러운 죽음을 경험하였다.
3. 죽음과 관련된 반복적이고 침습적인 트라우마 기억, 플래시백, 악몽(예: 죽음 목격, 사망 소식 수신)이 있다.
4. 사망 이후 집중하고 지시를 따르는 데 어려움이 있다.
5. 사망 이후 술이나 기타 기분 전환 물질의 사용이 증가하였다.
6. 사망 후 일상적인 기능을 방해할 정도로 타인에 대한 의심과 불신을 경험한다.
7. 사회적 철수와 고립이 나타나고, 특정 장소를 피한다.
8. 사망 후 감정을 조절할 수 없다.
9. 죽음에 대한 죄책감이 나타난다.
10. 가족 기능에 중대한 변화가 나타난다.
11. 보호자들의 관계에 혼란이 나타난다.
12. 사망 후 개인 위생 부족 및 식습관과 수면 패턴에서의 전형적인 장애가 나타난다.

13. 가슴 통증, 흉부 압박감, 숨가쁨, 근육 긴장, 두통, 배탈, 심계항진, 구강 건조와 같은
    신체적 증상이 있다.

—·_____
_____
—·_____
_____
—·_____
_____

🎯 장기 목표

1. 일상 활동 재개를 포함하여 위기 이전의 기능 수준으로 회복합니다.
2. 적절한 수준의 정서, 행동과 인지 기능을 회복합니다.
3. 신체적 불편감이 줄어듭니다.
4. 건강한 애도 과정을 개발합니다.
5. 미래에 대한 의미를 새롭게 수립합니다.
6. 건강한 가족 관계를 새롭게 형성합니다.

—·_____
_____
—·_____
_____
—·_____

🕐 단기 목표

🔻 1. 객관적인 평가 도구들을 수행합
니다. (1)

2. 아이가 죽었다는 것을 이해하고 말로
표현합니다. (2)

3. 아이가 사망했다는 소식으로 나타날
수 있는 보호자와 형제자매의 이차적
증상에 의학적 치료를 받을 수 있게
합니다. (3)

4. 사망과 관련된 사람이라면 누구에게
나 공격적이거나 폭력적인 행동을 가
하고 싶은 충동을 통제합니다. (4, 5)

5. 내담자로 하여금 작별 인사를 하고
아이의 몸을 바라보고 안아 보게 합
니다. (6, 7)

🧑‍🤝‍🧑 치료적 개입 전략

1. 필요한 치료를 안내하기 위해 보호자에게 위
기와 트라우마 상황 측정을 위한 검사 도구
를 실시합니다[예: Triage Assessment Form:
Crisis Intervention-Revised, Trauma Symptom
Checklist, Traumatic Life Events Questionnaire,
Family Crisis Oriented Personal Evaluation Scales
(F-COPE)]. 🔻

2. 보호자 및 형제자매와 눈을 맞추고, 명확하고
천천히 말합니다. 보호자 및 형제자매와 같은
눈높이(예: 앉거나 서서)에서 사망에 대한 사실
적 정보를 이야기하며 접촉합니다.

3. 보호자와 형제자매가 가슴 통증이나 다른 급
성 질환의 문제들이 발생하면 필요에 따라 응
급 의료 서비스나 담당 의료진에 바로 연계되
도록 합니다.

4. 의료진이나 사망과 관련된 사람들에 대하여
내담자가 공격적이거나 폭력적인 행동을 하
는 것을 방지하기 위해 내담자에게 단계적 축
소 기술을 사용합니다.

5. 필요한 경우 보호자와 형제자매의 행동을 관
리하는 데 도움을 줄 수 있는 법 집행 기관이
나 기타 교육을 받은 개인에게 연계합니다.

6. 시신의 외형(예: 사지 상실, 변형, 피흘림, 타박상)
에 대해 의료진, 법 집행 기관이나 기타 사람
으로부터 정보를 얻습니다. 보호자와 형제자
매가 아동의 시신을 마주할 수 있도록 심리적
으로 준비하게 정보를 줍니다.

7. 보호자와 형제자매가 아이의 몸을 볼 수 있도
록 신체적, 정서적으로 지원합니다.

6. 장례식 및 추도식 의사결정에 참여합니다. (8, 9)

7. 고인의 학교와 추도식 준비에 관해 상의합니다. (10)

8. 아이의 갑작스러운 죽음으로 인해 나타날 수 있는 감정적 반응들을 인지하고 이에 대해 말로 표현합니다. (11, 12)

9. 보호자와 형제자매로 하여금 죽음에 대한 자신의 인식을 탐색하게 합니다. (13, 14)

▽ 10. 죽음에 대한 반응을 다루기 위한 안정화와 대처 전략을 배우고 실행합니다. (15, 16)

8. 아이를 떠나보내기 위해 상징적 치유 전략(예: 자녀 학교에 명판 붙이기, 풍선 떠우기, 꽃 심기, 기부하기)을 사용합니다.

9. 보호자와 형제자매가 장례식(예: 매장, 화장, 추도식)과 관련된 결정과 준비를 할 수 있도록 도와줍니다.

10. 자녀의 장례 및 추도식과 관련하여 자녀 학교와 연락을 취합니다.

11. 감정을 억누르면 오히려 분노가 강렬해져서 파괴적으로 될 수 있다는 것을 보호자와 형제자매들에게 교육합니다.

12. 내담자에게 감정은 옳고 그른 것이 없으며 애도는 문화적으로 학습된 경험이라는 점을 알려 주어 감정을 표현하는 것에 대해 안심시킵니다.

13. 적극적 경청 기술을 사용하여 보호자와 형제자매의 정서적, 행동적, 인지적 반응을 탐색하는 동안, 이들이 편안히 이야기할 수 있는 범위 내에서 가능한 한 상세하게 사망에 대해 이야기하게 합니다(또는 Jongsma의 『Adult Psychotherapy Homework Planner 2판』, '고통스러운 기억을 공유하기'를 참조하십시오).

14. 죽음에 대한 비합리적인 인식에는 제한을 두면서, 아동의 죽음에 대하여 양육자와 형제자매가 통제된 감정을 표현하도록 지지합니다. 그들의 감정이 분명하게 표현될 수 있도록 안전하고 위협적이지 않은 환경을 제공합니다.

15. 아이 사망에 관한 두려움을 다루기 위하여 보호자와 형제자매가 숙달감을 느낄 때까지 이들에게 이완, 호흡 조절, 내적 모델링(예: 전략

을 성공적으로 사용하는 것을 상상하기) 및/또는 역할극(예: 치료자나 신뢰할 수 있는 친구와 함께)과 같은 스트레스 면역 훈련 전략을 가르칩니다. ▽

16. 연습 과제를 사용하여 보호자와 형제자매가 두려운 자기-대화를 파악하고 현실에 기반한 대안을 만들 수 있도록 돕습니다. 성공을 검토하고 강화하며 실패에 대한 수정 피드백을 제공합니다(또는 Jongsma의 『Adult Psychotherapy Homework Planner 2판』, '긍정적인 자기-대화하기' 과제를 부과합니다). ▽

11. 자녀와 가족에 대해 가졌던 희망, 꿈, 기대들의 상실을 알아봅니다. (17)

17. 보호자와 형제자매가 죽은 아이와 대화하고, 꿈을 나누고, 작별 인사를 하도록 격려합니다. 빈 의자 기법을 활용합니다.

▽ 12. 아이의 죽음과 관련된 편향되고 두려운 자기-대화를 파악하고, 도전하고, 현실에 기반한 건설적인 자기-대화로 대체합니다. (18, 19)

18. 죽음에 대한 두려움을 불러일으키는 보호자와 형제자매의 비합리적인 생각과 자기-대화를 탐색합니다. 부정적인 편견에 도전하고 편견을 수정하고 자신감을 갖기 위하여 현실적인 가치판단을 형성하도록 도움을 줍니다(또는 Jongsma의 『Adult Psychotherapy Homework Planner 2판』, '부정적인 사고가 부정적인 정서를 유발한다' 과제를 부과합니다). ▽

19. 아동의 사망 사건에 대하여 상상 노출 기법을 사용합니다. 보호자와 형제자매가 선택한 세부적인 수준으로 아동 사망 경험을 설명하게 하고 점차 불안이 높은 수준까지 단계적으로 사망 사건에 상상적으로 노출되도록 합니다. 관련 불안이 감소하고 안정될 때까지 반복합니다. 진행 상황을 검토하고 강화하며 문제해결 장애물의 감소를 다룹니다. ▽

13. 보호자와 형제자매가 가족, 친구, 지역사회에 아동 사망에 대해 이야기합니다. (20, 21)

20. 믿을 수 있는 친구나 다른 가족 구성원, 같은 지역사회의 사람들에게 아동의 죽음에 대해 이야기하는 역할극을 보호자 및 형제자매와 함께 연습해 봅니다. 연습에 대한 반응을 다룹니다.

21. 가족, 친구 또는 다른 사람(예: 성직자, 목사, 사제, 랍비)에게 연락하여 보호자와 형제자매를 도울 수 있도록 요청합니다.

14. 죽음과 관련된 비합리적인 죄책감 해소를 말로 표현합니다. (22, 23)

22. 죽음에 대한 죄책감을 논박함으로써 보호자와 형제자매의 상실감을 논의합니다.

23. 보호자나 형제자매가 아동이 죽기 전에 해 주고 싶었던 말이나 원한 것들을 탐색합니다. 이 대화를 촉진하기 위해 빈 의자 기법을 활용합니다.

15. 아동과의 추억을 개방적으로 나눕니다. (24)

24. 보호자와 형제자매에게 아이에 대한 행복하고, 슬펐고, 화났던 기억들을 묘사하도록 요청합니다. 연감, 학위, 상장 등을 사용하여 이 대화를 촉진할 수 있습니다. 기억과 이로 인한 고통을 다룹니다.

16. 상실을 애도하는 데 집중하는 시간을 정합니다. (25)

25. 상실에 집중할 수 있도록 매일 시간을 정하고 장소를 별도로 지정하여 애도를 제한하도록 제안합니다(예: 아침 20분, 특정 장소). 이 시간이 끝나면 내담자는 일상 활동에 참여하게 됩니다.

17. 과거나 미래보다는 현재에 집중하게 합니다. (26)

26. 보호자와 형제자매가 갖게 되는 '왜'라는 질문에 답을 찾고자 하는 욕구는 이해하지만, 질문의 초점을 '왜'에서 그 이면에 있는 감정을 파악하는 쪽으로 바꾸도록 안내합니다.

18. 아이의 사망 현장을 방문합니다.

   (27, 28, 29)

▽ 19. 가족 구성원은 아동의 죽음에 대해 이야기할 때 건강한 의사소통 기술을 사용합니다.

   (30, 31)

▽ 20. 가족끼리 정직하고 존중하며 긍정적인 감정과 생각을 직접 표현하는 빈도를 늘게 합니다.

   (32, 33)

27. 수사상의 이유나 시신의 상태가 좋지 못해 아동의 시신을 볼 수 없는 경우에는 시신이 수습된 이후 보호자와 형제자매로 하여금 사망 장소에 가 보도록 돕습니다.

28. 아이의 사망 환경을 보는 것이 향후 왜곡된 이미지를 갖지 않도록 하는 데 도움이 된다는 점을 보호자와 형제자매에게 교육합니다.

29. 사망 현장에 보호자와 형제자매를 동반하고, 현장에서 내담자의 감정적 반응을 다룹니다. 주위에 있을 수 있는 사람들이나 범죄 현장 보존을 방해하지 않는 범위 내에서 내담자가 서성거리고 이동할 수 있도록 공간을 제공합니다.

30. 가족 구성원을 만나 아동의 죽음에 대해 이야기할 때 사용할 건설적인 의사소통 기술(예: 반영적 경청하기, 눈맞춤하기, 존중하기 등)을 가르칩니다. ▽

31. 행동 기법(모델링, 역할극, 교정 피드백, 긍정적 강화)을 사용하여 주장적 의사소통, 긍정적인 피드백 제공, 적극적인 경청, 다른 사람의 행동 변화를 위해 긍정적으로 요청하기, 정직하고 존중하는 태도로 부정적인 피드백 제공하기 등을 포함한 가족 의사소통 기술을 가르칩니다. ▽

32. 가족들이 새로 배운 의사소통 기술을 점검하는 데 도움이 되도록 차트를 사용합니다. 회기 내에서 이 결과를 다루고 개선을 위한 교정 피드백을 제공합니다. ▽

33. 건강한 의사소통, 갈등 해결 및/또는 문제 해결 기술을 사용하여 해결할 수 있는 자녀의

죽음과 관련된 갈등을 파악하도록 가족을 돕습니다. ▽

21. 문제 해결과 갈등 해결 기술을 배우고 실행합니다. (34)

34. 가족에게 문제 해결 기술을 가르칩니다(예: 문제를 정확히 진단하고, 가능한 해결책을 브레인스토밍하고, 각 해결책의 장단점을 나열하고, 해결책을 선택하고 실행하며, 그 결과를 평가하고, 필요한 경우 해결책을 수정합니다). 아동 사망으로부터 회복하는 것과 관련된 가족 이슈에 이 과정을 적용하는 역할극을 해 봅니다. ▽

22. 아동 사망으로 얻게 된 긍정적인 결과를 알아봅니다. (35)

35. 아동의 갑작스러운 사망 이후 나타난 긍정적인 회복과 탄력성 등 긍정적인 변화(예: 가족 관계가 더 친밀해짐, 미래에 대한 감사가 증가함)를 알아봅니다.

23. 자녀의 소지품 처리 절차를 시작합니다. (36)

36. 자녀의 방을 청소하고, 소지품을 관리하고, 옷을 나누어 주는 등 보호자와 형제자매의 필요를 탐색합니다. 압도감을 느끼거나 되돌릴 수 없는 결정이 되어 후회하지 않도록 이 과정을 점진적으로 진행할 것을 권장합니다.

24. 적절한 시점에 정상 업무로 복귀하여 일상을 회복합니다. (37)

37. 적절한 식사, 개인 위생 습관과 규칙적인 수면 패턴을 유지하는 것의 중요성에 대해 보호자와 형제자매를 교육합니다. 일기 쓰기와 이완 기술과 같은 유지 방법을 제안합니다.

25. 보호자와 형제자매를 아동 사망으로부터 회복하는 데 도움을 줄 수 있는 지역사회 기반 자원과 연결합니다. (38)

38. 정서적 지원을 위해 보호자와 형제자매를 지역사회 기반 서비스(예: 종교 기반 시설, 지역사회 또는 온라인의 SIDS 지원 그룹, 음주 운전 반대 어머니회, 지역의 smoke detector program)로 안내합니다. ▽

26. 사건에 대처하는 방법으로 술이나 기타 기분 전환 물질을 사용하는 자가처방적 약물 의존성을 줄입니다. (39)

39. 트라우마에 대처하는 수단으로 사건 이후 술과 기타 기분 전환 물질 사용이 증가하는지 보호자와 형제자매를 평가합니다. 이러한 부

27. 일상 기능을 방해하는 애도 관련 문제가 있는 경우 정신건강 제공 관련 자에게 연락합니다. (40, 41, 42)

▽ 28. 보호자와 형제자매가 아동의 죽음에 적응하는 동안, 지속적인 기능장애가 있는지를 판단하기 위해 객관적인 도구를 수행합니다. (43, 44)

적응적 대처 행동을 계속 모니터링하고 억제하며 필요한 경우 중독치료에 의뢰합니다.

40. 아동의 갑작스러운 사망으로 향후 일어날 수 있는 심리적 공존질환(예: 플래시백, 우울증, 자살 사고)과 이에 대한 추가적인 치료가 필요할 수 있다는 점을 보호자와 형제자매에게 교육합니다.

41. 보호자와 형제자매가 이용 가능한 정신건강 연계 자원 목록을 제공합니다.

42. 보호자와 형제자매에게 슬픔과 사별에 관한 팸플릿과 기타 자료들을 제공합니다.

43. 보호자와 형제자매의 회복 과정을 점검하기 위해 위기와 트라우마 상황 평가를 위한 도구를 실시합니다[예: Symptom Checklist-90-Revised, Global Appraisal of Individual Needs-Short Screener (GAINSS), General Anxiety Disorder-7 (GAD-7), Beck Depression Inventory-II]. ▽

44. 필요하다면 보호자와 형제자매에게 자살과 살해 위험성 평가를 실시합니다. ▽

📋 진단

ICD-9-CM	ICD-10-CM	DSM-5 Disorder, Condition, or Problem
V62.89	Z65.8	종교적 또는 영적 문제(Religious or Spiritual Problem)
V61.10	Z63.0	배우자나 친밀 동반자와의 관계 고충(Relationship Distress with Spouse or Intimate Partner)
V62.82	Z63.4	단순 사별(Uncomplicated Bereavement)
296.2x	F32.x	주요우울장애, 단일 삽화(Major Depressive Disorder, Single Episode)
300.02	F41.1	범불안장애(Generalized Anxiety Disorder)
305.00	F10.10	경도 알코올사용장애(Alcohol Use Disorder, Mild)
308.3	F43.0	급성 스트레스장애(Acute Stress Disorder)
309.0	F43.21	우울 기분을 동반한 적응장애(Adjustment Disorder With Depressed Mood)
309.81	F43.10	외상후 스트레스장애(Posttraumatic Stress Disorder)
_____	_____	_____
_____	_____	_____

The Crisis Counseling and Traumatic Events Treatment Planner

24. 자살(성인)

🗎 행동적 정의

1. 배우자의 자살을 경험하였다.
2. 친척이나 친구의 자살을 경험하였다.
3. 자살과 관련된 반복적이고 침습적인 트라우마 기억, 플래시백, 악몽(예: 시신 발견, 사망 알림 수신)이 나타난다.
4. 자살 사건 이후 집중하고 지시를 따르는 것에 어려움이 있다.
5. 자살 사건 이후 술이나 기타 기분 전환 물질의 사용이 증가하였다.
6. 자살 사건 후 일상생활에 지장을 줄 정도로 타인에 대한 의심과 불신을 경험한다.
7. 사회적 철수와 고립, 특정 장소를 회피하는 것이 나타난다.
8. 자살 후 감정을 조절할 수 없다.
9. 자살 후 이에 따른 죄책감이 있다.
10. 자살 후 전형적인 수면 패턴의 붕괴가 나타난다.
11. 가슴 통증, 흉부 압박감, 숨가쁨, 근육 긴장, 두통, 배탈, 심계항진, 구강 건조와 같은 신체적 증상이 있다.

_____
_____
_____
_____

🎯 장기 목표

1. 일상 활동 재개를 포함하여 위기 이전의 기능 수준으로 회복합니다.
2. 적절한 수준의 정서, 행동 및 인지 기능을 회복합니다.
3. 신체적 불편감이 줄어듭니다.
4. 건강한 애도 과정을 개발합니다.
5. 미래에 대한 의미를 새롭게 수립합니다.
6. 건강한 가족 관계를 새롭게 형성합니다.

_____
_____
_____
_____
_____
_____

⏱ 단기 목표

▽ 1. 객관적인 평가 도구 실시에 협력
합니다. (1)

👥 치료적 개입 전략

1. 필요한 개입을 위해 위기와 트라우마 상황을 측정하는 평가 도구[예: Triage Assessment Form: Crisis Intervention-Revised, Trauma Symptom Checklist, Traumatic Life Events Questionnaire, Family Crisis Oriented Personal Evaluation Scales (F-COPE)]를 내담자에게 실시합니다. ▽

2. 내담자의 정서적 반응이 사랑하는 사람의 자살에 대한 예상될 수 있는 반응이라는 점을 이해하고 이를 말로 표현하게 합니다. (2)

3. 그 사람이 자살했다는 것을 받아들이고 말로 표현합니다. (3)

4. 비공개로 자살 유서를 공유합니다. (4)

5. 내담자로 하여금 사건에 대하여 자신의 인식을 탐색하도록 허용합니다. (5, 6)

6. 신뢰할 수 있는 가족 및 친구들에게 자살에 대하여 이야기를 합니다. (7, 8)

7. 이 사건에 대처하는 방식으로 술이나 기타 기분 전환 물질을 사용하는 자가 처방적 약물 의존성을 줄입니다. (9)

2. 이러한 사건에 대해 느끼는 감정에는 옳고 그른 감정이 없다는 점과 예상되는 정서적 반응에 대해 내담자를 안심시킵니다.

3. 내담자와 눈을 맞추고 명확하고 천천히 내담자와 같은 높이(예: 앉거나 서서)에서 말하면서 친밀감을 형성합니다.

4. 내담자와 함께 자살 유서를 읽습니다. 그리고 이 유서가 역기능적 사고, 비난, 절망, 상처 및/또는 분노로 분석될 때, 내담자에게 정서적, 행동적 및 인지적 지지를 제공합니다.

5. 적극적 경청 기술을 사용하여 내담자가 편안한 범위 내에서 가능한 한 상세히 이야기하게 하는 동안 내담자의 감정적 및 인지적 반응을 탐색합니다(또는 Jongsma의 『Adult Psychotherapy Homework Planner 2판』, '고통스러운 기억을 공유하기'를 과제로 내줍니다).

6. 한계 범위를 정하여 내담자의 통제된 감정 표현을 촉진합니다. 안전하고 위협적이지 않은 방식으로 표현할 수 있도록 허용합니다.

7. 내담자가 전문 치료자, 가족 및/또는 신뢰할 수 있는 친구와 정서적, 행동적, 인지적 반응을 공유하도록 격려하고 촉진합니다.

8. 개인의 자살에 대한 정보를 가족과 친구에게 공개하는 연습을 합니다. 내담자와 함께 이 연습에 대한 반응을 처리합니다.

9. 트라우마에 대처하는 수단으로 사건 이후 술과 기타 기분 전환 물질의 사용이 증가하는지 내담자를 평가합니다. 이러한 부적응적 대처 행동을 계속 모니터링하고 억제하며, 필요한

▽EBT 8. 자살에 대한 반응을 다루기 위해 안정화와 대처 전략을 배우고 적용합니다. (10)

▽EBT 9. 자살에 대한 편향되고 두려운 자기-대화를 파악하고, 도전하고, 현실에 기반한 긍정적인 자기-대화로 대체합니다. (11, 12)

▽EBT 10. 죽음을 둘러싼 사건에 대해 이야기하는 것과 연관된 불안 수준이 감소했다고 말로 표현합니다. (13)

경우 중독치료에 내담자를 의뢰합니다.

10. 이완, 호흡 조절, 내적 모델링(예: 전략을 성공적으로 사용하는 것을 상상하기) 및/또는 역할극(예: 치료자나 신뢰할 수 있는 친구와 함께)과 같은 스트레스 면역 훈련을 사용하여 내담자에게 두려움을 관리하는 전략을 가르칩니다. ▽EBT

11. 내담자에게 두려움을 일으키는 자기-대화를 파악하고 현실에 기반한 대안을 개발하도록 돕는 연습 과제(예: 일기 쓰기)를 할당합니다. 성공을 검토하고 강화하여 실패에 대한 수정 피드백을 제공합니다(또는 Jongsma의 『Adult Psychotherapy Homework Planner 2판』, '긍정적인 자기-대화하기' 과제를 부과합니다). ▽EBT

12. 자살과 두려움 사이를 매개하는 내담자의 사고 과정과 자기-대화를 탐색합니다. 부정적인 편견에 도전하고 편견을 수정하고 자신감을 확립하는 가치 판단을 형성하도록 도움을 줍니다(또는 Jongsma의 『Adult Psychotherapy Homework Planner 2판』, '부정적인 사고가 부정적인 정서를 유발한다'를 과제로 내줍니다). ▽EBT

13. 내담자로 하여금 자살에 관한 사건을 설명하게 합니다. 내담자가 선택한 세부 경험 수준을 낮은 수준부터 높은 불안 수준까지 점차 증가시켜 가면서 경험을 상상하게 합니다. 세부 경험을 상상할 때 관련 불안이 감소하고 안정될 때까지 노출을 반복합니다. 진전과 문제 해결로 인한 장애물의 감소를 검토하고 강화합니다. ▽EBT

11. 고립을 방지하고 자존감을 높이기 위해 건강하고 건설적인 사회적 상호작용에 연계합니다. (14)

12. 애도를 지지하는 자조 집단에 참석하고 자살과 관련한 혼란감을 줄입니다. (15)

13. 죽음에 관한 비합리적인 죄책감의 해소를 말로 표현합니다. (16)

14. 과거나 미래보다는 현재에 집중하게 합니다. (17, 18)

15. 고인과의 마지막 접촉에 대한 기억을 나눕니다. (19)

16. 유감스럽게도 고인에게 표현하지 못했던 생각과 감정을 표현하게 합니다. (20)

17. 장례/추모 활동을 위한 준비를 합니다. (21, 22)

14. 내담자가 가족 및 친구와 상호작용할 수 있는 적절한 사회적 기회(예: 오찬)를 준비하도록 돕습니다.

15. 내담자에게 지역사회 기반 및 온라인 자조 집단(예: 종교 기반 기관, 자살 생존자, 자살 생존자를 위한 희망 연합, 미국 자살학협회)을 안내합니다.

16. 자살에 대한 죄책감을 반박함으로써 내담자의 상실감을 논의합니다.

17. 내담자가 할 수 있었을 것이라고, 또는 해야 했었다고, 또는 다르게 될 수 있었을 것이라고 믿는 것에 대해 물어봄으로써 내담자와 함께 후회에 대해 논의합니다.

18. '왜'라는 질문에 대한 답을 찾는 내담자의 욕구는 인정하지만, '왜'라는 질문에 초점을 맞추기보다는 그 질문 이면의 감정을 확인하도록 내담자의 관점을 전환하게 합니다.

19. 내담자/가족이 고인을 마지막으로 보았거나 대화했던 때에 대해 이야기를 나눕니다. 내담자/가족이 대화한 내용을 상담자와 함께 나누도록 격려합니다.

20. 고인이 자살하기 전에 해 주고 싶었던 내담자의 말을 함께 탐색합니다. 이 대화를 촉진하기 위해 빈 의자 기법을 활용합니다.

21. 고인을 떠나보내기 위하여 상징적인 치유 전략(예를 들면, 작별 편지 쓰기, 꽃 심기, 기부하기)을 사용합니다.

22. 내담자로 하여금 장례식(예: 매장, 화장, 추도식)에 관한 결정과 준비를 할 수 있도록 도와줍니다.

18. 상실을 애도하는 데 집중하는 시간을 제한합니다. (23)

19. 사랑하는 사람의 죽음에 따른 재정적 결과에 건설적으로 대응하는 계획을 수행합니다. (24, 25, 26)

20. 적절한 시점에 내담자로 하여금 정상적인 업무에 복귀하여 일반적인 일상을 회복하도록 돕습니다. (27)

21. 자살한 고인의 소지품 처리 절차를 시작합니다. (28)

22. 가족들은 고인에 대한 기억을 공유합니다. (29)

▽ 23. 가족 구성원은 자살에 대해 이야기할 때 건강한 의사소통 기술을 사용합니다. (30, 31, 32)

23. 내담자에게 상실에 집중할 수 있도록 매일 정해진 시간과 장소를 갖도록 제안합니다(예: 아침에 지정된 장소에서 20분간). 이 시간이 끝나면 내담자는 일상 활동에 참여하게 됩니다.

24. 자살로 인한 재정적 손실(예: 수입 손실, 지불 청구서 납입, 모기지 대출 등)에 대해 탐색합니다.

25. 내담자로 하여금 재정적 지원(예: 생명 보험, 가족 및 친구, 정부 지원 프로그램의 자격 등)의 자원을 파악하도록 돕습니다.

26. 내담자가 재정적 필요를 충족시키는 방법에 대한 계획을 작성하게 합니다(예: 주택 매매, 취업 등). 내담자와 함께 계획을 검토합니다.

27. 건강한 식습관 유지, 개인 위생 습관 등 자살 사건 이전의 일상생활 활동 재개의 중요성에 대해 내담자를 교육합니다. 일상 유지를 위해 일기 쓰기 및 이완 기술과 같은 방법을 제안합니다.

28. 자살한 사람의 방을 청소하고 소지품을 관리하고 옷을 나누어 주는 등 내담자가 필요로 하는 것을 탐색합니다. 이때 압도당하거나 되돌릴 수 없는 결정이 되어 후회하는 일이 없도록 이 과정을 점진적으로 진행할 것을 권장합니다.

29. 모든 가족 구성원이 고인에 대한 자신의 기억을 공유하는 가족 회기를 진행합니다. 이러한 기억이 주는 기쁨과 고통을 다룹니다.

30. 자살에 대해 이야기할 때 사용할 수 있는 건강한 의사소통 기술(예: 반영적 경청하기, 눈맞춤하기, 존중하기 등)을 가족 구성원에게 가르칩니다. ▽

31. 모델링, 역할극, 수정 피드백 및 긍정적 강화를 사용하여 자기주장적 의사소통, 긍정적 피드백 제공하기, 적극적으로 경청하기, 행동 변화를 위해 다른 사람에게 긍정적으로 요청하기, 정직하고 존중하는 태도로 부정적인 피드백 제공하기 등의 의사소통 기술을 사용하도록 가족 구성원을 가르칩니다. ▽

32. 새로 배운 의사소통 기술을 사용하고, 모니터링하고 기록하는 연습 과제를 가족들에게 내줍니다. 개선을 위한 교정 피드백을 제공하고 회기 내에서 이 결과를 다룹니다. ▽

24. 자살과 관련된 가족 내 이슈를 다루기 위하여 문제 해결과 갈등 해결 기술을 배우고 실행합니다. (33, 34)

33. 자살 관련 스트레스를 완화시키기 위하여 건강한 의사소통, 갈등 해결 및/또는 문제 해결 기술을 사용하여 해결할 수 있는 갈등을 파악하도록 가족을 돕습니다. ▽

34. 가족 문제 해결 기술을 가르칩니다(예: 문제를 정확히 진단하고, 가능한 해결책을 브레인스토밍하고, 각 해결책의 장단점을 나열하고, 해결책을 선택 및 실행하고, 결과를 평가하고, 필요한 경우 해결책을 수정합니다). 자살 주변 문제에 연관된 가족 갈등 이슈에 이 과정을 적용하는 역할극을 합니다. ▽

25. 애도가 일상생활에 지장을 줄 경우 정신건강 서비스 이용에 동의합니다. (35, 36, 37)

35. 추가로 개입이 필요할 수 있는 트라우마 사망의 심리적 공존질환(예: 플래시백, 우울증, 자살 사고)에 대해 내담자를 교육합니다.

36. 내담자에게 사용 가능한 정신건강 연계 자원 목록을 제공합니다.

37. 내담자에게 자살로부터의 회복에 관한 팸플릿과 기타 자료를 제공합니다.

26. 사랑하는 사람이나 친구의 자살에 대하여 내담자에게 지속적인 역기능 반응이 있는지를 판단하기 위해 평가에 협조하게 합니다. (38, 39)

38. 내담자의 회복 과정을 모니터하기 위하여, 위기 및 트라우마 상황을 평가하기 위한 검사 도구[예: Symptom Checklist-90-Revised, General Anxiety Disorder-7 (GAD-7), Beck Depression Inventory-II]를 실시합니다. ▽

39. 필요하다면 내담자에게 자살 및 살인 위험성 평가를 수행합니다. ▽

___ . _____
_____
___ . _____
_____
___ . _____
_____

___ . _____
_____
_____
_____
_____

진단

ICD-9-CM	ICD-10-CM	DSM-5 Disorder, Condition, or Problem
V62.82	Z63.4	단순 사별(Uncomplicated Bereavement)
V62.89	Z65.8	종교적 또는 영적 문제(Religious or Spiritual Problem)
296.2x	F32.x	주요우울장애, 단일 삽화(Major Depressive Disorder, Single Episode)
300.02	F41.1	범불안장애(Generalized Anxiety Disorder)
305.00	F10.10	경도 알코올사용장애(Alcohol Use Disorder, Mild)
308.3	F43.0	급성 스트레스장애(Acute Stress Disorder)
309.0	F43.21	우울 기분을 동반한 적응장애(Adjustment Disorder With Depressed Mood)
309.81	F43.10	외상후 스트레스장애(Posttraumatic Stress Disorder)
_____	_____	_____
_____	_____	_____

25. 자살(아동)

📄 행동적 정의

1. 자신의 자녀, 형제자매 또는 어린 가족 구성원의 자살을 경험하였다.
2. 학생, 청소년 운동 선수 또는 이웃 아동의 자살을 경험하였다.
3. 아동의 자살과 관련된 반복적이고 침습적인 트라우마 기억, 플래시백, 악몽(예: 시신 발견, 사망 알림 수신)이 나타난다.
4. 자살 사건 이후 집중하고 지시를 따르는 것에 어려움이 있다.
5. 자살 후 술이나 기타 기분 전환 물질의 사용이 증가하였다.
6. 자살 후 일상생활에 지장을 줄 정도로 타인에 대한 의심과 불신을 경험한다.
7. 사회적 철수와 고립, 그리고 특정 장소 회피가 나타난다.
8. 자살 후 감정을 조절할 수 없다.
9. 자살에 따른 죄책감이 있다.
10. 자살 후 전형적인 수면 패턴의 붕괴가 나타난다.
11. 가슴 통증, 흉부 압박감, 숨가쁨, 근육 긴장, 두통, 배탈, 심계항진, 구강 건조와 같은 신체적 증상이 있다.

> — ·
>
> — ·

🎯 장기 목표

1. 일상 활동 재개를 포함하여 위기 이전의 기능 수준으로 회복합니다.
2. 적절한 수준의 정서, 행동 및 인지 기능을 회복합니다.
3. 신체적 불편감이 감소합니다.
4. 건강한 애도 과정을 개발합니다.
5. 미래에 대한 의미를 새롭게 수립합니다.
6. 건강한 가족 관계를 새롭게 형성합니다.

> — ·
>
> — ·
>
> — ·

🕐 단기 목표

▽ 1. 객관적인 평가 도구 수행에 협력
합니다. (1)

🗣 치료적 개입 전략

1. 보호자와 형제자매에게 필요한 개입을 안내
하기 위해 위기와 트라우마 상황을 측정하
기 위한 평가 도구[예: Triage Assessment Form:
Crisis Intervention-Revised, Trauma Symptom
Checklist, Traumatic Life Events Questionnaire,
Family Crisis Oriented Personal Evaluation Scales
(F-COPE)]를 실시합니다. ▽

2. 나타난 정서적 반응이 사건에 대한 전형적인 반응이라는 것을 말로 표현합니다. (2)

3. 아이가 자살했다는 것을 받아들이고 말로 표현합니다. (3)

4. 비공개로 자살 유서를 공유합니다. (4)

5. 보호자 및 형제자매로 하여금 사건에 대하여 자신의 인식을 탐색하도록 허용합니다. (5, 6)

6. 보호자와 형제자매가 이 자살에 대하여 가족, 친구들, 지역사회에 이야기하게 합니다. (7, 8)

---

2. 보호자와 형제자매에게 나타난 정서적 반응은 이러한 사건에서 예상되는 반응이라고 안심시킵니다. 그리고 감정에는 옳고 그른 것이 없다는 점을 분명히 알려 줍니다.

3. 보호자 및 형제자매와 적절하게 눈을 맞추고 명확하고 천천히 그리고 내담자와 같은 높이(예: 앉거나 서서)에서 말하면서 지지를 전달합니다. 느리지만 직접적으로 아이가 자살했다는 사실을 전달합니다. 이 메시지를 여러 번 반복할 필요를 이해합니다.

4. 보호자 및 형제자매와 함께 자살 유서를 읽습니다. 그리고 이 유서가 역기능적 사고, 비난, 절망, 상처 및/또는 분노로 분석될 때, 이들에게 정서적, 행동적 및 인지적 지지를 제공합니다.

5. 적극적 경청 기술을 사용하여 보호자와 형제자매가 편안하게 받아들이는 범위 내에서 가능한 한 상세히 이야기하게 합니다. 이야기하는 동안 내담자의 감정적, 행동적, 인지적 반응을 탐색합니다(또는 Jongsma의 『Adult Psychotherapy Homework Planner 2판』, '고통스러운 기억을 공유하기'를 과제로 내줍니다).

6. 한계를 정하여 보호자와 형제자매의 통제된 감정을 표현하도록 촉진합니다. 안전하고 위협적이지 않은 방식으로 표현할 수 있도록 허용합니다.

7. 보호자와 형제자매가 전문 치료자, 가족 및/또는 신뢰할 수 있는 친구와 정서적, 행동적, 인지적 반응을 공유하도록 타당화하고 촉진합니다.

7. 이 사건에 대처하는 방식으로 술이나 기타 기분 전환 물질을 사용하는 자가 처방적 약물 의존성을 줄입니다. (9)

▽ 8. 자살에 대한 반응을 다루기 위해 안정화 및 대처 전략을 배우고 적용합니다. (10)

▽ 9. 자살에 대한 편향되고 두려운 자기-대화를 파악하고, 도전하고, 현실에 기반한 긍정적인 자기-대화로 대체합니다. (11, 12)

8. 아이의 죽음에 대한 정보를 지역 내 다른 사람들에게 공개할 수 있도록 보호자 및 형제자매들과 역할극을 합니다. 이 연습에 대한 반응을 다룹니다.

9. 트라우마에 대처하는 수단으로 사건 이후 술과 기타 기분 전환 물질의 사용이 증가하는지 보호자와 형제자매들을 평가합니다. 이러한 부적응적 대처 행동을 계속 모니터링하고 억제하며, 필요한 경우 중독치료에 의뢰합니다.

10. 이완, 호흡 조절, 내적 모델링(예: 전략을 성공적으로 사용하는 것을 상상하기) 및/또는 역할극(예: 치료자 또는 신뢰할 수 있는 친구와 함께)과 같은 스트레스 면역 훈련을 사용하여 보호자와 형제자매에게 두려움을 관리하는 전략을 가르칩니다. ▽

11. 보호자와 형제자매에게 두려움을 일으키는 자기-대화 리스트를 작성하는 연습 과제를 내줍니다. 그리고 나서 현실에 기반한 대안을 개발하도록 돕는 연습 과제(예: 일기 쓰기)를 할당합니다. 성공을 검토하고 강화하여 실패에 대한 수정 피드백을 제공합니다(또는 Jongsma의 『Adult Psychotherapy Homework Planner 2판』, '긍정적인 자기-대화하기' 과제를 부과합니다). ▽

12. 자살과 두려움 사이를 매개하는 보호자 및 형제자매의 도식과 자기-대화를 탐색합니다. 부정적인 편견에 도전하고 편견을 수정하고 자신감을 확립하는 가치 판단을 형성하도록 도움을 줍니다(또는 Jongsma의 『Adult Psychotherapy Homework Planner 2판』, '부정적

인 사고가 부정적인 정서를 유발한다'를 과제로 내줍니다). ▽

10. 죽음을 둘러싼 사건에 대해 이야기하는 것과 연관된 불안 수준이 감소했다고 말로 표현합니다. (13)

13. 보호자와 형제자매로 하여금 자신이 묘사하고 선택한 세부 경험을 낮은 수준에서 높은 불안 수준으로 점차 증가시켜 가면서 자살에 대한 심상 노출에 참여하게 합니다. 관련 불안이 감소하고 안정될 때까지 노출을 반복합니다. 진전을 강화하고 장애물은 문제 해결로 감소시킵니다. ▽

11. 적절한 시점에 일반적인 일상으로 되돌아갑니다. (14)

14. 건강한 식습관 유지, 개인 위생 습관 등 자살 사건 이전의 일상생활 활동 재개의 중요성에 대해 보호자와 형제자매를 교육합니다. 일상 유지를 위해 일기 쓰기 및 이완 기술과 같은 방법을 제안합니다.

12. 애도를 도울 수 있는 지역-기반 자원들에 보호자와 형제자매를 연계합니다. (15)

15. 보호자와 형제자매에게 지역사회 기반 및 온라인 자조 집단(예: 종교 기반 기관, 자살 생존자, 자살 생존자를 위한 희망 연합, Compassionate Friends)을 안내합니다. ▽

13. 죽음에 관한 비합리적인 죄책감의 해소를 말로 표현합니다. (16, 17)

16. 자살에 대한 죄책감을 반박함으로써 보호자와 형제자매의 상실감을 논의합니다.

17. 보호자와 형제자매가 할 수 있었을 것이라고, 또는 해야 했었다고, 또는 다르게 될 수 있었을 것이라고 믿는 것에 대해 물어봄으로써 이들의 후회를 탐색합니다.

14. 과거나 미래보다는 현재에 집중하게 합니다. (18)

18. '왜'라는 질문에 대한 답을 찾고자 하는 보호자와 형제자매의 욕구는 인정하지만, '왜'라는 질문에 초점을 맞추기보다는 그 질문 이면의 감정을 확인하도록 내담자의 관점을 바꾸어 줍니다.

15. 고인과의 마지막 접촉에 대한 기억을 나눕니다. (19)

16. 유감스럽게도 고인에게 표현하지 못했던 생각과 감정을 표현하게 합니다. (20)

17. 죽음의 현실을 받아들이고, 고인을 기억하고 기리는 제스처를 하고, 장례 준비를 말로 표현합니다. (21, 22)

18. 아동의 추도식 준비를 위해 고인의 학교와 소통합니다. (23)

19. 상실을 애도하는 데 집중하는 시간을 제한합니다. (24)

20. 자살한 고인의 소지품 처리 절차를 시작합니다. (25)

21. 아동에 대한 기억을 개방적으로 공유합니다. (26, 27, 28)

19. 보호자와 형제자매가 고인을 마지막으로 보았거나 대화했던 때에 대해 이야기를 나눕니다. 내담자가 대화한 내용을 상담자와 함께 나누도록 격려합니다.

20. 고인이 자살하기 전에 해주고 싶었던 내담자의 말을 함께 탐색합니다. 이 대화를 촉진하기 위해 빈 의자 기법을 활용합니다.

21. 고인을 떠나보내기 위하여 보호자 및 형제자매와 함께 상징적인 치유 전략(예를 들면, 작별 편지 쓰기, 꽃 심기, 기부하기)을 사용합니다.

22. 보호자와 형제자매가 장례식(예: 매장, 화장, 추도식)에 관한 결정과 준비를 할 수 있도록 도와줍니다.

23. 아동의 장례 및 추도식과 관련된 문제에 대한 보호자의 의사를 전달하기 위해 고인의 학교와 긴밀하게 연락합니다.

24. 보호자와 형제자매가 상실에 집중할 수 있도록 매일 정해진 시간과 장소를 갖도록 제안합니다(예: 아침에 지정된 장소에서 20분간). 이 시간이 끝나면 내담자는 일상 활동에 참여하게 됩니다.

25. 아동의 방을 청소하고 소지품을 관리하고 옷을 나누어 주는 등 보호자가 필요로 하는 것을 탐색합니다. 이때 압도당하거나 되돌릴 수 없는 결정이 되어 후회하는 일이 없도록 이 과정을 점진적으로 진행할 것을 권장합니다.

26. 보호자와 형제자매에게 아이에 대한 행복하고, 슬프고, 화난 기억을 묘사하도록 요청합니다. 그리고 그들과 관련된 기억과 고통을 다룹니다.

22. 아동과 가족에 대해 가졌던 희망, 꿈, 기대의 상실을 확인합니다. (29)

▽ 23. 가족 구성원은 이 트라우마 사건에 대해 이야기할 때 건강한 의사소통 기술을 사용합니다.
(30, 31, 32)

▽ 24. 자살과 관련된 가족 내 이슈를 다루기 위하여 문제 해결과 갈등 해결 기술을 배우고 실행합니다. (33, 34)

27. 아동의 삶과 성취를 함께 나누기 위해 보호자와 형제자매에게 연감, 학위, 사진, 상장 등을 가져오도록 요청합니다.

28. 모든 가족 구성원이 아동에 대한 자신의 기억과 자살에 대한 자신의 정서적 반응을 나누는 가족 회기를 진행합니다.

29. (자살 이전에) 상상했던 미래 계획을 탐색합니다. 그리고 상실한 꿈에 공감합니다.

30. 자살에 대해 이야기할 때 사용할 수 있는 건강한 의사소통 기술(예: 반영적 경청하기, 눈맞춤하기, 존중하기 등)을 가족 구성원에게 가르칩니다. ▽

31. 자기주장적 의사소통, 긍정적 피드백 제공하기, 적극적으로 경청하기, 행동 변화를 위해 다른 사람에게 긍정적으로 요청하기, 정직하고 존중하는 태도로 부정적인 피드백 제공하기 등의 의사소통 기술을 가족 구성원에게 모델링, 역할극, 수정 피드백과 긍정적 강화를 사용하여 가르칩니다. ▽

32. 새로 배운 의사소통 기술을 사용하고, 모니터링하고 기록하는 연습 과제를 가족들에게 내줍니다. 개선을 위한 교정 피드백을 제공하고 회기 내에서 이 결과를 다룹니다. ▽

33. 자살 관련 스트레스를 완화하기 위하여 건강한 의사소통, 갈등 해결 및/또는 문제 해결 기술을 사용하여 해결할 수 있는 갈등을 파악하도록 가족을 돕습니다. ▽

34. 가족 문제 해결 기술을 가르칩니다(예: 문제를 정확히 진단하고, 가능한 해결책을 브레인스토밍하고, 각 해결책의 장단점을 나열하고, 해결책을

25. 애도가 일상생활에 지장을 줄 경우 정신건강 서비스 연결에 동의합니다. (35, 36, 37)

▽ 26. 보호자와 형제자매의 아동 사망에 대한 적응 여부를 평가하기 위하여 이들로 하여금 객관적인 평가 도구들을 수행하는 데 협조하게 합니다. (38, 39)

선택 및 실행하고, 결과를 평가하고, 필요한 경우 해결책을 수정합니다). 가족 갈등 이슈에 이 과정을 적용하는 역할극을 합니다. ▽

35. 아동의 사망으로 인해 추가 개입이 필요한 심리적 공존질환(예: 플래시백, 우울증, 자살 사고)이 나타날 수 있음에 대해 가족들을 교육합니다.

36. 보호자에게 사용 가능한 정신건강 연계 자원 목록을 제공합니다.

37. 보호자와 형제자매에게 자살로부터의 회복에 관한 팸플릿과 기타 자료를 제공합니다.

38. 회복 과정에서 보호자와 형제자매의 인지적, 정서적 반응을 모니터하기 위하여, 위기 및 트라우마 상황을 평가하기 위한 검사 도구[예: Symptom Checklist-90-Revised, Global Appraisal of Individual Needs-Short Screener (GAIN-SS), General Anxiety Disorder-7 (GAD-7), Beck Depression Inventory-II]를 이들에게 실시합니다. ▽

39. 필요하다면 보호자와 형제자매에게 자살 및 살인 위험성 평가를 수행합니다. ▽

📝 진단

ICD-9-CM	ICD-10-CM	DSM-5 Disorder, Condition, or Problem
V62.82	Z63.4	단순 사별(Uncomplicated Bereavement)
V61.20	Z62.820	부모-아동 관계 문제(Parent-Child Relational Problem)
V62.89	Z60.0	생의 단계 문제(Phase of Life Problem)
296.2x	F32.x	주요우울장애, 단일 삽화(Major Depressive Disorder, Single Episode)
300.02	F41.1	범불안장애(Generalized Anxiety Disorder)
305.00	F10.10	경도 알코올사용장애(Alcohol Use Disorder, Mild)
308.3	F43.0	급성 스트레스장애(Acute Stress Disorder)
309.0	F43.21	우울 기분을 동반한 적응장애(Adjustment Disorder With Depressed Mood)
309.81	F43.10	외상후 스트레스장애(Posttraumatic Stress Disorder)

The Crisis Counseling and Traumatic Events Treatment Planner

26. 직장 폭력

📄 행동적 정의

1. 직장에서 동료 직원의 신체적 폭행이 발생하였다.

2. 일터에서 총격, 강도, 기타 폭력 범죄가 일어났다.

3. 직장 사이트에서 한 직원과 다른 직원 간에 폭력이나 내부 분쟁이 일어났다.

4. 트라우마와 관련된 반복적이고 침습적인 트라우마 기억, 플래시백과 악몽이 나타난다.

5. 트라우마 이후 자살 또는 살인에 대한 생각에 집착한다.

6. 트라우마 이후 집중하고 지시를 따르는 데 어려움이 있다.

7. 사건 이후 술이나 기타 기분 전환 물질의 사용이 증가하였다.

8. 무감각, 분리감, 비현실감, 이인화, 기억 상실이나 주변에서 일어나는 일에 대한 자각 감소와 같은 해리 증상을 경험한다.

9. 트라우마에 대한 기억을 촉발하는 자극, 그것이 생각, 감정, 대화, 활동, 장소나 사람이든지 간에 그 자극을 현저하게 회피한다.

10. 작업 현장에서의 결근, 지각 및/또는 불편감/정서적 고통에 대한 자기보고가 있다.

11. 자신이 다치거나 죽을지 모른다는 것에 대한 지속적인 두려움이 있다.

12. 범죄 사건 후에 일상에 지장을 줄 정도로 타인에 대한 의심과 불신을 경험한다.

13. 사회적 철수와 고립, 특정 장소 회피가 나타난다.

14. 트라우마 이후 감정을 조절할 수 없다.

15. 다른 사람이 죽은 트라우마 사건에서 살아남은 것에 대해 죄책감을 느낀다.

16. 트라우마 사건 후 식사, 수면, 개인 위생 패턴의 전형적인 붕괴가 나타난다.

17. 수면장애, 과민성, 집중력 저하, 과잉 경계, 과장된 놀람 반응이나 안절부절못함과 같은 각성 증상이 증가하였다.

— . _____
    _____
    _____
— . _____
    _____
    _____
— . _____
    _____

🎯 장기 목표

1. 일상 활동 재개를 포함하여 위기 이전의 기능 수준으로 회복합니다.

2. 적절한 수준의 정서적, 인지적, 행동적 기능을 회복합니다.

3. 자신에 대한 안전감이 회복됩니다.

4. 건강하고 적절한 업무와 사회적 관계를 새로 수립합니다.

5. 직장 폭력 관련 자극과 연관된 침습적 이미지들이 나타나지 않습니다.

6. 지속적인 고통을 더 이상 느끼지 않고 트라우마 사건을 삶의 경험 속으로 수용합니다.

— . _____
    _____
    _____
— . _____
    _____
    _____
— . _____
    _____

⏰ 단기 목표

1. 사고로 인한 부상에 대해 의학적 치료를 받을 수 있도록 조치합니다. (1)

▽ 2. 사건에 대한 감정적, 행동적, 인지적 반응의 평가에 협력합니다. (2)

3. 정서적 또는 인지적 반응으로 인한 왜곡을 최소화하면서 가능한 정확하게 사건을 회상하게 합니다. (3, 4, 5)

4. 사건에 대한 지각을 탐색합니다. 이 때 내담자와 폭력을 가한 사람과의 관계 특성을 포함시킵니다. (6, 7, 8)

🗝 치료적 개입 전략

1. 내담자가 응급 의료 요원, 응급 치료 시설이나 응급실에서 치료를 받도록 돕거나 내담자를 의사의 평가와 치료에 의뢰합니다.

2. 필요한 개입을 안내하기 위하여 내담자에게 위기 및 트라우마 상황을 측정하도록 고안된 평가 도구(예: Triage Assessment Form: Crisis Intervention-Revised, Impact of Event Scale-Revised, Traumatic Life Events Questionnaire)를 실시합니다. ▽

3. 정서적, 행동적, 인지적 반응을 탐색하기 위해 적극적 경청과 반응 기술을 사용하면서 내담자에게 지지를 제공합니다. 천천히 말하고, 질문이 반복될 수 있음을 준비시키고, 내담자가 안전하게 여기도록 안심시킵니다.

4. 내담자로 하여금 트라우마 경험을 설명하도록 촉진합니다. 내담자가 사건으로 인해 정서적 또는 인지적 반응에 압도되었는지를 평가합니다.

5. 내담자의 이야기를 검증 및/또는 정교화하기 위해 이 범죄와 관련된 사실을 알고 있는 법 집행관, 가족이나 친구들에게 자문을 구합니다.

6. 내담자에게 감정에는 옳고 그른 것이 없다고 안심시키고 그의 정서적 반응을 타당화합니다.

7. 내담자에게 감정을 계속 억누르면 감정적 반응이 강렬해져서 파괴적이 될 가능성이 있다는 것을 교육합니다. 실직과 관련된 감정을 표현하도록 촉진합니다.

8. 폭력을 가한 사람과 내담자와의 관계 특성을 탐색합니다. 폭력 행사 의도가 있는 가해자의 사전 폭력 징후를 나타내는 내담자의 표현을

5. 직장 폭력 사건 동안 자신의 행위를 현실적이고 비판단적인 관점으로 묘사하게 합니다. (9, 10)

6. 술이나 기타 기분 전환 물질로 위기에 대처하는 방식인 자가처방적 약물 의존도를 줄입니다. (11)

▽ 7. 편향적이고 두려운 자기-대화를 파악하고, 도전합니다. 폭력 사건이 일어나는 동안 나타난 내담자의 반응에 대하여 현실에 기반한 차분하고 긍정적인 자기-대화로 대체합니다. (12, 13, 14)

확인합니다.

9. 사건이 일어나는 동안 자신의 수행에 대해 내담자가 부정적 평가를 내리는 것에 직면합니다. 실제 일어난 사실과 자신의 반응에 초점을 둠으로써 사건을 현실적으로 인지하도록 관점을 전환합니다.

10. 내담자로 하여금 사건에 대한 생각을 정리하도록 돕습니다. 긍정적인 자기-대화와 같은 인지 행동 기법을 사용하여 사건에서 내담자의 행위에 대하여 자신감을 수립하도록 합니다.

11. 실직 후 위기 대처 수단으로 술과 기타 기분 전환 물질의 사용이 증가하는지에 대해 내담자를 평가합니다. 이러한 부적응적 대처 행동을 계속 모니터링하고 억제하며 필요한 경우 중독치료에 의뢰합니다.

12. 두려움을 관리하기 위해 이완, 호흡 조절 및/또는 내적 모델링(예: 전략을 성공적으로 사용하는 모습을 상상하기)과 같은 스트레스 감소 전략을 내담자에게 가르칩니다. ▽

13. 편견을 수정하고 자신감을 갖게 하는 가치 판단을 형성하도록 도움을 줌으로써 내담자의 부정적인 편견과 불행한 자기-대화에 도전합니다(또는 Jongsma의 『Adult Psychotherapy Homework Planner 2판』, '부정적인 사고가 부정적인 정서를 유발한다' 과제를 부과합니다). ▽

14. 내담자에게 두려운 자기-대화를 파악하고 현실에 기반한 대안을 만드는 연습 과제(예: 일기 쓰기)를 할당합니다. 성공을 검토하고 강화하며 실패에 대한 수정 피드백을 제공

▽ 8. 트라우마에 대하여 생각하는 것이 더 이상 현저한 고통을 유발하지 않을 때까지 직장 폭력 관련 기억에 대하여 상상 및 유사 상황 노출에 참여하게 합니다. (15, 16, 17)

▽ 9. 침습적이고 원치 않는 사고를 다루기 위해 사고 중지법을 배우고 실행합니다. (18)

▽ 10. 외상후 스트레스장애(PTSD)와 이 장애의 진행에 대해 정확히 이해하고 이를 말로 표현합니다. (19, 20)

합니다(또는 Jongsma의 『Adult Psychotherapy Homework Planner 2판』, '긍정적인 자기-대화하기' 과제를 부과합니다). ▽

15. 일터 폭력 관련 자극에 대한 공포와 회피의 위계 구조를 구성하도록 내담자를 안내하고 돕습니다. ▽

16. 폭력 사건 관련 자극에 대한 반응을 모니터링하고 기록하기 위해 내담자에게 연습 과제를 할당합니다. ▽

17. 내담자로 하여금 직장 폭력에 대한 심상 노출을 경험하게 합니다. 이때 이 경험은 내담자가 묘사하고 선택한 구체적 내용들로, 낮은 수준부터 점차 증가된 수준으로 심상 노출을 단계적으로 경험하게 합니다. 불안이 줄어들고 안정될 때까지 반복합니다. ▽

18. 원치 않는 폭력이나 부정적인 사고를 알아차리는 즉시, 내적으로 STOP이라는 단어를 소리 내거나, 중지의 개념을 나타내는 상징(예: 정지 신호 또는 빨간 신호등)을 떠올리는 사고-중지 방법을 내담자에게 가르칩니다. ▽

19. 내담자에게 PTSD의 발달, 즉 한 트라우마 사건에 노출됨으로 인해 침습적 기억, 원치 않는 두려움, 불안 등이 나타날 수 있고, 수치심, 분노, 죄책감과 같은 기타 부정적 영향에 대한 취약성이 나타날 수 있다는 것을 교육합니다. ▽

20. 내담자로 하여금 PTSD의 특성, 진행과 치료를 설명하는 심리교육 챕터나 서적 또는 치료 매뉴얼을 읽도록 과제를 내줍니다. ▽

11. 폭력적인 사건보다는 현재에 초점을 유지하도록 합니다. (21)

12. 이 사건에서 나타난 성장 영역을 파악합니다. (22)

13. 적절한 시점에 전형적인 매일의 루틴으로 되돌아가게 합니다. (23, 24, 25)

▽ EBT 14. 향정신성 약물에 대한 평가에 협조하게 합니다. (26)

▽ EBT 15. 처방받은 약을 복용하고 효과와 부작용을 보고합니다. (27)

▽ EBT 16. 규칙적인 운동 요법을 시행합니다. (28)

21. 내담자로 하여금 '왜'라는 질문에 답을 찾고자 하는 욕구에서 그 질문 이면의 감정에 초점을 맞추는 쪽으로 관점을 전환하게 합니다.

22. 재구성을 사용하여 직장 내 폭력 사건 이후 내담자에게 나타난 회복 및 탄력성과 관련된 긍정적인 변화(예: 가족 관계가 더욱 돈독해짐, 동료 유대감에 대한 감사가 증가함)를 탐색하고 확인합니다.

23. 적절한 식사, 개인 위생 습관, 건강한 수면 패턴 등을 유지하는 것이 얼마나 중요한지 내담자에게 교육합니다. 매일매일 이러한 활동을 완료하고 기록하고 유지하는 방법을 제안합니다.

24. 내담자가 일상 업무로 돌아가도록 격려합니다. 필요한 경우 이러한 활동을 점진적이고 단계적으로 시작합니다.

25. 위협과 스트레스에 대한 지각을 감소시키는 둔감화 기법을 제공하면서 내담자와 함께 직장 내 폭력 현장에 동반하여 가 봅니다.

26. 불안 증상을 경감시키는 약물 처방이 필요한지를 판단하는 평가를 위해 내담자를 의사에게 의뢰합니다. ▽ EBT

27. 내담자가 약 복용 시 유의사항을 준수하는지 모니터링하고 부작용 가능성을 민감하게 살핍니다. 처방 의사에게 유의한 반응은 어떤 것이라도 보고합니다. ▽ EBT

28. 내담자로 하여금 스트레스 해소 기술로 일상적인 신체 운동을 하도록 스트레스 해소 방법을 개발하고 격려합니다. ▽ EBT

17. 동료 직원을 위한 추도식에 참석합니다. (29)

18. 관리자는 심각한 외상후 스트레스 반응을 이해하고 이를 말로 표현합니다. (30, 31)

19. 관리자는 향후 유사한 폭력 사건의 가능성을 줄이기 위하여 안전 절차를 개정합니다. (32, 33)

20. 트라우마 반응이 일상적인 기능을 방해하는 경우 정신건강 서비스 이용에 동의합니다. (34, 35, 36)

29. 내담자로 하여금 사고 중에 사망한 동료 직원을 위한 장례식/추도식에 참석하도록 격려합니다.

30. 직장 내 폭력 사건으로부터 회복되지 않아서 나타나는 외상후 스트레스 반응, 심리적 공존질환에 대해 회사 관리자를 교육합니다.

31. 직원들이 스트레스를 줄이는 데 도움이 되도록 적극적 경청 기술에 대한 기본 훈련 팸플릿이나 기타 자료들을 관리자들에게 제공합니다.

32. 사고에 대해 경영진과 직원 간의 토론을 촉진합니다. 향후 사고를 예방할 수 있는 새로운 보안 조치 개발에 초점을 둡니다(예: 금속 탐지기 및 패닉 버튼 설치하기, 경비원 고용하기, 구직자의 범죄 경력을 조사하기).

33. 고용주로 하여금 안전, 의사소통, 작업장 위기 대처 계획(예: 의사소통 절차, 직원을 안전한 곳으로 이동시키기, 공지글 작성하기, 언론과 대화하기, 외부 기관의 개입, 법 집행 기관과 관계 설정 등)을 이행하는지 검토하고 이를 개정하도록 돕습니다. 변경된 사항을 직원에게 전달하게 합니다.

34. 향후 추가 개입이 필요할 수 있는 직장 내 폭력 사건의 공존증상(예: 플래시백, 우울증, 자살 사고)이 나타날 수 있음을 내담자에게 알립니다.

35. 내담자에게 이용 가능한 정신건강 연계 자원 목록을 제공합니다.

21. 트라우마 사건에 적응하는지를 지속적으로 평가하는 데 협력합니다. (37, 38)

36. 내담자에게 직장 내 폭력으로 인한 정서적 반응을 다루는 팸플릿과 기타 자료들을 제공합니다.

37. 회복과정을 모니터링하기 위하여 위기와 트라우마 상황을 측정하도록 설계된 평가 도구(예: Trauma Symptom Inventory-2, Symptom Checklist-90-Revised, Trauma Symptom Checklist)를 내담자에게 실시합니다.

38. 필요하다면 내담자에게 자살 및 살인 위험성 평가를 수행합니다.

---. _____   ---. _____
    _____   _____
---. _____   ---. _____
    _____   _____
---. _____   ---. _____

📖 진단

ICD-9-CM	ICD-10-CM	DSM-5 Disorder, Condition, or Problem
V62.2	Z56.9	고용과 관련된 기타의 문제(Other Problem Related to Employment)
296.2x	F32.x	주요우울장애, 단일 삽화(Major Depressive Disorder, Single Episode)
300.02	F41.1	범불안장애(Generalized Anxiety Disorder)
300.12	F44.0	해리성 기억상실(Dissociative Amnesia)
300.14	F44.81	해리성 정체성장애(Dissociative Identity Disorder)
300.6	F48.1	이인증/비현실감 장애(Depersonalization/Derealization Disorder)
305.00	F10.10	경도 알코올사용장애(Alcohol Use Disorder, Mild)
308.3	F43.0	급성 스트레스장애(Acute Stress Disorder)

309.0	F43.21	우울 기분을 동반한 적응장애(Adjustment Disorder With Depressed Mood)
309.81	F43.10	외상후 스트레스장애(Posttraumatic Stress Disorder)

부록 A

독서치료 제안

1. 급성 스트레스장애

Beck, A., Emery, G., & Greenberg, R. (2005). *Anxiety disorders and phobias: A cognitive perspective.* New York, NY: Basic Books.

Bourne, E. (2005). *The anxiety and phobia book,* 4th ed. Oakland, CA: New Harbinger Publications.

Craske, M., & Barlow, D. (2007). *Mastery of your anxiety and panic: Workbook (treatments that work),* 2nd ed. New York, NY: Oxford University Press.

Davis, M., Eschelman, E., McKay, M., & Fanning, P. (2008). *The relaxation and stress reduction workbook (New Harbinger self-help workbook),* 6th ed. Oakland, CA: New Harbinger Publications.

Enright, R. (2001). *Forgiveness is a choice: A step-by-step process for resolving anger and restoring hope.* Washington, DC: APA Life Tools.

Meichenbaum, D. (1985). *Stress inoculation training.* New York, NY: Pergamon Press.

Smedes, L. (1996). *The art of forgiving.* New York, NY: Ballantine Books.

2. 불안

Beck, A., Emery, G., & Greenberg, R. (2005). *Anxiety disorders and phobias: A cognitive perspective.* New York, NY: Basic Books.

Bernstein, D., & Borkovec, T. (2000). *New directions in progressive relaxation training: A guidebook for helping professionals.* Westport, CT: Praeger Publishers.

Bourne, E. (2010). *The anxiety and phobia workbook,* 5th ed. Oakland, CA: New Harbinger Publications.

Burns, D. (1999). *Ten days to self-esteem.* New York, NY: HarperCollins Publishers.

Craske, M., & Barlow, D. (2006). *Mastery of your anxiety and worry: Workbook (treatments that work),* 2nd ed. New York, NY: Oxford University Press.

Haley, J. (1984). *Ordeal therapy: Unusual ways to change behavior.* San Francisco, CA: Jossey-Bass.

Jongsma, A. E. (2006). *Adult psychotherapy homework planner,* 2nd ed. Hoboken, NJ: John Wiley & Sons.

Leith, L. (1998). *Exercising your way to better mental health.* Santa Cruz, CA: American Book Crafters.

Marks, I. (2001). *Living with fear: Understanding and coping with anxiety.* England: McGraw-Hill Publishing Company.

Melemis, S. (2010). *I want to change my life: How to overcome anxiety, depression and addiction.*

Toronto, Ontario: Modern Therapies.

Rygh, J., & Sanderson, W. (2004). *Treating generalized anxiety disorder: Evidencebased strategies, tools, and techniques.* New York, NY: Guilford Press.

Smith, M. (1985). *When I say no I feel guilty.* New York, NY: Bantam Books.

White, J. (2008). *Overcoming generalized anxiety disorder-client manual: A relaxation, cognitive restructuring, and exposure-based protocol for the treatment of GAD (best practices for therapy).* Oakland, CA: New Harbinger Publications.

3. 집단 괴롭힘 피해자

Craske, M., & Barlow, D. (2006). *Mastery of your anxiety and worry: Workbook (treatments that work),* 2nd ed. New York, NY: Oxford University Press.

Davis, S. (2007). *Schools where everyone belongs: Practical strategies for reducing bullying.* Champaign, IL: Research Press.

Jongsma, A. E. (2006). *Adult psychotherapy homework planner,* 2nd ed. Hoboken, NJ: John Wiley & Sons.

Kohut, M. (2007). *The complete guide to understanding, controlling, and stopping bullies & bullying at work: A complete guide for managers, supervisors, and coworkers.* Ocala, FL: Atlantic Publishing Group.

Peterson, R. (2000). *How to express your ideas and stand up for yourself at work and in relationships.* Oakland, CA: New Harbinger Publications.

4. 아동 학대/방임

Brohl, K., & Potter, J. (2004). *When your child has been molested: A parents' guide to healing and recovery.* San Francisco, CA: Jossey-Bass.

Cline, F., & Fay, J. (2006). *Parenting with love and logic.* Colorado Springs, CO: Pinon Press.

Connor, T. (2010). *Good touch, bad touch: Learning about proper and improper touches.* Seattle, WA: CreateSpace.

Jongsma, A. E. (2006). *Adult psychotherapy homework planner,* 2nd ed. Hoboken, NJ: John Wiley & Sons.

Kaduson, H., & Schaefer, C. (1997). *101 favorite play therapy techniques.* Northvale, NJ: Jason Aronson Publishers.

Leman, K. (2005). *Making children mind without losing yours.* Grand Rapids, MI: Revell.

McGraw, P. (2004). *It's not your fault.* Wilmette, IL: Baha I Publishing.

Monk, G., Winslade, J., Crocket, K., & Epston, D. (1997). *Narrative therapy in practice: The archaeology of hope.* San Francisco, CA: Jossey-Bass.

Phelan, T. (2010). *1-2-3 Magic: Effective discipline for children 2-12 (advice on parenting).* Glen Ellyn, IL: Parent Magic, Inc.

5. 범죄 피해자 트라우마

Jongsma, A. E. (2006). *Adult psychotherapy homework planner,* 2nd ed. Hoboken, NJ: John Wiley & Sons.

6. 응급 서비스 요원들(ESPs)이 겪는 중대 사고들

Jongsma, A. E. (2006). *Adult psychotherapy homework planner,* 2nd ed. Hoboken, NJ: John Wiley & Sons.

7. 우울

Beck, A., Rush, A., Shaw, B., & Emery, G. (1987). *Cognitive therapy of depression.* New York, NY: Guilford Press.

Burns, D. (1999). *Feeling good: The new mood therapy*

revised and updated. New York, NY: William Morrow.

Burns, D. (1999). *The feeling good handbook.* New York, NY: Plume.

Burns, D. (1999). *Ten days to self-esteem.* New York, NY: HarperCollins.

Craske, M., & Brlow, D. (2006). *Mastery of your anxiety and worry: Workbook (treatments that work),* 2nd edition. New York, NY: Oxford University Press.

Johnsgard, K. (2004). *Conquering depression and anxiety through exercise.* Amherst, NY: Prometheus Books.

Jongsma, A. E. (2006). *Adult psychotherapy homework planner,* 2nd ed. Hoboken, NJ: John Wiley & Sons.

Knaus, W. (2006). *The cognitive behavioral workbook for depression: A step-by-step program.* Oakland, CA: New Harbinger Publications.

Leith, L. (1998). *Exercising your way to better mental health.* Santa Cruz, CA: American Book Crafters.

Weissman, M., Markowitz, J., & Klerman, G. (2000). *Comprehensive guide to interpersonal psychotherapy.* New York, NY: Basic Books.

8. 재난

Rosenfeld, L. B., Caye, J. S., Ayalon, O., & Lahad, M. (2005). *When their worlds fall apart: Helping families and children manage the effects of disasters.* Washington, DC: NASW Press.

Zinner, E. E., & Williams, M. B. (Eds.). (1999). *When community weeps: Case studies in group survivorship.* Philadelphia, PA: Taylor & Francis.

9. 가정 폭력

Betancourt, M. (2009). *What to do when love turns violent: A practical resource for women in abusive relationships.* New York, NY: Harper Perennial Library.

Hightower, N. (2002). *Anger busting 101: The new ABCs for angry men & the women who love them.* Houston, TX: Bayou Publishing.

Jongsma, A. E. (2006). *Adult psychotherapy homework planner,* 2nd ed. Hoboken, NJ: John Wiley & Sons.

NiCarthy, G. (2004). *Getting free: You can end abuse and take back your life.* Seattle, WA: The Seal Press.

Paleg, K., & McKay, M. (2001). *When anger hurts your relationship: 10 simple solutions for couples who fight.* Oakland, CA: New Harbinger Publications.

Walker, L. (2009). *The battered woman syndrome,* 3rd ed. New York, NY: Springer Publishing Company.

10. 실직

Bolles, R. N. (2009). *The job-hunters survival guide: How to find a rewarding job even "when there are no jobs."* Berkeley, CA: Ten Speed Press.

Bolles, R. N. (2011). *What color is your parachute? 2012: A practical manual for job hunters and career changes.* Berkeley, CA: Ten Speed Press.

Jongsma, A. E. (2006). *Adult psychotherapy homework planner,* 2nd ed. Hoboken, NJ: John Wiley & Sons.

11. 의학적 사망(성인)

Attig, T. (1996). *How we grieve: Relearning the world.* New York, NY: Oxford University Press.

Jongsma, A. E. (2006). *Adult psychotherapy homework planner,* 2nd ed. Hoboken, NJ: John Wiley & Sons.

Rando, T. A. (1988). *How to go on living when someone you love dies.* Lexington, MA: Lexington Books.

Westberg, G. E. (2011). *Good grief.* Minneapolis, MN: Fortress Press.

12. 의학적 사망(아동)

Corr, C. A., & Balk, D. E. (Eds.). (2010). *Children's encounters with death, bereavement, and coping.* New York, NY: Springer Publishing Co.

Jongsma, A. E. (2006). *Adult psychotherapy homework planner,* 2nd ed. Hoboken, NJ: John Wiley & Sons.

Rando, T. A. (1988). *How to go on living when someone you love dies.* Lexington, MA: Lexington Books.

Rosenblatt, P. C. (2000). *Parent grief: Narratives of loss and relationship.* Philadelphia, PA: Brunner/Mazel

Westberg, G. E. (2011). *Good grief.* Minneapolis, MN: Fortress Press.

13. 유산/사산/낙태

Ash, L. (2004). *Life touches life: A mother's story of stillbirth and healing.* Troutdale, OR: New Sage Press.

De Puy, C., & Dovitch, D. (1997). *The healing choice: Your guide to emotional recovery after an abortion.* New York, NY: Fireside.

Enright, R. (2002). *Forgiveness is a choice: A step-by-step process for resolving anger and restoring hope.* Washington, DC: APA Life Tools.

Ilse, S. (2002). *Empty arms: Coping after miscarriage, stillbirth and infant death.* Long Lake, MN: Wintergreen Press.

Ilse, S., & Hammer Burns, L. (2002). *Miscarriage: A shattered dream.* Long Lake, MN: Wintergreen Press.

Jongsma, A. E. (2006). *Adult psychotherapy homework planner,* 2nd ed. Hoboken, NJ: John Wiley & Sons.

Kübler-Ross, E. (1997). *On death and dying.* New York, NY: Scribner.

Leith, L. (1998). Exercising your way to better mental health. Santa Cruz, CA: American Book Crafters.

Meichenbaum, D. (1995). *Stress inoculation training.* New York, NY: Pergamon Press.

Schiff, H. (1978). *The bereaved parent.* New York, NY: Penguin Group Books.

Smedes, L. (1996). *The art of forgiving.* New York, NY: Ballantine Books.

14. 공포증

Antony, M., Craske, M., & Barlow, D. (2006). *Mastering your fears and phobias: Workbook (treatments that work),* 2nd ed. New York, NY: Oxford University Press.

Beck, A., Emery, G., & Greenberg, R. (2005). *Anxiety disorders and phobias: A cognitive perspective.* New York, NY: Basic Books.

Bourne, E. (1998). *Overcoming specific phobia-therapist protocol: A hierarchy & exposure-based protocol for the treatment of all specific phobias.* Oakland, CA: New Harbinger Publications.

Bourne, E. (2010). *The anxiety and phobia workbook,* 5th ed. Oakland, CA: New Harbinger Publications.

Brown, J. (1995). *No more monsters in the closet: Teaching your children to overcome everyday fears and phobias.* New York, NY: Prince Paperbacks.

Jongsma, A. E. (2006). *Adult psychotherapy homework planner,* 2nd ed. Hoboken, NJ: John Wiley & Sons.

Marks, I. (2001). *Living with fear: Understanding and coping with anxiety.* England: McGraw-Hill Publishing Company.

Melemis, S. (2010). *I want to change my life: How to overcome anxiety, depression and addiction.* Toronto, Ontario: Modern Therapies.

15. 외상후 스트레스장애(PTSD)

Allen, J. (2004). *Coping with trauma: Hope through*

understanding. Arlington, VA: American Psychiatric Publishing.

Friedman, M., Keane, T., & Resick, P. (2010). *Handbook of PTSD: Science and practice.* New York, NY: Guilford Press.

Jongsma, A. E. (2006). *Adult psychotherapy homework planner,* 2nd ed. Hoboken, NJ: John Wiley & Sons.

Leith, L. (1998). *Exercising your way to better mental health.* Santa Cruz, CA: American Book Crafters.

Matsakis, A. (1996). *I can't get over it: A handbook for trauma survivors.* Oakland, CA: New Harbinger Publication

Rosellini, G., & Worden, M. (1997). *Of course you're angry: A guide to dealing with the emotions of substance abuse.* Center City, MN: Hazelden.

Rothbaum, B., & Foa, E. (2004). *Reclaiming your life after rape: Cognitive-behavioral therapy for posttraumatic stress disorder client workbook.* New York, NY: Oxford University Press.

Rubin, T. (1998). *The angry book.* New York, NY: Touchstone.

Schiraldi, G., & Kerr, M. (2004). *The anger management sourcebook.* New York, NY: McGraw-Hill.

Smith, J. (2002). *Stress management: A comprehensive handbook of techniques and strategies.* New York, NY: Springer Publishing Company.

16. 학교 트라우마(대학)

Levine, P. A., & Kline, M. (2008). *Trauma-proofing your kids: A parents' guide for instilling confidence, joy and resilience.* Lyon, CO: North Atlantic Books.

Kalayjian, A., & Paloutzian, P. F. (2010). *Forgiveness and reconciliation: Psychological pathways to conflict transformation and peace building.* New York, NY: Springer.

17. 학교 트라우마(청소년)

Levine, P. A., & Kline, M. (2007). *Trauma through a child's eyes: Awakening the ordinary miracle of healing.* Berkeley, CA: North Atlantic Books.

Levine, P. A., & Kline, M. (2008). *Trauma-proofing your kids: A parents' guide for instilling confidence, joy and resilience.* Lyon, CO: North Atlantic Books.

18. 학교 트라우마(아동)

Holmes, M. M., & Mudlaff, S. J. (2000). *A terrible thing happened-A story for children who have witnessed violence or trauma.* Chicago, IL: Magination.

Levine, P. A., & Kline, M. (2007). *Trauma through a child's eyes: Awakening the ordinary miracle of healing.* Berkeley, CA: North Atlantic Books.

Levine, P. A., & Kline, M. (2008). *Trauma-proofing your kids: A parents' guide for instilling confidence, joy and resilience.* Lyon, CO: North Atlantic Books.

19. 학교 트라우마(직원)

Jongsma, A. E. (2006). *Adult psychotherapy homework planner,* 2nd ed. Hoboken, NJ: John Wiley & Sons.

Myer, R. A., James, R. K., & Moulton, P. (2011). *This is not a fire drill: Crisis intervention and prevention on college campuses.* Hoboken, NJ: John Wiley & Sons.

20. 성폭력

Gorki, T. (1993). *Getting love right: Learning the choices of healthy intimacy.* New York, NY: Simon & Schuster.

Jongsma, A. E. (2006). *Adult psychotherapy homework planner,* 2nd ed. Hoboken, NJ: John Wiley & Sons.

Malts, W. (2001). *The sexual healing journey: A guide for survivors of sexual abuse.* New York, NY:

HarperCollins Publishers.

Matsakis, A. (2003). *The rape recovery handbook: Step-by-step help for survivors of sexual assault.* Oakland, CA: New Harbinger Publications.

Rained, N. (1999). *After silence: Rape and my journey back.* New York, NY: Three Rivers Press.

21. 스토킹 피해자

Craske, M., & Barlow, D. (2006). *Mastery of your anxiety and worry: Workbook (treatments that work),* 2nd ed. New York, NY: Oxford University Press.

Gross, L. (2000). *Surviving a stalker: Everything you need to know to keep yourself safe.* New York, NY: Marlowe & Company.

Jongsma, A. E. (2006). *Adult psychotherapy homework planner,* 2nd ed. Hoboken, NJ: John Wiley & Sons.

Proctor, M. (2003). How to stop a stalker. Amherst, NY: Prometheus Books.

Snow, R. (2001). *Stopping a stalker: A cop's guide to making the system work for you.* Cambridge, MA: Perseus Publishing.

Wright, C. (1999). *Everything you need to know about dealing with stalking.* Chicago, IL: Rosen Publishing Group.

22. 돌연사/사고사(성인)

Attig, T. (1996). *How we grieve: Relearning the world.* New York, NY: Oxford University Press.

Jongsma, A. E. (2006). *Adult psychotherapy homework planner,* 2nd ed. Hoboken, NJ: John Wiley & Sons.

Rando, T. A. (1984). *Grief, dying and death: Clinical interventions for caregivers.* Champaign, IL: Research Press.

23. 돌연사/사고사(아동)

Corr, C. A., & Balk, D. E. (Eds.). (2010). *Children's encounters with death, bereavement, and coping.* New York, NY: Springer Publishing Co.

Jongsma, A. E. (2006). *Adult psychotherapy homework planner,* 2nd ed. Hoboken, NJ: John Wiley & Sons.

Rosenblatt, P. C. (2000). *Parent grief: Narratives of loss and relationship.* Philadelphia, PA: Brunner/Mazel.

24. 자살(성인)

Jongsma, A. E. (2006). *Adult psychotherapy homework planner,* 2nd ed. Hoboken, NJ: John Wiley & Sons.

Jordan, J. R., & McIntosh, J. L. (Eds). (2011). *Grief after suicide: Understanding the consequences and caring for the survivors.* New York, NY: Routledge.

25. 자살(아동)

Buckle, J. L., & Fleming, S. J. (2011). *Parenting after the death of a child: A practitioner's guide.* New York, NY: Routledge.

Jordan, J. R., & McIntosh, J. L. (Eds). (2011). *Grief after suicide: Understanding the consequences and caring for the survivors.* New York, NY: Routledge.

26. 직장 폭력

Braverman, M. (1999). *Preventing workplace violence: A guide for employers and practitioners.* Thousand Oaks, CA: Sage Publications.

Jongsma, A. E. (2006). *Adult psychotherapy homework planner,* 2nd ed. Hoboken, NJ: John Wiley & Sons.

부록 B

증거기반 장(▽EBT)을 위한 전문 참고문헌

전체

APA Presidential Task Force on Evidence-Based Practice. (2006). Evidence-based practice in psychology. *American Psychologist, 61,* 271-285.

Bruce, T. J., & Sanderson, W. C. (2005). Evidence-based psychosocial practices: Past, present, and future. In C. Stout & R. Hayes (Eds.), *The handbook of evidence-based practice in behavioral healthcare: Applications and new directions.* Hoboken, NJ: John Wiley & Sons.

Castonguay, L. G., & Beutler, L. E. (2006). *Principles of therapeutic change that work.* New York, NY: Oxford University Press.

Chambless, D. L., Baker, M. J., Baucom, D., Beutler, L. E., Calhoun, K. S., CritsChristoph, P., Woody, S. R. (1998). Update on empirically validated therapies: II. *The Clinical Psychologist, 51*(1), 3-16.

Chambless, D. L., & Ollendick, T. H. (2001). Empirically supported psychological interventions: Controversies and evidence. *Annual Review of Psychology, 52,* 685-716.

Chambless, D. L., Sanderson, W. C., Shoham, V., Johnson, S. B., Pope, K. S., CritsChristoph, McCurry, S. (1996). An update on empirically validated therapies. *The Clinical Psychologist, 49*(2), 5-18.

Drake, R. E., & Goldman, H. (2003). *Evidence-based practices in mental health care.* Washington, DC: American Psychiatric Association.

Drake, R. E., Merrens, M. R., & Lynde, D. W. (2005). *Evidence-based mental health practice: A textbook.* New York, NY: Norton.

Hofmann, S. G., & Tompson, M. G. (2002). *Treating chronic and severe mental disorders: A handbook of empirically supported interventions.* New York, NY: Guilford Press.

Nathan, P. E., & Gorman, J. M. (Eds.). (2007). *A guide to treatments that work* (3rd ed.). New York, NY: Oxford.

Society of Clinical Psychology, American Psychological Association Division 12. *Website on research-supported psychological treatments.* Retrieved from http://www.psychology.sunysb.edu/eklonsky-/division 12/index.html

Stout, C., & Hayes, R. (1995). *The handbook of evidence-based practice in behavioral healthcare: Applications and new directions.* New York, NY: John Wiley & Sons.

Substance Abuse and Mental Health Administration. (SAMHSA). *National registry of evidence-based programs and practices* (NREPP). Available online at http://nrepp.samhsa.gov/index.asp.

5. 범죄 피해자 트라우마

Hobfoll, S. E., Watson, P., Bell, C. B., Bryant, R. A., Brymer, M. J., Friedman, M. J., . . . Ursano, R. J. (2007). Five essential elements of immediate and mid-term mass trauma intervention? Empirical evidence. *Psychiatry, 70*, 283-315.

James, R. K., & Gilliland, B. E. (2012). *Crisis intervention strategies* (7th ed.). Belmont, CA: Brooks/Cole.

Kleespies, P. M. (Ed.). (2009). *Behavioral emergencies: An evidence-based resource for evaluating and managing risk of suicide, violence, and victimization.* Washington, DC: American Psychological Association.

Myer, R. A. (2001). *Assessment for crisis intervention: Triage assessment model.* Pacific Grove, CA: Brooks/Cole.

Myer, R. A., & James, R. K. (2005). *CD ROM and workbook for crisis intervention.* Pacific Grove, CA: Brooks/Cole.

Myer, R. A., & James, R. K. (2009). *Triage assessment system for clinicians training manual.* Pittsburgh, PA: CIP-Solution.

6. 응급 서비스 요원들(ESPs)이 겪는 중대 사고들

James, R. K., & Gilliland, B. E. (2012). *Crisis intervention strategies* (7th ed.). Belmont, CA: Brooks/Cole.

Myer, R. A. (2001). *Assessment for crisis intervention: Triage assessment model.* Pacific Grove, CA: Brooks/Cole.

Myer, R. A., & James, R. K. (2005). *CD ROM and workbook for crisis intervention.* Pacific Grove, CA: Brooks/Cole.

Myer, R. A., & James, R. K. (2009). *Triage assessment system for clinicians training manual.* Pittsburgh, PA: CIP-Solutions

Raphael, B., & Wilson, J. P. (Eds.). (2000). *Psychological debriefing: Theory, practice, and evidence.* New York, NY: Cambridge Press.

Violanti, D. M., Paton, D., & Dunning, C. (2000). *Posttraumatic stress intervention: Challenges, issues, and perspectives.* Springfield, IL: Charles C. Thomas.

8. 재난

Halpern, J., & Tramontin, M. (2007). *Disaster mental health: Theory and practice.* Belmont, CA: Brooks/Cole.

James, R. K., & Gilliland, B. E. (2012). *Crisis intervention strategies* (7th ed.). Belmont, CA: Brooks/Cole.

La Greca, A. M., Silverman, W. K., Vernberg, E. M., & Roberts, M. C. (Eds.). (2002). *Helping children cope with disasters and terrorism.* Washington, DC: American Psychological Association.

Myer, R. A. (2001). *Assessment for crisis intervention: Triage assessment model.* Pacific Grove, CA: Brooks/Cole.

Myer, R. A., & James, R. K. (2005). *CD ROM and workbook for crisis intervention.* Pacific Grove, CA: Brooks/Cole.

Myer, R. A., & James, R. K. (2009). *Triage assessment system for clinicians training manual.* Pittsburgh, PA: CIP-Solutions

Raphael, B., & Wilson, J. P. (Eds.). (2000). *Psychological debriefing: Theory, practice, and evidence.* New York, NY: Cambridge University Press.

Rosenfeld, L. B., Caye, J. S., Ayalon, O., & Lahad,

M. (2005). *When their worlds fall apart: Helping families and children manage the effects of disasters.* Washington, DC: NASW Press.

Rubin, A., & Springer, D. W. (Eds.). (2009). *Treatment of traumatized adults and students: Clinicians guide to evidence-based practice.* Hoboken, NJ: John Wiley & Sons.

Webb, N. B. (Eds.). (2004). *Mass trauma and violence: Helping families and children cope.* New York, NY: Guilford Press.

10. 실직

Bolles, R. N. (2009). *The job-hunters survival guide: How to find a rewarding job even when "there are no jobs."* Berkeley, CA: Ten Speed Press.

Bolles, R. N. (2011). *What color is your parachute? 2012: A practical manual for jobhunters and career changeres.* Berkeley, CA: Ten Speed Press.

Goodman, J., Schloosberg, N., & Anderson, M. (2006). *Counseling adults in transition: Linking practice with theory.* New York, NY: Springer.

James, R. K., & Gilliland, B. E. (2012). *Crisis intervention strategies* (7th ed.). Belmont, CA: Brooks/Cole.

Myer, R. A. (2001). *Assessment for crisis intervention: Triage assessment model.* Pacific Grove, CA: Brooks/Cole.

Myer, R. A., & James, R. K. (2005). *CD ROM and workbook for crisis intervention.* Pacific Grove, CA: Brooks/Cole.

Myer, R. A., & James, R. K. (2009). *Triage assessment system for clinicians training manual.* Pittsburgh, PA: CIP-Solutions.

Zinner, E. E., & Williams, M. B. (Eds.). (1999). *When community weeps: Case studies in group survivorship.* Philadelphia, PA: Taylor & Francis.

11. 의학적 사망(성인)

Attig, T. (1996). *How we grieve: Relearning the world.* New York, NY: Oxford University Press.

Goodman, J., Schloosberg, N., & Anderson, M. (2006). *Counseling adults in transition: Linking practice with theory.* New York, NY: Springer.

James, R. K., & Gilliland, B. E. (2012). *Crisis intervention strategies* (7th ed.). Belmont, CA: Brooks/Cole.

Myer, R. A. (2001). *Assessment for crisis intervention: Triage assessment model.* Pacific Grove, CA: Brooks/Cole.

Myer, R. A., & James, R. K. (2005). *CD ROM and workbook for crisis intervention.* Pacific Grove, CA: Brooks/Cole.

Myer, R. A., & James, R. K. (2009). *Triage assessment system for clinicians training manual.* Pittsburgh, PA: CIP-Solutions.

Rando, T. A. (1984). *Grief, dying and death: Clinical interventions for caregivers.* Champaign, IL: Research Press.

Rando, T. A. (1988). *How to go on living when someone you love dies.* Lexington, MA: Lexington Books.

Talwar, V., Harris, P. L., & Schleifer, M. (Eds.). (2011). *Children's understanding of death: From biological to religious conceptions.* New York, NY: Cambridge University Press.

Tomer, A., Eliason, G. T., & Wong, P. T. P. (Eds.). (2007). *Existential and spiritual issues in death attitudes.* Mahwah, NJ: Lawrence Erlbaum Associates.

Westberg, G. E. (2011). *Good grief.* Minneapolis, MN: Fortress Press.

12. 의학적 사망(아동)

Breyer, J., Sanfeliz, A., Cieurzo, C. E., & Meyer, E.

A. (2006). In R. T. Brown (Ed.), *Comprehensive handbook of childhood cancer and sickle cell disease: A biopsychosocial approach* (pp. 358-380). New York, NY: Oxford University Press.

Cook, A. S. (2007). The family, larger systems, and loss, grief, and mourning. In D. Balk, C. Wogrin, G. Thornton, & D. Meagher (Eds.), *Handbook of thanatology: The essential body of knowledge for the study of death, dying, and bereavement* (pp. 165-171). New York, NY: Routledge/Taylor & Francis Group.

Corr, C. A., & Balk, D. E. (Eds.). (2010). *Children's encounters with death, bereavement, and coping.* New York, NY: Springer.

James, R. K., & Gilliland, B. E. (2012). *Crisis intervention strategies* (7th ed.). Belmont, CA: Brooks/Cole.

Myer, R. A. (2001). *Assessment for crisis intervention: Triage assessment model.* Pacific Grove, CA: Brooks/Cole.

Myer, R. A., & James, R. K. (2005). *CD ROM and workbook for crisis intervention.* Pacific Grove, CA: Brooks/Cole.

Myer, R. A., & James, R. K. (2009). *Triage assessment system for clinicians training manual.* Pittsburgh, PA: CIP-Solutions

Rando, T. A. (1984). *Grief, dying and death: Clinical interventions for caregivers.* Champaign, IL: Research Press.

Rosenblatt, P. C. (2000). *Parent grief: Narratives of loss and relationship.* Philadelphia, PA: Brunner/Mazel.

Talwar, V., Harris, P. L., & Schleifer, M. (Eds.). (2011). *Children's understanding of death: From biological to religious conceptions.* New York, NY: Cambridge University Press.

Tomer, A., Eliason, G. T., & Wong, P. T. P. (Eds.). (2007). *Existential and spiritual issues in death*

attitudes. Mahwah, NJ: Lawrence Erlbaum Associates.

Westberg, G. E. (2011). *Good grief.* Minneapolis, MN: Fortress Press.

16. 학교 트라우마(대학)

Hobfoll, S. E., Watson, P., Bell, C. B., Bryant, R. A., Brymer, M. J., Friedman, M. J., . . . Ursano, R. J. (2007). Five essential elements of immediate and mid-term mass trauma intervention? *Empirical evidence. Psychiatry, 70,* 283-315.

James, R. K., & Gilliland, B. E. (2012). *Crisis intervention strategies* (7th ed.). Belmont, CA: Brooks/Cole.

Kleespies, P. M. (Ed). (2009). *Behavioral emergencies: An evidence-based resource for evaluating and managing risk of suicide, violence, and victimization.* Washington, DC: American Psychological Association.

Myer, R. A. (2001). *Assessment for crisis intervention: Triage assessment model.* Pacific Grove, CA: Brooks/Cole.

Myer, R. A., & James, R. K. (2005). *CD ROM and workbook for crisis intervention.* Pacific Grove, CA: Brooks/Cole.

Myer, R. A., & James, R. K. (2009). *Triage assessment system for clinicians training manual.* Pittsburgh, PA: CIP-Solutions.

Myer, R. A., Rice, N. D., Moulton, P., James, R. K., Cogdal, P., & Allen, S. (2007). *Triage assessment system training manual: Higher education.* Pittsburgh, PA: CIP-Solutions, Inc.

Rubin, A., & Springer, D. W. (Eds.). (2009). *Treatment of traumatized adults and students: Clinicians guide to evidence-based practice.* Hoboken, NJ: John Wiley & Sons.

17. 학교 트라우마(청소년)

Ghosh-Ippen, C., Ford, J., Racusin, R., Acker, M., Bosquet, K., Rogers, C., et al. (2002). *Trauma Events Screening Inventory-Parent Report Revised.* San Francisco, CA: The Child Trauma Research Project of the Early Trauma Network and The National Center for PTSD Dartmouth Child Trauma Research Group.

Hobfoll, S. E., Watson, P., Bell, C. B., Bryant, R. A., Brymer, M. J., Friedman, M. J., . . . & Ursano, R. J. (2007). Five essential elements of immediate and midterm mass trauma intervention? Empirical Evidence. *Psychiatry, 70,* 283-315.

James, R. K., & Gilliland, B. E. (2012). *Crisis intervention strategies* (7th ed.). Belmont, CA: Brooks/Cole.

Kleespies, P. M. (Ed.). (2009). *Behavioral emergencies: An evidence-based resource for evaluating and managing risk of suicide, violence, and victimization.* Washington, DC: American Psychological Association.

Myer, R. A. (2001). *Assessment for crisis intervention: Triage assessment model.* Pacific Grove, CA: Brooks/Cole.

Myer, R. A., & James, R. K. (2005). *CD ROM and workbook for crisis intervention.* Pacific Grove, CA: Brooks/Cole.

Myer, R. A., & James, R. K. (2009). *Triage assessment system for clinicians training manual.* Pittsburgh, PA: CIP-Solutions.

Myer, R. A., Rice, N. D., Moulton, P., James, R. K., Cogdal, P., & Allen, S. (2007). *Triage assessment system training manual: Higher education.* Pittsburgh, PA: CIP-Solutions.

Rubin, A., & Springer, D. W. (Eds.). (2009). *Treatment of traumatized adults and students: Clinicians guide to evidence-based practice.* Hoboken, NJ: John Wiley & Sons.

18. 학교 트라우마(아동)

Ford, J. D., Racusin, R., Ellis, C. G., Davis, W. B., Reiser, J., Fleischer, A., et al. (2000). Child maltreatment, other trauma exposure, and posttraumatic symptomatology among children with oppositional defiant and attention deficit hyperactivity disorders. *Child Maltreatment, 5,* 205-218.

Ghosh-Ippen, C., Ford, J., Racusin, R., Acker, M., Bosquet, K., Rogers, C., et al. (2002). *Trauma Events Screening Inventory-Parent Report Revised.* San Francisco, CA: The Child Trauma Research Project of the Early Trauma Network and The National Center for PTSD Dartmouth Child Trauma Research Group.

Hobfoll, S. E., Watson, P., Bell, C. B., Bryant, R. A., Brymer, M. J., Friedman, M. J., . . . & Ursano, R. J. (2007). Five essential elements of immediate and mid-term mass trauma intervention? Empirical evidence. *Psychiatry, 70,* 283-315.

James, R. K., & Gilliland, B. E. (2012). *Crisis intervention strategies* (7th ed.). Belmont, CA: Brooks/Cole.

Kleespies, P. M. (Ed.). (2009). *Behavioral emergencies: An evidence-based resource for evaluating and managing risk of suicide, violence, and victimization.* Washington, DC: American Psychological Association.

Myer, R. A. (2001). *Assessment for crisis intervention: Triage assessment model.* Pacific Grove, CA: Brooks/Cole.

Myer, R. A., & James, R. K. (2005). *CD ROM and workbook for crisis intervention.* Pacific Grove, CA: Brooks/Cole.

Myer, R. A., & James, R. K. (2009). *Triage assessment system for clinicians training manual.* Pittsburgh, PA:

CIP-Solutions.

Myer, R. A., Rice, N. D., Moulton, P., James, R. K., Cogdal, P., & Allen, S. (2007). *Triage assessment system training manual: Higher education*. Pittsburgh, PA: CIP-Solutions.

Rubin, A., & Springer, D. W. (Eds.). (2009). *Treatment of traumatized adults and children: Clinicians guide to evidence-based practice*. Hoboken, NJ: John Wiley & Sons.

Webb, N. B. (Ed.). (1999). *Play therapy with children in crisis: Individual, group, and family treatment* (2nd ed.). New York, NY: Guilford Press.

19. 학교 트라우마(직원)

Hobfoll, S. E., Watson, P., Bell, C. B., Bryant, R. A., Brymer, M. J., Friedman, M. J.,. . . & Ursano, R. J. (2007). Five essential elements of immediate and midterm mass trauma intervention? Empirical evidence. *Psychiatry, 70*, 283-315.

James, R. K., & Gilliland, B. E. (2012). *Crisis intervention strategies* (7th ed.). Belmont, CA: Brooks/Cole.

Kleespies, P. M. (Ed.). (2009). *Behavioral emergencies: An evidence-based resource for evaluating and managing risk of suicide, violence, and victimization*. Washington, DC: American Psychological Association.

Myer, R. A. (2001). *Assessment for crisis intervention: Triage assessment model*. Pacific Grove, CA: Brooks/Cole.

Myer, R. A., & James, R. K. (2005). *CD ROM and workbook for crisis intervention*. Pacific Grove, CA: Brooks/Cole.

Myer, R. A., & James, R. K. (2009). *Triage assessment system for clinicians training manual*. Pittsburgh, PA: CIP-Solutions.

Myer, R. A., James, R. K., & Moulton, P. (2011). *This is not a fire drill: Crisis intervention and prevention on college campuses*. Hoboken, NJ: John Wiley & Sons.

Nicoletti, J., Spencer-Thomas, S., & Bollinger, C. (2001). *Violence goes to college: An authoritative guide to prevention and intervention*. Springfield, IL: Charles C. Thomas.

Raphael, B., & Wilson, J. P. (Eds.). (2000). *Psychological debriefing: Theory, practice, and evidence*. New York, NY: Cambridge University Press.

Rubin, A., & Springer, D. W. (Eds.). (2009). *Treatment of traumatized adults and students: Clinicians guide to evidence-based practice*. Hoboken, NJ: John Wiley & Sons.

22. 돌연사/사고새(성인)

Attig, T. (1996). *How we grieve: Relearning the world*. New York, NY: Oxford University Press.

Goodman, J., Schloosberg, N., & Anderson, M. (2006). *Counseling adults in transition: Linking practice with theory*. New York, NY: Springer.

James, R. K., Gilliland, B. E. (2012). *Crisis intervention strategies* (7th ed.). Belmont, CA: Brooks/Cole.

Myer, R. A. (2001). *Assessment for crisis intervention: Triage assessment model*. Pacific Grove, CA: Brooks/Cole.

Myer, R. A., & James, R. K. (2005). *CD ROM and workbook for crisis intervention*. Pacific Grove, CA: Brooks/Cole.

Myer, R. A., & James, R. K. (2009). *Triage assessment system for clinicians training manual*. Pittsburgh, PA: CIP-Solutions.

Rando, T. A. (1984). *Grief, dying and death: Clinical interventions for caregivers*. Champaign, IL: Research Press.

Talwar, V., Harris, P. L., & Schleifer, M. (Eds.). (2011). *Children's understanding of death: From biological to religious conceptions*. New York, NY: Cambridge University Press.

Tomer, A., Eliason, G. T., & Wong, P. T. P. (Eds.). (2007). *Existential and spiritual issues in death attitudes*. Mahwah, NJ: Lawrence Erlbaum Associates.

23. 돌연사/사고사(아동)

Breyer, J., Sanfeliz, A., Cieurzo, C. E., & Meyer, E. A. (2006). Loss and Grief. In R. T. Brown (Ed.), *Comprehensive handbook of childhood cancer and sickle cell disease: A biopsychosocial approach* (pp. 358-380). New York, NY: Oxford University Press.

Cook, A. S. (2007). The family, larger systems, and loss, grief, and mourning. In D. Balk, C. Wogrin, G. Thornton, & D. Meagher (Eds.), *Handbook of thanatology: The essential body of knowledge for the study of death, dying, and bereavement* (pp. 165-171). New York, NY: Routledge/Taylor & Francis Group.

Corr, C. A., & Balk, D. E. (Eds.). (2010). *Children's encounters with death, bereavement, and coping*. New York, NY: Springer.

James, R. K., & Gilliland, B. E. (2012). *Crisis intervention strategies* (7th ed.). Belmont, CA: Brooks/Cole.

Myer, R. A. (2001). *Assessment for crisis intervention: Triage assessment model*. Pacific Grove, CA: Brooks/Cole.

Myer, R. A., & James, R. K. (2005). *CD ROM and workbook for crisis intervention*. Pacific Grove, CA: Brooks/Cole.

Myer, R. A., & James, R. K. (2009). *Triage assessment system for clinicians training manual*. Pittsburgh, PA: CIP-Solutions.

Rando, T. A. (1984). *Grief, dying and death: Clinical interventions for caregivers*. Champaign, IL: Research Press.

Tomer, A., Eliason, G. T., & Wong, P. T. P. (Eds.). (2007). *Existential and spiritual issues in death attitudes*. Mahwah, NJ: Lawrence Erlbaum Associates.

24. 자살(성인)

Cerel, J., Padgett, J. H., & Reed, G. A., Jr. (2009). Support groups for suicide survivors: Results of a survey of group leaders. *Suicide & Life-Threatening Behavior, 39*, 588-598.

Granello, D. H., & Granello, P. F. (2007). *Suicide: An essential guide for helping professionals and educators*. Boston, MA: Pearson.

James, R. K., & Gilliland, B. E. (2012). *Crisis intervention strategies* (7th ed.). Belmont, CA: Brooks/Cole.

Jordan, J. R., & McIntosh, J. L. (Eds.). (2011). *Grief after suicide: Understanding the consequences and caring for the survivors*. New York, NY: Routledge.

Jordan, J. R., & McMenamy, J. (2004). Interventions with suicide survivors: A review of the literature. *Suicide & Life-Threatening Behavior, 34*, 337-349.

Kleespies, P. M. (Ed.). (2009). *Behavioral emergencies: An evidence-based resource for evaluating and managing risk of suicide, violence, and victimization*. Washington, DC: American Psychological Association.

Lester, D. (2004). Denial in suicide survivors. *The Journal of Crisis Intervention and Suicide Prevention, 25*(2), 78-79.

Myer, R. A. (2001). *Assessment for crisis intervention: Triage assessment model*. Pacific Grove, CA: Brooks/Cole.

Myer, R. A., & James, R. K. (2005). *CD ROM and*

workbook for crisis intervention. Pacific Grove, CA: Brooks/Cole.

Myer, R. A., & James, R. K. (2009). *Triage assessment system for clinicians training manual.* Pittsburgh, PA: CIP-Solutions.

25. 자살(아동)

Cerel, J., Padgett, J. H., & Reed, G. A., Jr. (2009). Support groups for suicide survivors: Results of a survey of group leaders. *Suicide & Life-Threatening Behavior, 39,* 588-598.

Granello, D. H., & Granello, P. F. (2007). *Suicide: An essential guide for helping professionals and educators.* Boston, MA: Pearson.

James, R. K., & Gilliland, B. E. (2012). *Crisis intervention strategies* (7th ed.). Belmont, CA: Brooks/Cole.

Jordan, J. R., & McIntosh, J. L. (Eds.). (2011). *Grief after suicide: Understanding the consequences and caring for the survivors.* New York, NY: Routledge.

Jordan, J. R., & McMenamy, J. (2004). Interventions with suicide survivors: A review of the literature. *Suicide & Life-Threatening Behavior, 34,* 337-349.

Kleespies, P. M. (Ed.). (2009). *Behavioral emergencies: An evidence-based resource for evaluating and managing risk of suicide, violence, and victimization.* Washington, DC: American Psychological Association.

26. 직장 폭력

Bowie, V., Fisher, B. S., & Cooper, C. L. (Eds.). (2005). *Workplace violence: Issues, trends, and strategies.* Portland, OR: Willan Publishing.

Braverman, M. (1999). *Preventing workplace violence: A guide for employers and practitioners.* Thousand Oaks, CA: Sage Publications.

Hobfoll, S. F., Watson, P., Bell, C. B., Bryant, R. A., Brymer, M. J., Friedman, M. J., . . . Ursano, R. J. (2007). Five essential elements of immediate and mid-term mass trauma intervention? Empirical evidence. *Psychiatry, 70,* 283-315.

James, R. K., & Gilliland, B. E. (2012). *Crisis intervention strategies* (7th ed.). Belmont, CA: Brooks/Cole.

Kerr, K. (2010). *Workplace violence.* Burlington, MA: Butterworth-Heinemann.

Kleespies, P. M. (Ed.). (2009). *Behavioral emergencies: An evidence-based resource for evaluating and managing risk of suicide, violence, and victimization.* Washington, DC: American Psychological Association.

Myer, R. A. (2001). *Assessment for crisis intervention: Triage assessment model.* Pacific Grove, CA: Brooks/Cole.

Myer, R. A., & James, R. K. (2005). *CD ROM and workbook for crisis intervention.* Pacific Grove, CA: Brooks/Cole.

Myer, R. A., & James, R. K. (2009). *Triage assessment system for clinicians training manual.* Pittsburgh, PA: CIP-Solutions.

부록 C

객관적인 검사 도구

1. 급성 스트레스장애

Dissociative Experiences Scale. Carlson, E., & Putnam, F. (1986). Beloit, WI: Eve Bernstein Carlson, Department of Psychology, Beloit College.

Mini-Mental State Examination, 2nd Edition^{TM} *(MMSE-2*^{TM}*).* Folstein, M., & Folstein, S. (2010). Odessa, FL: Psychological Assessment Resources (PAR).

Trauma Symptom Inventory-2. Briere, J. (2010). Odessa, FL: Psychological Assessment Resources (PAR).

2. 불안

Anxiety Disorders Interview Schedule for DSM-IV: Client Interview Schedule. Brown, T., DiNardo, P., & Barlow, D. (2004). New York, NY: Oxford University Press.

Beck Anxiety Inventory. Beck, A. (1993). San Antonio, TX: Pearson's Assessment and Information Group.

Penn State Worry Questionnaire. Meyer, T., Miller, M., Metzger, R., & Borkovec, T. (1990). U.S. National Library of Medicine, National Institutes of Health.

State-Trait Anxiety Inventory. Spielberger, C., Gorusch, R., & Lushene, R. (1983). Palo Alto, CA: Consulting Psychologists Press.

3. 집단 괴롭힘 피해자

Beck Depression Inventory-II. Beck, A. (1996). San Antonio, TX: Pearson Education.

General Anxiety Disorder-7 (GAD-7). (2006). Spitzer, R., Kroenke, K., Williams, J., & Lowe, B. New York, NY: Pfizer.

Trauma Symptom Inventory-2. Briere, J. (2010). Odessa, FL: Psychological Assessment Resources (PAR).

4. 아동 학대/방임

Child Behavior Checklist. Achenbach, T. (1991). Burlington, VA: University of Vermont.

Childhood Trauma Questionnaire. Bernstein, D., & Fink, L. (1994). San Antonio, TX: The Psychological Corporation.

Reynolds Child Depression Scale. Reynolds, W. (1986). Simi Valley, CA: Psychological Publication, Inc.

Trauma Symptom Checklist for Children. Briere, J. (1996). Odessa, FL: Psychological Assessment Resources (PAR).

5. 범죄 피해자 트라우마

Symptom Checklist-90-Revised. Derogatis, L. (1994). San Antonio, TX: Pearson Education.

Trauma Symptom Checklis. Briere, J., & Runtz, M. (1989). http://www.johnbriere.com/tsc.htm.

Triage Assessment Form: Crisis Intervention, Revised. Myer, R. A., & James, R. K. (2009). Pittsburgh, PA: CIP-Solutions.

6. 응급 서비스 요원들(ESPs)이 겪는 중대한 사고들

Beck Depression Inventory-II. Beck, A. (1996). San Antonio, TX: Pearson Education.

Symptom Checklist-90-Revised. Derogatis, L. (1994). San Antonio, TX: Pearson Education.

Trauma Symptom Checklist. Briere, J., & Runtz, M. (1989). http://www.johnbriere.com/tsc.htm.

Trauma Symptom Inventory-2. Briere, J. (2010). Odessa, FL: Psychological Assessment.

Traumatic Life Events Questionnaire. Kubany, M. S. (2004). Torrance, CA, Western Psychological Services.

Triage Assessment Form: Crisis Intervention, Revised. Myer, R. A., & James, R. K. (2009). Pittsburgh, PA: CIP-Solutions.

7. 우울

Beck Depression Inventory-II. Beck, A. (1996). San Antonio, TX: Pearson Education.

Beck Hopelessness Scale. Beck, A. (1993). San Antonio, TX: Pearson Education.

Patient Health Questionnaire. Spitzer, J., Williams, B., Kroenke, K., & colleagues. (1999). New York, NY: Pfizer.

8. 재난

Beck Depression Inventory-II. Beck, A. (1996). San Antonio, TX: Pearson Education.

Family Crisis Oriented Personal Evaluation Scales
[F-COPE]. McCubbin, H. I., Olson, D. H., & Larsen, A. S. (1991). Madison, WI: Family Stress Coping and Health Project, University of Wisconsin-Madison.

Symptom Checklist-90-Revised. Derogatis, L. (1994). San Antonio, TX: Pearson Education.

Trauma Symptom Inventory-2. Briere, J. (2010). Odessa, FL: Psychological Assessment Resources (PAR).

Traumatic Life Events Questionnaire. Kubany, M. S. (2004). Torrance, CA, Western Psychological Services.

Triage Assessment Form: Crisis Intervention, Revised. Myer, R. A., & James, R. K. (2009). Pittsburgh, PA: CIP-Solutions.

9. 가정 폭력

Beck Depression Inventory-II. Beck, A. (1996). San Antonio, TX: Pearson Education.

Beck Hopelessness Scale. Beck, A. (1993). San Antonio, TX: earson Education.

Conflict Tactics Scales, Revised (CTS2). Straus, M., Hamby, S., Boney-McCoy, & Sugarman, D. (1996). Los Angeles, CA: Western Psychological Services.

General Anxiety Disorder-7 (GAD-7). Spitzer, R. K., Kroenke, J. Williams, & B. Lowe. (2006). New York, NY: Pfizer.

10. 실직

Family Crisis Oriented Personal Evaluation Scales
[F-COPE]. McCubbin, H. I., Olson, D. H., & Larsen, A. S. (1991). Madison, WI: Family Stress Coping and Health Project, University of Wisconsin-Madison.

Symptom Checklist-90-Revised. Derogatis, L. (1994). San Antonio, TX: Pearson Education.

Trauma Symptom Checklist. Briere, J., & Runtz, M. (1989). http://www.johnbriere.com/tsc.htm.

Traumatic Life Events Questionnaire. Kubany, M. S. (2004). Torrance, CA: Western Psychological Services.

Triage Assessment Form: Crisis Intervention, Revised. Myer, R. A., & James, R. K. (2009). Pittsburgh, PA: CIP-Solutions.

11. 의학적 사망(성인)

Beck Depression Inventory-II. Beck, A. (1996). San Antonio, TX: Pearson Education.

Family Crisis Oriented Personal Evaluation Scales [F-COPE]. McCubbin, H. 1., Olson, D. H., & Larsen, A. S. (1991). Madison, WI: Family Stress Coping and Health Project, University of Wisconsin-Madison.

Symptom Checklist-90-Revised. Derogatis, L. (1994). San Antonio, TX: Pearson Education Inc.

Trauma Symptom Checklist. Briere, J., & Runtz, M. (1989). http://www.johnbriere.com/tsc.htm.

Traumatic Life Events Questionnaire. Kubany, M. S. (2004). Torrance, CA: Western Psychological Services.

Triage Assessment Form: Crisis Intervention, Revised. Myer, R. A., & James, R. K. (2009). Pittsburgh, PA: CIP-Solutions.

12. 의학적 사망(아동)

Beck Depression Inventory-II. Beck, A. (1996). San Antonio, TX: Pearson Education Inc.

Family Crisis Oriented Personal Evaluation Scales [F-COPE]. McCubbin, H. I., Olson, D. H., & Larsen, A. S. (1991). Madison, WI: Family Stress Coping and Health Project, University of Wisconsin-Madison.

Symptom Checklist-90, Revised. Derogatis, L. (1994). San Antonio, TX: Pearson Education.

Trauma Symptom Checklist. Briere, J., & Runtz, M.

(1989). http://www.johnbriere.com/tsc.htm.

Traumatic Life Events Questionnaire. Kubany, M. S. (2004). Torrance, CA: Western Psychological Services.

Triage Assessment Form: Crisis Intervention, Revised. Myer, R. A., & James, R. K. (2009). Pittsburgh, PA: CIP-Solutions.

13. 유산/사산/낙태

Beck Depression Inventory-II. Beck, A. (1996). San Antonio, TX: Pearson Education.

Edinburgh Postnatal Depression Scale. Cox, J., Holden, J., & Sagovsky, R. (1987). U.S. Department of Health and Human Services, Administration for Children and Families.

Symptom Checklist-90-Revised. Derogatis, L. (1994). San Antonio, TX: Pearson Education.

14. 공포증

Anxiety Disorders Interview Schedule for DSM-IV: Client Interview Schedule. Brown, T., DiNardo, P., & Barlow, D. (2004). New York, NY: Oxford University Press.

15. 외상후 스트레스장애(PTSD)

Anxiety Disorders Interview Schedule for DSM-IV: Client Interview Schedule. Brown, T., DiNardo, P., & Barlow, D. (2004). New York, NY: Oxford University Press.

Impact of Event Scale, Revised.[2] Weiss, D., & Marmar, C. (1997). New York, NY: Guilford Press.

Minnesota Multiphasic Personality Inventory-2, Restructured Form (MMPI-2 RF). Ben-Porath, Y. S., & Tellegen, A. (2008). San Antonio, TX: Pearson Assessments.

Modified PTSD Symptom Scale (MPSS-SR). Falsetti, S., Resnick, H., Resick, P., & Kilpatrick, D. (1993). Rockford, IL: University of Illinois at Chicago.

Trauma Symptom Inventory-2. Briere, J. (2010). Odessa, FL: Psychological Assessment Resources (PAR).

16. 학교 트라우마(대학)

Symptom Checklist-90-Revised. Derogatis, L. (1994). San Antonio, TX: Pearson Education.

Trauma Symptom Checklist. Briere, J., & Runtz, M. (1989). http://www.johnbriere.com/tsc.htm.

Traumatic Events Screening Inventory [TESI-SRR]. Ippen, C. G., et al. (2002). http://stage.web.fordham.edu/images/academics/graduate_schools/gsss/catm%20-%20 history%20of%20trauma%203.pdf.

Triage Assessment Form: Crisis Intervention, Revised. Myer, R. A., & James, R. K. (2009). Pittsburgh, PA: CIP-Solutions.

Triage Assessment Scale for Students in Learning Environments [TASSLE]. Myer, R. A., et al. (2007). Pittsburgh, PA: CIP-Solutions.

17. 학교 트라우마(청소년)

Beck Depression Inventory II. Beck, A. (1996). San Antonio, TX: Pearson Education Inc.

General Anxiety Disorder-7 (GAD-7). Spitzer, R., Kroenke, K., Williams, J., & Lowe, B. (2006). New York: Pfizer.

Symptom Checklist-90-Revised. Derogatis, L. (1994). San Antonio, TX: Pearson Education.

Trauma Symptom Checklist. Briere, J., & Runtz, M. (1989). http://www.johnbriere.com/tsc.htm

Trauma Symptom Checklist for Children. Briere, J.

(1996). Odessa, FL: Psychological Assessment Resources.

Traumatic Events Screening Inventory-Parent Report [TESI-PRR]. Ippen, C. G., et al. (2002). http://stage.web.fordham.edu/images/academics/graduate_schools/gsss/catm%20-%20history%20of%20trauma%203.pdf

Traumatic Events Screening Inventory for Children-Brief Form [TESI-C-Brief]. Ippen, C. G., et al. (2002). http://www.ptsd.va.gov/PTSD/professional/pages/assessments/assessment-pdf/TESI-C.pdf

Triage Assessment Form: Crisis Intervention, Revised. Myer, R. A. & James, R. K. (2009). Pittsburgh, PA: CIP-Solutions.

Triage Assessment Scale for Students in Learning Environments [TASSLE]. Myer, R. A., et al. (2007). Pittsburgh, PA: CIP-Solutions.

18. 학교 트라우마(아동)

Reynolds Child Depression Scale. Reynolds, W. M. (1989). Odessa, FL: Psychological Assessment Resources.

Trauma Symptom Checklist for Children. Briere, J. (1996). Odessa, FL: Psychological Assessment Resources.

Traumatic Events Screening Inventory for Children-Brief Form [TESI-C-Brief]. Ippen, C. G. (2002). http://www.ptsd.va.gov/PTSD/professional/pages/assessments/assessment-pdf/TESI-C.pdf.

Traumatic Events Screening Inventory-Parent Report [TESI-PRR]. Ippen, C. G., et al. (2002). http://stage.web.fordham.edu/images/academics/graduate_schools/gsss/catm%20-%20history%20of%20trauma%203.pdf.

Triage Assessment Scale for Students in Learning Environments [TASSLE]. Myer, R. A., et al. (2007).

Pittsburgh, PA: CIP-Solutions.

Triage Assessment Form: Crisis Intervention, Revised. Myer, R. A., & James, R. K. (2009). Pittsburgh, PA: CIP-Solutions.

19. 학교 트라우마(직원)

Beck Depression Inventory-II. Beck, A. (1996). San Antonio, TX: Pearson Education.

General Anxiety Disorder-7 [GAD-7]. Spitzer, R., Kroenke, K., Williams, J., & Lowe, B. (2006). New York: Pfizer.

Symptom Checklist-90-Revised. Derogatis, L. (1994). San Antonio, TX: Pearson Education.

Trauma Symptom Checklist. Briere, J., & Runtz, M. (1989). http://www.johnbriere.com/tsc.htm.

Trauma Symptom Inventory-2. Briere, J. (2010). Odessa, FL: Psychological Assessment.

Traumatic Life Events Questionnaire. Kubany, M. S. (2004). Torrance, CA: Western Psychological Services.

Triage Assessment Form: Crisis Intervention, Revised. Myer, R. A., & James, R. K. (2009). Pittsburgh, PA: CIP-Solutions.

20. 성폭력

Beck Depression Inventory-II. Beck, A. (1996). San Antonio, TX: Pearson Education.

General Anxiety Disorder-7 [GAD-7]. Spitzer, R., Kroenke, K., Williams, J., & Lowe, B. (2006). New York, NY: Pfizer.

Trauma Symptom Inventory-2. Briere, J. (2010). Odessa, FL: Psychological Assessment Resources (PAR).

21. 스토킹 피해자

Beck Depression Inventory-II. Beck, A. (1996). San Antonio, TX: Pearson Education.

General Anxiety Disorder-7 [GAD-7]. Spitzer, R., Kroenke, K., Williams, J., & Lowe, B. (2006). New York, NY: Pfizer.

22. 돌연사/사고사(성인)

Beck Depression Inventory-II. Beck, A. (1996). San Antonio, TX: Pearson Education.

Family Crisis Oriented Personal Evaluation Scales [F-COPE]. McCubbin, H. I., Olson, D. H., & Larsen, A. S. (1991). Madison, WI: Family Stress Coping and Health Project, University of Wisconsin-Madison.

General Anxiety Disorder-7 [GAD-7]. Spitzer, R., Kroenke, K., Williams, J., & Lowe, B. (2006). New York: Pfizer.

Global Appraisal of Individual Needs-Short Screener [GAIN-SS]. Dennis, M. L., Feeney, T., & Stevens, L. H. (2006). Bloomington, IL: Chestnut Health Systems.

Symptom Checklist-90-Revised. Derogatis, L. (1994). San Antonio, TX: Pearson Education.

Trauma Symptom Checklist. Briere, J., & Runtz, M. (1989). http://www.johnbriere.com/tsc.htm

Traumatic Life Events Questionnaire. Kubany, M. S. (2004). Torrance, CA: Western Psychological Services.

Triage Assessment Form: Crisis Intervention, Revised. Myer, R. A., & James, R. K. (2009). Pittsburgh, PA: CIP-Solutions.

23. 돌연사/사고사(아동)

Beck Depression Inventory-II. Beck, A. (1996). San Antonio, TX: Pearson Education.

Family Crisis Oriented Personal Evaluation Scales [F-COPE]. McCubbin, H. I., Olson, D.H., & Larsen, A. S. (1991). Madison, WI: Family Stress Coping and Health Project, University of Wisconsin-Madison.

Symptom Checklist-90-Revised. Derogatis, L. (1994). San Antonio, TX: Pearson Education.

Trauma Symptom Checklist. Briere, J., & Runtz, M. (1989). http://www.johnbriere.com/tsc.htm.

Traumatic Life Events Questionnaire. Kubany, M. S. (2004). Torrance, CA: Wester Psychological Services.

Triage Assessment Form: Crisis Intervention, Revised. Myer, R. A., & James, R. K. (2009). Pittsburgh, PA: CIP-Solutions.

24. 자살(성인)

Beck Depression Inventory-II. Beck, A. (1996). San Antonio, TX: Pearson Education.

General Anxiety Disorder-7 [GAD-7]. Spitzer, R., Kroenke, K., Williams, J., & Lowe, B. (2006). New York: Pfizer.

Family Crisis Oriented Personal Evaluation Scales [F-COPE]. McCubbin, H. I., Olson, D. H., & Larsen, A. S. (1991). Madison, WI: Family Stress Coping and Health Project, University of Wisconsin-Madison.

Symptom Checklist-90-Revised. Derogatis, L. (1994). San Antonio, TX: Pearson Education.

Trauma Symptom Checklist. Briere, J., & Runtz, M. (1989). http://www.johnbriere.com/tsc.htm.

Traumatic Life Events Questionnaire. Kubany, M. S. (2004). Torrance, CA: Western Psychological Services.

Triage Assessment Form: Crisis Intervention, Revised. Myer, R. A., & James, R. K. (2009). Pittsburgh, PA: CIP-Solutions.

25. 자살(아동)

Beck Depression Inventory-II. Beck, A. (1996). San Antonio, TX: Pearson Education Inc.

Family Crisis Oriented Personal Evaluation Scales [F-COPE.] McCubbin, H. I., Olson, D.H., & Larsen, A. S. (1991). Madison, WI: Family Stress Coping and Health Project, University of Wisconsin-Madison.

Symptom Checklist-90-Revised. Derogatis, L. (1994). San Antonio, TX: Pearson Education.

Trauma Symptom Checklist. Briere, J., & Runtz, M. (1989). http://www.johnbriere.com/tsc.htm

Traumatic Life Events Questionnaire. Kubany, M. S. (2004). Torrance, CA: Western Psychological Services.

Triage Assessment Form: Crisis Intervention, Revised. Myer, R. A., & James, R. K. (2009). Pittsburgh, PA: CIP-Solutions.

26. 직장 폭력

Impact of Event Scale-Revised. Weiss, D., & Marmar, C. (1997). New York, NY: Guilford.

Symptom Checklist-90-Revised. Derogatis, L. (1994). San Antonio, TX: Pearson Education.

Trauma Symptom Checklist. Briere, J., & Runtz, M. (1989). http://www.johnbriere.com/tsc.htm.

Trauma Symptom Inventory-2. Briere, J. (2010). Odessa, FL: Psychological Assessment Resources (PAR).

Traumatic Life Events Questionnaire. Kubany, M. S. (2004). Torrance, CA: Western Psychological Services.

Triage Assessment Form: Crisis Intervention, Revised. Myer, R. A., & James, R. K. (2009). Pittsburgh, PA: CIP-Solutions.

부록 D

회복 모델
목표와 치료적 개입

다음의 목표와 치료적 개입은 약물 남용 및 정신건강 서비스 관리국(Substance Abuse and Mental Health Services Administration: SAMHSA, 2004)이 소집한 정신건강 회복 및 정신건강 시스템 혁신에 관한 2004 국제 합의 회의(2004 National Consensus Conference on Mental Health Recovery and Mental Health Systems Transformation) 다학제적 패널에서 개발한 10가지 핵심 원칙을 중심으로 작성되었습니다.

1. **자기주도**(Self-direction): 내담자(consumers)들은 자기-결정적인 삶을 성취하기 위하여 자율성, 독립성과 자원 통제를 최적화함으로써, 그들 자신의 회복 경로를 이끌고 통제하고 선택하며 결정합니다. 정의에 따르면, 회복 과정은 자신이 삶의 목표를 정의하고 그 목표를 향하여 독특한 경로를 설계하는 개인의 자기-결정으로 이루어져야 합니다.

2. **개별화 및 개인 중심**(Individualized and person-centered): 회복에 이르는 다양한 경로가 있습니다. 그 경로는 개인의 고유한 강점과 회복력뿐만 아니라 자신의 필요, 선호도, 경험(과거 트라우마 포함)과 다양한 표현을 가진 문화적 배경을 기반으로 하고 있습니다. 또한 개인은 회복을 웰빙과 최적의 정신건강을 달성하는 하나의 종합적 패러다임이자 진행 중인 하나의 여행으로, 그리고 최종 결과로 정의할 수 있습니다.

3. **권한 부여**(Empowerment): 내담자는 다양한 선택지 중에서 선택하고 자신의 삶에 영향을 미치는 모든 결정(자원 할당 포함)에 참여할 수 있는 권한이 있으며 그렇게 하는 데 필요한 교육과 지원을 받습니다. 그들은 다른 내담자들과 함께 자신을 위해서 필요, 욕구, 열망에 대해 집단적, 효과적으로 말할 수 있는 능력을 가지고 있습니다. 권한 부여를 통해서 한 개인은 자신의 운명에 통제력을 얻고 또 자신의 삶 속에서 조직과 사회체

게에 영향을 미칩니다.

4. **총체적(Holistic):** 회복이란 정신, 신체, 영혼, 공동체를 포함하여 개인의 전 생애를 아우르는 것입니다. 회복은 개인에 의해 결정되는 삶의 모든 측면, 즉 주거, 고용, 교육, 정신건강 및 건강관리 치료와 서비스, 대체요법과 자연주의 의료서비스, 중독치료, 영성, 창의성, 소셜 네트워크, 지역사회 참여, 가족 지원 등을 포괄합니다. 또한 가족, 제공자, 기관, 시스템, 지역 공동체와 사회는 내담자로 하여금 이러한 지원에 접근할 수 있는 의미 있는 기회를 만들고 유지하는 데 중요한 역할을 합니다.

5. **비선형(Nonlinear):** 회복은 단계적 과정이 아니라 연속적인 성장, 간헐적인 좌절, 경험을 통한 학습을 기반으로 하는 과정입니다. 긍정적인 변화가 가능하다는 것을 인식한 한 개인의 자각 초기 단계에서부터 회복은 시작됩니다. 이러한 자각이 내담자로 하여금 회복의 작업에 온전히 참여하도록 이끕니다.

6. **강점 기반(Strengths-based):** 회복은 개인의 다양한 능력, 회복 탄력성, 재능, 대처 능력과 개인의 고유한 가치를 평가하고 구축하는 데 중점을 둡니다. 이러한 강점을 개발함으로써 내담자는 좌절스러운 생애 역할을 뒤로하고 새로운 생애 역할(예: 파트너, 간병인, 친구, 학생, 직원)에 참여하게 됩니다. 회

복의 과정은 지지적이고 신뢰로운 관계에 있는 사람들과의 상호작용을 통해서 앞으로 나아가게 됩니다.

7. **동료 지원(Peer support):** 경험적인 지식, 기술과 사회적 학습을 공유하는 것을 포함한 상호 지원은 회복에 매우 중요한 역할을 합니다. 내담자는 회복에 대하여 다른 내담자를 격려하고 참여시키며 서로에게 소속감, 지지적인 관계, 가치 있는 역할 및 공동체 의식을 제공합니다.

8. **존중(Respect):** 내담자의 권리를 보호하고, 차별과 낙인을 없애는 것을 포함하여 지역 공동체와 시스템, 사회적 수용과 내담자의 감사는 회복을 달성하는 데 중요합니다. 자기수용과 자기 자신에 대한 믿음을 회복하는 것이 특히 중요합니다. 존중은 삶의 모든 측면에서 내담자의 포용과 완전한 참여를 보장하는 것입니다.

9. **책임(Responsibility):** 내담자는 자신의 자기 관리와 회복 여정에 있어 개인의 책임을 갖습니다. 목표를 향한 발걸음을 내딛는 데는 큰 용기가 필요할 수 있습니다. 내담자는 자신의 경험을 이해하고 의미를 부여하며 또한 자신의 건강 증진을 위하여 대처 전략과 치유 과정을 파악하려는 노력을 해야 합니다.

10. **희망(Hope):** 회복은 더 나은 미래에 관한

중요하고 동기적인 메시지, 즉 사람들은 직면한 장벽과 장애물을 극복할 수 있다는 메시지를 제공합니다. 희망은 내면화되는 것입니다. 하지만 희망은 동료, 가족, 친구, 제공자와 다른 사람들에 의해 촉진될 수 있습니다. 희망은 회복 과정의 촉매제입니다. 정신건강 회복은 정신건강 장애를 가진 개인에게만 도움이 되는 것은 아닙니다. 그들이 살고, 일하고, 배우고, 우리 사회에 온전하게 참여할 수 있도록 중점을 둠으로써 장애를 가진 개인에게 도움이 될 뿐 아니라 미국 공동체 생활의 질감을 풍부하게 만들기 때문입니다. 미국은 정신장애가 있는 개인들이 이루어 내는 공헌들의 기여를 통해 궁극적으로는 더 강하고 건강한 국가가 될 수 있습니다.[3]

다음 치료 계획의 단기 목표에 사용된 숫자는 10가지 핵심 원칙에 해당하는 숫자입니다. 10개의 단기 목표는 각각 같은 번호 핵심 원칙의 본질적인 주제를 담아내기 위해 작성되었습니다. 목표 뒤 괄호 안의 숫자는 각각 목표를 달성하는 데 내담자에게 도움을 주기 위하여 고안된 치료적 개입을 나타냅니다. 상담가와 임상가는 모든 목표 혹은 몇 개의 목표와 치료적 개입을 선택해서 내담자의 치료 계획에 포함시킬 수 있습니다.

상담가 및 임상가가 내담자의 치료 계획에서 회복 모델 방향을 강조하기를 원하는 경우 다음과 같이 하나의 일반적인 장기 목표 설명이 제공될 수 있습니다.

장기 목표

1. 치유와 변화의 여정 동안 잠재력을 최대한 발휘하기 위해 노력하면서 스스로 선택한 공동체에서 의미 있게 삶을 살아간다.

3) 발췌: Substance Abuse and Mental Health Services Administration's (SAMHSA) National Mental Health Information Center: Center for Mental Health Services (2004). *National consensus statement on mental health recovery.* Washington, DC: Author.

📖 단기 목표

1. 치료자, 가족, 친구에게 어떤 회복 경로를 선호하는지 명확하게 합니다. (1, 2, 3, 4)

2. 치료 과정에서 고려해야 하는 특별한 요구 사항과 문화적 선호도를 구체화합니다. (5, 6)

3. 치료 과정 전반에 걸친 의사결정이 자기-통제로 이루어졌음을 이해하고 이를 말로 표현합니다. (7, 8)

4. 치료 과정에 통합되어야 하는 정신적, 신체적, 영적, 공동체적 필요와 욕구를 표현합니다. (9, 10)

📖 치료적 개입 전략

1. 내담자가 원하는 회복 경로(우울증, 양극성 장애, 외상후 스트레스장애로부터)에 관하여 내담자의 생각, 필요 및 선호도를 탐색합니다.

2. 내담자의 회복을 촉진할 수 있는 대안적인 치료 개입과 지역 공동체의 지지 자원에 대해 내담자와 함께 논의합니다.

3. 치료 방향에 대하여 내담자가 선호하는 것을 요청합니다. 이러한 선호 사항을 가족과 중요한 사람들에게 전달하기를 허락합니다.

4. 내담자의 결정으로 발생할 수 있는 가능한 결과들에 대하여 내담자와 함께 토의하고 다룹니다.

5. 내담자와 상호 합의된 치료 계획을 수립할 때 내담자와 함께 고려해야 할 문화적 고려 사항, 경험 또는 기타 요구 사항을 탐색합니다.

6. 내담자의 문화적, 경험적 배경과 선호도에 맞게 치료 계획을 수정합니다.

7. 내담자에게 치료 옵션을 고르고 선택할 권리가 있으며 치료 중에도 자신에게 영향을 미치는 모든 결정에 참여할 권리가 있음을 명확히 알려 줍니다.

8. 치료 의사결정에 내담자의 참여를 격려하고 강화합니다. 치료가 진행되는 과정에서 내담자에게 계속해서 선택 옵션을 제공하고 설명하며 권한 부여를 지지하는 방식으로 진행합니다.

9. 내담자의 개인적, 대인관계적, 의학적, 영적, 지역사회의 강점과 약점을 평가합니다.

5. 치료 과정 동안 성공과 실패, 진전과 퇴보가 있을 것임을 이해하고 구두로 표현합니다. (11, 12)

6. 치료 과정에서 조명한 개인의 강점과 자산에 대한 평가에 협력합니다. (13, 14, 15)

10. 내담자의 독특한 정신적, 신체적, 영적, 지역 공동체의 요구와 자산을 치료 계획에 통합함으로써 치료 계획에 대한 통합적인 접근 방식을 유지합니다. 이러한 통합이 어떻게 이루어질 것인지에 대하여 내담자와 합의에 도달합니다.

11. 내담자에게 다음의 현실적인 기대와 희망을 갖도록 돕습니다. 즉, 치료 과정에서 긍정적인 변화가 가능하지만 변화는 연속적인 성공의 선형적 과정이 아니라는 점, 회복 과정은 성장을 포함하며 전진과 퇴행을 반복하면서 배우는 것이라는 점, 회복을 향해서 이러한 과정을 유지하는 것이라는 점을 강조합니다.

12. 내담자에게 실수와 좌절로 어려움을 겪는 동안 그 과정에 상담자가 내담자와 같이 머물 것임을 전달합니다.

13. 내담자에게 행동 및 정서적 평가 척도를 강점에 기반한 평가[Behavioral and Emotional Rating Scale (BERS): A Strength–Based Approach to Assessment (Epstein)]로 실시합니다.

14. 내담자 삶에 대하여 사회적, 인지적, 관계적, 영적 측면을 포함한 철저한 평가를 통해 내담자의 강점을 확인합니다. 과거에 문제를 극복하는 데 잘 작동했던 내담자의 대처 기술은 어떤 것이었는지, 일상생활에서 어떤 재능과 능력이 특징적으로 나타났는지를 확인하도록 돕습니다.

15. 내담자에게 확인된 강점과 이러한 강점이 장/단기 회복 계획에 어떻게 통합될 수 있는지에 대해 피드백을 제공합니다.

7. 회복 과정에서 동료들의 지지가 주는 이점을 이해하고 이를 말로 표현합니다. (16, 17, 18)

16. 내담자가 동료 활동 참여에 동의하도록 동료들의 지지가 갖는 이점(예: 공통적인 문제 공유하기, 성공적인 대처 기술에 대해 조언받기, 격려받기, 유용한 지역 자원을 배우기 등)에 대해 논의합니다.

17. 내담자가 자신의 지역 공동체 안에서 선택한 동료 지지 집단에 내담자를 연계합니다. 그리고 후속 회기에서 이 경험을 다룹니다.

18. 내담자가 사회 활동을 통해 얻는 이득과 사회 활동에서 마주치는 장애물의 문제 해결을 다룸으로써 내담자의 소속감, 지지적 관계 수립, 사회적 가치와 지역 공동체로의 통합을 개발하고 강화합니다.

8. 치료 스태프, 가족, 자신 또는 지역사회로부터 존중을 느낄 수 없는 상황이 발생한다면 이를 공개할 것을 동의합니다. (19, 20, 21)

19. 내담자가 미묘하고 명백한 방식으로 느낄 수 있었거나 경험했던 무례를 검토함으로써, 존중이 회복에서 중요한 역할을 한다는 점을 함께 논의합니다.

20. 내담자가 과거에 무례하다고 느꼈던 방식을 검토하고 그러한 무례의 원인을 파악합니다.

21. 존중받을 가치가 있는 사람으로서의 내담자의 자기-개념을 격려하고 강화합니다. 내담자가 지역사회 및/또는 가족 체계 내에서 존중받는 대우를 받을 수 있도록 옹호합니다.

9. 자기-돌봄의 책임을 수용하고 치료 과정에서 의사결정에 참여하는 것을 말로 표현합니다. (22)

22. 자신의 치료적 개입을 결정하고 일상생활에서 이 개입을 적용할 책임 있는 사람으로서의 내담자 역할을 개발하고, 격려하고, 지지하고, 강화합니다. 회복 과정을 조력하는 자원 담당자로서 지지적 역할을 제공합니다.

10. 미래에 더 잘 기능할 것이라는 희망을 표현합니다. (23, 24)

23. 더욱 만족스러운 삶을 성취하는 잠재적인 롤 모델에 대하여 내담자와 논의합니다. 살고,

일하고, 배우는 데 개인의 강점, 기술과 사회
적 지원을 사용함으로써 보다 만족스러운 삶
을 달성한 롤모델에 대하여 논의합니다. 그
리고 희망과 인센티브 동기를 높이는 방향으
로 사회에 온전히 참여합니다.

24. 장애를 극복하고 삶의 만족을 얻을 수 있는
    사람으로서의 내담자의 자기-개념을 논의
    하고 내면화합니다. 이를 뒷받침하는 과거와
    현재의 예들을 사용하여 이 자기-개념을 지
    속적으로 확립하고 강화합니다.

🌿 찾아보기

인명

내용

저자 소개

Tammi D. Kolski(MS)는 센트럴 미시간 대학교에서 교수로 재직 중이며 20년 이상 서부 미시간 지역의 의사이자 행동 건강 상담 서비스를 제공하고 있는 임상심리학자이다. 자연 재해, 강간, 폭행과 같은 충격적인 사건의 영향을 받는 수천 명의 사람들에게 위기 개입 서비스를 제공해 오고 있다.

Arthur E. Jongsma 박사는 노던일리노이 대학교에서 임상심리학 박사학위를 취득하고 미시간주 그랜드래피즈의 Psychological Consultants를 설립하여 25년간 외래 및 입원환자들에게 전문적인 정신건강 서비스를 제공해 왔다. 현재까지 임상 분야에서 50권이 넘는 책의 저자 또는 공동저자로서 활동하면서 국제적 명성을 얻고 있다.

Rick A. Myer 박사는 엘패소에 있는 텍사스 대학교의 교수로 재직 중이며 위기 개입 및 관리 분야에서 25년 이상의 경험을 가진 공인 심리학자이다. 위기 평가와 관리에 대한 다양한 연구와 저서를 집필해 왔으며 상담 및 임상 전문가를 위한 연구와 강연으로 국제적인 명성을 얻고 있다.

역자 소개

오혜영(Hea Young Oh)은 이화여자대학교 사범대학 문학사를 취득하고 성균관대학교에서 상담교육 전공으로 석사 및 박사학위를 취득하였다. 한국청소년상담복지개발원 조교수와 이화여자대학교 학생상담센터장을 수년간 역임하였으며 다양한 위기 청소년과 학부모, 성인들에게 위기개입과 상담을 제공해 왔다.

국가청소년상담위원회 위원, 한국상담심리학회 학술위원장, 한국대학상담학회 부회장, 청소년폭력재단 자문위원, 전국청소년상담복지센터협의회 자문위원 등을 역임하였고 자살위기 청소년, 재난 청소년, 학교 밖 청소년, 학교폭력, 인터넷중독 청소년, 취업 불안, 성폭력 등 다양한 위기 분야에 연구와 강연을 해 오고 있다. 이러한 공을 인정받아 보건복지부 장관 표창을 수상한 바 있으며 한국상담학회 우수논문상(2014), 학술상(2018/2019)을 수상하였다. 한국상담심리학회 상담심리사 1급이자 주 수퍼바이저로 상담 현장에서 다양한 내담자를 만나고 있으며 상담자를 교육하고 있다. 병원과 학교, 상담 현장에서 사용되는 한국 아동용 충동성 검사의 공저자와 외국인 유학생 심리건강 검사의 저자로 상담 현장에 필요한 검사를 출판하여 보급하고 있으며, 자살 위기 청소년 사이버 상담 매뉴얼, 재난 피해 청소년 개입 매뉴얼, 기숙사 위기 대응 매뉴얼, 학교 밖 청소년 유형별 상담 매뉴얼, 비대면 상담 매뉴얼 등 현장의 구체적 요구에 대응하는 각종 매뉴얼을 개발하여 내담자들에게 보다 신속하고 체계적으로 개입하도록 전문가들에게 필요한 정보와 교육을 제공하고 있다. 현재는 위기를 경험하는 외국인과 내국인의 심리상담과 심리교육 프로그램을 제공하는 (주)휴아이 네트워크의 대표로 재직하고 있다.

DSM-5에 기반한
위기 상담과 트라우마 사건 치료 플래너

The Crisis Counseling and Traumatic Events Treatment Planner,
with DSM-5 Updates (2nd ed.)

2024년 1월 10일 1판 1쇄 인쇄
2024년 1월 20일 1판 1쇄 발행

지은이 • Tammi D. Kolski · Arthur E. Jongsma · Rick A. Myer
옮긴이 • 오혜영
펴낸이 • 김진환
펴낸곳 • (주)**학지사**

　　　　04031 서울특별시 마포구 양화로 15길 20 마인드월드빌딩
대표전화 • 02-330-5114　　팩스 • 02-324-2345
등록번호 • 제313-2006-000265호

홈페이지 • http://www.hakjisa.co.kr
인스타그램 • https://www.instagram.com/hakjisabook

ISBN 978-89-997-3001-6　93180

정가 20,000원

출판미디어기업 **학지사**

간호보건의학출판 **학지사메디컬** www.hakjisamd.co.kr
심리검사연구소 **인싸이트** www.inpsyt.co.kr
학술논문서비스 **뉴논문** www.newnonmun.com
교육연수원 **카운피아** www.counpia.com